LES
ŒUVRES
DE THÉATRE
DE
M. DE LA MOTTE,
DE L'ACADEMIE FRANÇOISE.
Avec plusieurs Discours sur la Tragédie.
TOME SECOND.

A PARIS,
Chez GREGOIRE DUPUIS, ruë faint Jacques,
à la Couronne d'Or.

M. DCCXXX.
AVEC PRIVILEGE DU ROY.

LES MACHABÉES,

TRAGEDIE.

DEDIÉE AU ROY.

Tome II.

AU ROY.

IRE,

L'Ouvrage que je présente à VOTRE MAJESTE', est bien digne par sa matiere de paroître sous vos auspices. Toute

EPISTRE.

l'Histoire profane n'offre rien de si grand que l'Heroïne sacrée dont j'ai tâché de rendre le vrai caractere. La Mere des Machabées est la Femme forte de l'ancien Testament : Elle paroît même dans les Livres saints apartenir déja à la nouvelle Alliance, par la fermeté de son sacrifice & par la confiance la plus vive aux récompenses éternelles. J'ose croire, SIRE, après l'aprobation publique, que la sublimité du sujet m'a élevé moi-même; que j'ai peint avec quelques traits heureux ce triomphe éclatant de la Religion ; & c'est par ce seul endroit que je me flate de pouvoir plaire à VOTRE MAJESTÉ. La Piété est la premiere de vos vertus & le fondement de toutes les autres ; c'est elle qui préside à votre éducation ; c'est elle qui par la bouche de votre auguste aïeul, vous a nommé des Maîtres, tels que tous les vœux de la France les auroient demandez au Ciel ; & c'est encore elle-même qui Vous donne un cœur

EPISTRE.

si docile à leurs leçons. C'est en étudiant & en admirant les grands exemples qu'ils Vous proposent, que Vous Vous préparez Vous-même à en donner de nouveaux à l'Univers : Eh ! qui pourroit douter que tout ne soit héroïque & saint dans votre Regne, quand les plus sages conseils & les plus heureuses inclinations conspirent ensemble à nous le promettre ? Je suis, avec le dévoûment le plus parfait & le respect le plus profond,

SIRE,

DE VOTRE MAIESTÉ,

   Le très-humble, très-obéïssant
   & très-fidele sujet,
   HOUDART DE LA MOTTE.

PERSONNAGES.

ANTIOCHUS, Roy de Sirie.

SALMONE'E, Mere des Machabées.

ANTIGONE, Favorite d'Antiochus.

MISAEL, dernier Fils de Salmonée.

THARE'S, Confidente de Salmonée.

CEPHISE, Confidente d'Antigone.

BARSE'S, Capitaine des Gardes.

HIDASPE, autre Capitaine des Gardes.

ARSACE, Officier d'Antiochus.

GARDES.

La Scene est à Antioche, dans le Palais d'Antiochus.

LES MACHABÉES,
TRAGEDIE.

ACTE PREMIER.

SCENE PREMIERE.
ANTIOCHUS, SALMONE'E, THARE'S, BARSE'S, Gardes.

ANTIOCHUS.

GARDES, executez l'ordre que je vous donne.
Et vous, Barsès, allez avertir Antigone :
Faites à l'Echafaut conduire ces Hebreux.
Nos Dieux vont recevoir ou leur sang ou leurs vœux.

SCENE II.

ANTIOCHUS, SALMONE'E, THARE'S.

ANTIOCHUS.

OUï, oüi de l'Univers je ferai disparoître
Cette Religion que l'Erreur a fait naître,
Et qui couronne encor ses superstitions
De l'insolent mépris des autres Nations.
Je lui jure, Madame, une éternelle guerre.
D'un reste d'insensez je purgerai la terre.
S'il n'adore nos Dieux, tout Hebreu périra.

SALMONE'E.

Eh bien! Nous périrons; & Dieu nous vengera.

ANTIOCHUS.

De quoi vous flatez-vous ? & de quelle vengeance
Votre esprit aveuglé repaît son esperance ?
N'ai-je pas de son Temple exilé votre Dieu ?
Dans l'Univers entier lui reste-t-il un lieu
Où vous puissiez encor, lui portant votre offrande,
Le presser, le prier qu'au moins il se défende ?
Songez à vous. Lui-même est dans l'opression.
Jupiter désormais est le Dieu de Sion.
Et c'est sur vos Autels que notre culte expie
Des Prêtres de Juda le sacrifice impie.
Vous n'avez plus de Loix. Vos Oracles proscrits

TRAGEDIE.

Ont subi dans les feux la rigueur des Edits.
Quand d'un affreux revers vous devenez l'exemple,
Vils esclaves, sans Loix, sans Autels & sans Temple,
Au comble de misere où le Juif est réduit,
Reclamez-vous encore un Dieu que j'ai détruit?

SALMONE'E.

Ne te fatigue pas à raconter tes crimes.
Qui les sçait mieux que nous qui sommes tes victimes!
L'esclavage, la mort, l'incendie & l'horreur
Ont sur Jerusalem épuisé ta fureur.
De trente mille Juifs l'effroïable carnage
Servit en un seul jour de tribut à ta rage ;
L'abominable Idole est sur l'Autel sacré.
En as-tu chassé Dieu ? Non. Dieu te l'a livré.
Ce qu'il n'eût pas voulu, quel bras eût pû le faire ?
S'il nous eût protegez, que servoit ta colere ?
Il pouvoit nous sauver aux portes du trépas,
D'un souffle de sa bouche abatre tes soldats,
D'Heliodore en toi renouveller l'exemple,
Et la verge à la main, te chasser de son Temple.

ANTIOCHUS.

Ainsi vantant toujours cent prodiges divers,
Vous croïez effraïer le crédule Univers :
Mais désabusez-vous Fanatiques coupables.
J'ai vaincu : mon triomphe a dissipé vos fables.

SALMONE'E.

Non, tu n'as pas vaincu ; mais nous avons peché.
Sous ta propre fureur le Seigneur s'est caché.
C'est lui qui pour punir des enfans indociles,

Embrase par tes mains ses Autels & nos Villes;
Et las de nos mépris, c'est lui qui par ta voix
Aux prévaricateurs redemande ses Loix.
Nos Prophetes nous ont annoncé nos disgraces.
Le tonnerre vengeur confirmoit leurs menaces.
Nous avons vû vingt fois au milieu des éclairs
Des combats obstinez ensanglanter les airs.
Sçache que ton couroux orgüeilleux de nous nuire,
Sert malgré toi le Dieu que tu penses détruire.
Ne croi pas cependant qu'à jamais condamné,
Ce peuple à ton couroux soit tout abandonné.
Si tu vois succomber au poids de nos miseres
De lâches déserteurs de la Loi de leurs peres,
Ces Juifs n'étoient point Juifs ; & l'Ange de Sion
Entre les noms élûs ne comptoit plus leur nom.
Leurs prieres n'étoient que de vaines paroles
Qui profanoient le Temple autant que tes Idoles ;
Et malgré tes succès, ta fureur aujourd'hui
Ne lui prend que des cœurs qui n'étoient plus à lui.
Il reste encor des Saints contre tes injustices.
En vain pour les dompter, tu t'armes de supplices ;
Les échafauts dressez te rendent-ils plus fort ?
Crois-tu donc affoiblir Dieu même par leur mort ?
Tu crois les lui ravir ; Tiran, tu les lui donnes.
Tu penses te venger ; Tiran, tu les couronnes.
Mais au terme fatal prescrit à tes rigueurs,
Il en réservera qui seront nos vengeurs.

ANTIOCHUS.

Je le défie encor de tromper ma colere.
Vous du moins frémissez ; & si vous êtes mere,
Pleurez de vos enfans le trépas assûré,

TRAGEDIE.

Si dans ce même inſtant Jupiter adoré.....

SALMONE'E.

Arrête ; ils périront. Epargne-moi ce doute.
Il eſt le ſeul affront que ma race redoute.
Eh ! Ne connois-tu pas le cœur des vrais Hébreux ?
Rappelle Eléazar ce vieillard généreux,
Qui pouvant t'échaper, & bravant toute crainte,
Dans les bras de la mort s'eſt ſauvé de la feinte.
Tu l'as ſacrifié ; mes enfans le ſuivront.
Ils ont reçû l'exemple ; eux-mêmes le rendront.
Je te livre mon ſang ; Cruel, va le répandre.
Il criera contre toi. Dieu daignera l'entendre ;
Et le jour du Seigneur ne s'éloignera plus.

ANTIOCHUS.

Eh bien ! C'eſt aujourd'hui le jour d'Antiochus.
Je vais de vos enfans ordonner le ſupplice.

SALMONE'E.

Ah ! Comble tes bienfaits ; qu'avec eux je périſſe.

ANTIOCHUS.

Exhalez à loiſir ce généreux tranſport.
Gardes, retenez-la. Vous apprendrez leur ſort.

SCENE III.

SALMONE'E, THARE'S.

SALMONE'E.

Helas ! Dans quel état me laisse le barbare !
Quel trouble douloureux de mon ame s'empare!
Mes enfans vont mourir au milieu des tourmens.
Pour une mere, ô Ciel, quels horribles momens !
Mon cœur se sent percé des plus rudes atteintes.
Je souffre tous les maux que m'annoncent mes craintes,
On me les cache en vain ; je les vois déchirer.
Sous les coups des boureaux je les vois expirer ;
Et pour m'en présenter la plus affreuse image,
Mon amour frémissant va plus loin que leur rage.
Seigneur, quand Abraham à tes ordres soûmis,
Préparoit le bucher pour t'immoler son fils ;
Et que le fer levé sur la tendre victime,
Il t'offroit de son sang le tribut légitime,
D'un tel frémissement le vis-tu s'émouvoir ?
A la nature en lui laissas-tu son pouvoir ?
Et d'un semblable amour sentant la violence,
Mouroit-il comme moi de son obéïssance ?

THARE'S.

De vos maux avec vous je ressens la rigueur.
Mais il vous reste encor l'esperance au Seigneur.
Peut-être ce qu'il fit pour Abraham fidele.....

SALMONE'E.

A quel injuste espoir ta pitié me rappelle !
Non, non. J'obéis mieux. Je ne demande pas
Que Dieu déploïe ici la force de son bras.
Mon cœur à ses decrets n'apporte point d'obstacle,
Et croiroit l'offenser par l'espoir d'un miracle.
Je n'ose même encor souhaiter que sa main
Verse moins d'amertume & de trouble en mon sein.
Plus je crains pour mes fils, plus je me sens leur mere,
Et plus je l'interesse à devenir leur pere.
Il est juste, Tharès, qu'à force de souffrir,
J'obtienne que leur Dieu leur apprenne à mourir.
Es-tu content, Seigneur ? J'accepte mon martire.
La mort de mes enfans me perce, me déchire :
Ce que jamais pour eux j'ai ressenti d'amour,
Je le sens redoubler, quand ils perdent le jour :
Mais sans en murmurer, je subis ces allarmes ;
Et ma fidelité t'offre toutes mes larmes.

THARE'S.

Il falloit au Tiran laisser voir ces douleurs,
Madame ; vous l'auriez défarmé par vos pleurs ;
Et l'ame à la pitié la plus inaccessible
N'eût pû voir tant de maux sans devenir sensible :
Mais vous l'aigrissiez, lui qu'il falloit attendrir.
Moi que vous pénétrez, puis-je vous secourir ?

SALMONE'E.

J'ai dû devant le Roi vaincre ce trouble extrême ;
Et je ne songe pas à t'attendrir toi-même.
Je ne veux qu'un témoin du trouble de mon cœur ;

Et je ne pleure ici que devant le Seigneur.
Mais ce n'est point en vain ; & je sens sa présence.
Il chasse de mon ame un effroi qui l'offense.
A peine devant toi mon cœur a-t-il gémi,
D'un seul de tes regards je le sens raffermi,
Dieu puissant ; désormais plus ferme & plus docile,
Sur la mort de mes fils je porte un œil tranquile ;
Et mon zele enflammé consumant ma douleur,
Ne voit plus dans leurs maux que ta gloire & la leur.
Frapez, boureaux, frapez. Sous les plus rudes gênes
Faites couler ce sang qu'on puisa dans mes veines.
Au gré d'Antiochus massacrez mes enfans.
Au sortir de vos mains je les vois triomphans,
Voler au sein du Dieu l'auteur de leur constance,
D'un torrent de plaisirs goûter la récompense.
Plus vous serez cruels ; plus ils seront heureux.
Eh ! Quels amis jamais feroient autant pour eux ?

THARÈS.

Quel changement, ô Ciel ! Madame, est-ce vous-même !
De quel abbatement naît ce courage extrême !
C'est un cœur tout nouveau formé dans votre sein.
Vos yeux n'ont plus de pleurs, votre front est serein.
Vous offrez, sans frémir, les plus cheres victimes.
Heureuse, si vos fils sont aussi magnanimes !

SALMONÉE.

Je les connois, Tharès ; une intrepide foi
Pourra sur mes enfans ce qu'elle peut sur moi.
Le Dieu qui reçut d'eux le plus constant hommage,
Est sans doute aujourd'hui leur force & leur courage.
Ses yeux ne sont-ils pas ouverts sur Israël ?

Le dirai-je pourtant ; le jeune Misaël,
Le dernier de mes fils, trouble encore mon ame.
J'ai vû son cœur brûlant d'une coupable flâme ;
D'un amour qu'il combat, il est toujours rempli ;
Et s'il n'est pas vaincu, du moins est affoibli.
Quand Apollonius dans Sion allarmée,
Du superbe Tiran vint établir l'armée,
Qu'au nom d'Antiochus vengeur des Nations,
Il donna le signal de nos proscriptions,
Misaël vit souvent Antigone sa fille,
Digne d'un autre peuple & d'une autre famille.
Il vouloit pour les Juifs obtenir sa pitié ;
Par elle, des tirans vaincre l'inimitié.
Il ne suivoit alors d'interêts que les nôtres :
Mais il pensa se perdre, en priant pour les autres.
Antigone brillant de vertus & d'appas,
Fit sur lui des progrès qu'il n'apercevoit pas.
Il les connut enfin ; & pour mieux s'en défendre ;
Son amitié naïve osa me les apprendre.
Je lui representai les loix de son devoir.
Malgré nos interêts, il cessa de la voir.
Pour étouffer des feux dont notre loi s'offense,
Lui-même il s'imposa la plus sévere absence ;
Et son cœur dont je dois encore me loüer,
Du moins, en les sentant, sçut les désavoüer.
Mais, ma chere Tharès, il faut ne te rien feindre,
Pour lui plus que jamais tout est encore à craindre.
Cette même Antigone est près d'Antiochus.
Les secrets du Tiran dans son sein sont reçus.
Il la laisse après lui maîtresse de l'Empire.
Misaël l'a revûë, hélas, sans me le dire !
C'est pour nos interêts, dit-il ; mais que je crains

Qu'il ne donne ce nom à des feux mal éteints.
Que je crains cet amour dont le conseil perfide ;
Au plus doux * de nos Rois inspira l'homicide ;
Et qui plus loin encore étendant son poison ,
Du sein de la sagesse arracha Salomon.
Ah ! Mon cher Misaël, contre de telles flâmes
Te défendras-tu mieux que de si grandes ames !

SCENE IV.

MISAEL, SALMONE'E, THARE'S.

MISAEL.

AH ! ma mere, l'effroi glace encore mes sens.
Sous les coups des boureaux eux-mêmes frémissans,
Je viens en ce moment de voir périr mes freres.
Vous êtes désormais la plus triste des meres.
Vous n'avez plus que moi ; ces enfans si chéris....

SALMONE'E.

Ils sont morts! Pourquoi donc vous revois-je, mon fils ?

MISAEL.

Ne tremblez pas , ma mere ; une foiblesse impie
Ne m'a point fait encore un crime de ma vie.
Je ne sçais point trahir aux yeux de l'Univers
La mere dont je sors , ni le Dieu que je sers.
J'ai demandé la mort. Ma priere empressée

* David.

TRAGEDIE.

Ne la peut obtenir de la rage lassée.
Le Tiran veut laisser reposer son couroux ;
Et je reviens pleurer mes freres avec vous.

SALMONE'E.

Les pleurer! Non, mon fils, ne soüillons point de larmes
Une mort où ma foi me fait voir tant de charmes.
Je n'ai craint que pour toi, mon fils ; à ton aspect
Tout mon cœur a frémi de ce retour suspect.
Que mes embrassemens réparent cette crainte ;
Et loin de nous livrer à l'infidelle plainte,
Parle ; raconte moi, pour consoler mon cœur,
Dans la mort de mes fils la gloire du Seigneur.

MISAEL.

Leur mort est un triomphe ; & nos saintes Annales
N'ont jamais célébré de victoires égales.
Par l'horreur des tourmens, loin qu'ils fussent vaincus,
Leur intrépidité troubloit Antiochus.
Des supplices nouveaux renaissoit leur courage.
Oüi, Madame, leur joïe humilioit sa rage ;
Et le Tiran confus, même en donnant ses Loix,
Paroissoit un esclave, & mes freres des Rois.

SALMONE'E.

Grand Dieu! Tels sont les cœurs que ta bonté protege.

MISAEL.

Aux portes du Palais un Autel sacrilege
Pour les Dieux des Gentils fumoit d'un fol encens.
De la mort près de là les aprêts menaçans,
D'un échafaut dressé couvroient presque l'espace ;

Tome II.

Et mes freres & moi nous occupions la place
Qui séparoit de nous l'échafaut & l'Autel.
Là nos ardens desirs hâtoient le coup mortel.
Antiochus paroît. Antigone à sa suite
Frémissoit du spectacle où l'on l'avoit conduite.
Voilà, nous a-t-il dit, la vie & le trépas,
Vous n'avez qu'à choisir. Nous ne choisissons pas,
Crions-nous : dès long-tems résolus au supplice,
Voilà, voilà l'Autel de notre sacrifice ;
Et de la même ardeur enflâmez aussi-tôt,
Nous voulions à l'envi monter à l'échafaut.
Arrêtez. Laissez-moi, dit l'aîné de mes freres,
M'immoler le premier pour le Dieu de mes peres.
Cet honneur m'appartient ; & c'est l'unique fois
Que sur vous mon aînesse a reclamé ses droits.
Nous avons obéï, Madame ; & son courage
Méritoit ce respect encor plus que son âge.
Ce Heros à l'instant se jette dans les mains
Qu'armoient contre ses jours cent tourmens inhumains.
Tout son sang a jailli sous les verges cruelles.
Ils essaïoient sur lui des tortures nouvelles.
Ses membres par le fer tour à tour déchirés,
Sont aussi par le feu tour à tour dévorés.
Ses yeux mêmes, ses yeux qu'au Seigneur il éleve
Arrachez & brûlans. . . . . Vous frémissez ! . . . .

SALMONE'E.

Acheve.

MISAEL.

Il meurt de ce supplice ; & soudain à l'envi,
Non moins dignes de Dieu, les autres l'ont suivi.
Figurez-vous toujours la même violence,

TRAGEDIE.

Et les mêmes tourmens & la même constance.
Voïez-les au milieu de leurs maux effraïans
Lancer encore au Roi des discours foudroïans,
Insulter saintement, à son orgueil farouche;
L'Eternel avoit mis son esprit dans leur bouche;
Et leur voix prophetique, organe du Seigneur,
Accabloit le Tiran d'un avenir vengeur.
L'orgueilleux frémissoit; & sa colere aigrie
De ses boureaux trop lents irritoit la furie.
Antigone au contraire en ces affreux momens,
Sembloit par sa pitié sentir tous les tourmens.
Et d'un torrent de pleurs exprimant ses allarmes...

SALMONE'E.

Eh! De quel œil, mon fils, avez-vous vû ces larmes?

MISAEL.

Que me demandez-vous? Par quel trouble indiscret
Ai-je pû m'attirer ce reproche secret?
Malgré tout mon amour & des larmes si cheres,
Je n'ai connu que Dieu, mon devoir & mes freres.

SCENE V.

MISAEL, SALMONE'E, THARE'S, BARSE'S.

BARSE'S.

Suivez-moi, Misaël : le Roi veut vous parler.

SALMONE'E.

Allons mon Fils.

BARSÉ'S.

Madame, où voulez-vous aller ?

SALMONE'E.

Je veux suivre mon fils, craint-on que je n'entende...

BARSE'S.

Madame, c'est lui seul qu'Antiochus demande.

SALMONE'E.

Que médite-t-il donc ? Et quels piéges couverts.....
à son fils,
Va : mais, en lui parlant, songe au Dieu que tu sers.

Fin du premier Acte.

ACTE II.

SCENE PREMIERE.
ANTIGONE, CEPHISE.

ANTIGONE.

Oui, je vois luire encore un reste d'esperance ;
Le Roi laisse à mes pleurs desarmer sa vengeance.
Trop sensible témoin de la mort des Hebreux,
Cent fois j'ai crû mourir avec ces malheureux ;
Et succombant sans doute à tant de barbarie,
La mort de Misaël eût emporté ma vie.

CEPHISE.

Qu'esperez-vous pour lui de ce retardement ?

ANTIGONE.

Il vit ; & je connois tout le prix d'un moment.
Oüi, Cephise, crois-en la pitié qui me presse,
Je sçaurai bien user des instans qu'on nous laisse.

CEPHISE.

Mais, Madame, après tout quel si grand interêt....

ANTIGONE.

Je vais t'ouvrir mon cœur, connois tout ce qu'il est.
Aprends combien les maux où mon ame est plongée

Ont vengé les malheurs de Sion faccagée.
Tu ne m'y fuivis point, quand Apollonius
Vint charger les Hebreux des fers d'Antiochus.
C'eſt là que Miſaël, touché de leur miſere,
Vint ſouvent implorer mon pouvoir ſur mon pere.
J'admirois pour les Juifs ſon zele généreux.
Il paroiſſoit charmé de ma pitié pour eux.
Chaque jour dans mon ſein il dépoſoit ſes peines,
Nous cherchions les moïens de ſoulager leurs chaînes;
Et de cette pitié, Cephiſe, chaque jour
Naiſſoit en ſe voilant le plus ardent amour.
L'Hebreu me l'avoüa : mais hélas ! Le dirai-je !
Frémiſſant de m'aimer comme d'un ſacrilege,
S'excuſant à la fois, en m'apprenant ſon feu,
A Dieu de ſon amour, à moi de ſon aveu ;
Tandis que de l'aveu paroiſſant offenſée,
Son ſeul remords, Cephiſe, occupoit ma penſée ;
Et qu'en ſecret mon cœur ne pût lui pardonner
Que pour moi tout le ſien n'oſât s'abandonner.
Il ne me revit plus. Ma tendre impatience
S'allarma des raiſons d'une ſi triſte abſence.
Je doutois s'il fuïoit le danger de me voir,
Ou ſi mes yeux ſur lui n'avoient plus de pouvoir ;
Et m'occupant toujours de cette incertitude,
De ce trouble éternel la vive inquiétude
Me rendoit plus préſent l'Amant qui me fuïoit,
Et peut-être plus cher l'ingrat qui m'oublioit.
Tu vois à quel amour Antigone aſſervie. . . .

CEPHISE.

Je vois que cet amour vous coûtera la vie.

TRAGEDIE.
ANTIGONE.

Apren tout. Mon dépit se voulut informer
D'un culte dont les Loix défendoient de m'aimer,
De ce peuple proscrit je suivis les Annales.
Non, Cephise, il n'est point de Nations égales.
Je vis, je te l'avoüe, avec étonnement
Leur naissance, leur gloire & leur abaissement.
Affranchis par leur Dieu d'un cruel esclavage,
Les flots obéissans leur ouvrent un passage :
La Nature pour eux ne connoît plus ses Loix :
Le Soleil arrêté se prête à leurs exploits :
A leur approche seule, au son de leurs trompettes
Les murs sont renversez, les troupes sont défaites :
Les plus profondes eaux ne les arrêtent pas ;
Et le foudre vengeur marche devant leurs pas :
Tous leurs jours sont marquez de conquêtes nouvelles.
Leur Dieu les guide ainsi tant qu'ils lui sont fidelles.
Violent-ils ses Loix ? Captifs, infortunez,
Au joug des Nations ils sont abandonnez ;
Sous la main de leur Dieu ces coupables gémissent ;
Leur oracle se tait ; les prodiges finissent ;
Mais ç'en est un encor que leur abaissement.
Ce n'est point un revers, ce n'est qu'un châtiment.
Leur Dieu qui l'a prédit, accomplit sa menace.
La victoire revient dès qu'il leur a fait grace.

CEPHISE.

Qu'entens-je ! estes-vous née au milieu d'Israël ?

ANTIGONE.

Voilà, voilà le Dieu qu'adore Misaël.

J'adore encor les miens. Tant de faits admirables
Peut-être ne sont-ils que de brillantes fables :
Mais fable ou non, Cephise, ils offrent à nos yeux
Un Dieu plus vénérable & plus saint que nos Dieux.
J'encense leurs Autels ; contens de cet hommage
Leur commode pouvoir n'en veut pas davantage ;
Ils nous laissent nos cœurs : mais le Dieu des Hebreux
Veut le cœur de son peuple, ou rejette ses vœux.

CEPHISE.

Madame, & si le Roi découvroit tout ce zele.....

ANTIGONE.

Depuis qu'à ses secrets Antiochus m'appelle,
Qu'après la mort d'un pere attachée à sa Cour,
Sa tendresse pour moi redouble chaque jour,
Ce que mes yeux sur lui me donnent de puissance,
Pour les malheureux Juifs tente son indulgence.
Je cherche en le flatant à fléchir son couroux ;
Et je crois secourir Misaël en eux tous.
Il m'a revûë ici. Ses pleurs m'ont pénétrée.
Je voïois en lui seul sa patrie éplorée.
Il ne m'a point parlé de ses feux : mais hélas !
J'ai vû ce qu'il souffroit à ne m'en parler pas.
Il m'aime encor, Cephise ; il est toujours le même ;
Et je viens de t'apprendre à quel excès je l'aime.
Conçois-tu mon état ? & de quelle douleur
Les aprêts de sa mort ont dû percer mon cœur ?
J'ai crû le voir mourir dans chacun de ses freres.
Il alloit suivre enfin des victimes si cheres.
Je ne sçai point quel Dieu m'a soutenuë alors :
Mais un reste d'espoir redoublant mes efforts,

TRAGEDIE.

Du fier Antiochus l'ame s'est attendrie ;
Et Misaël & moi nous obtenons la vie.

CEPHISE.

Par quel charme avez-vous de ce tigre irrité.....

ANTIGONE.

Connoi d'Antiochus quelle est la cruauté.
Cephise, son orgueil fait seul toute sa rage.
Ne lui croi point un cœur affamé de carnage,
Qui de la soif du sang se sente dévorer,
Et qui n'ait de plaisir qu'à s'en désalterer.
Souvent des malheureux il ressent la disgrace.
La pitié dans son cœur trouve encore sa place.
Tu sçais qu'il a pleuré le Grand Prêtre Onias.
Sur le traître Andronic il vengea son trépas :
Mais superbe & toujours yvre de sa puissance,
Son orgueil ne sçauroit souffrir de résistance :
Il veut être obéï, quoiqu'il puisse coûter ;
Et le sang à ce prix ne peut l'épouvanter.
C'est par là que j'ai sçû désarmer sa colere.
Dans l'espoir de mieux vaincre, il devient moins severe.
Il veut sur Misaël essaïer les bienfaits.
Je ne te dirai point ce que je m'en promets :
Mais je tenterai tout.....

CEPHISE.
Le Roi paroît.

ANTIGONE.
Je tremble.

CEPHISE.

Misaël l'accompagne ; ils s'aprochent ensemble.

SCENE II.

ANTIOCHUS, MISAEL, ANTIGONE, CEPHISE.

ANTIOCHUS.

Madame, demeurez; & jugez aujourd'hui
De ce que ma bonté veut bien faire pour lui.
Chaque jour vous aprend le pouvoir de vos charmes.
Je n'ai pû refuser sa grace à vos allarmes.
Vous vouliez qu'il vécût : il voit encor le jour ;
Et sa vertu le sauve autant que mon amour.
Oüi, mon cher Misaël, tes graces, ta jeunesse
Ont jetté dans mon cœur la plus vive tendresse ;
Si de ta fermeté j'ai plaint l'illusion,
Elle a pourtant saisi mon admiration.
Je n'ai pû sous le fer voir tomber l'espérance
Du destin glorieux que promet ta constance.
Et plein de cet espoir qu'il faut justifier,
Ton Prince à ses faveurs veut bien t'associer.
Quand je fais tant pour toi, songe à me satisfaire ;
Et pour des biens certains immole une chimere.

MISAEL.

De ces bontez, Seigneur, moins flaté que surpris,
Je pourrois les païer par de nouveaux mépris.
Si vous m'avez cru ferme, avez-vous donc pû croire
Que tant de cruauté sortît de ma mémoire ?
Après mes freres morts, pensiez-vous que mon cœur

TRAGEDIE.

Pût à votre pitié se prêter sans horreur ?
Je m'y prête pourtant, si je le puis sans crime.
Je sçaurai m'imposer un oubli magnanime.
Ce sacrifice affreux que j'ai frémi de voir
Dans mon ame n'a point porté le desespoir.
Ne vous figurez pas que regretant leur vie,
Je brûle de venger un trépas que j'envie.
Mes freres sont heureux ; & c'est à vous, Seigneur,
Qu'ils doivent maintenant leur gloire & leur bonheur :
Mais ce qui seul en vous doit exciter ma haine,
C'est contre l'Eternel cette audace inhumaine,
Qui par l'impieté signale chaque instant,
Et s'obstine à vous perdre en le persécutant.

ANTIOCHUS.

Oublie un Dieu sans force, un Dieu qui t'abandonne,
Et satisfais un Roi qui sauve & qui pardonne.
Songes-y, Misaël. Sans m'offenser toujours,
Tu peux à mes bontez laisser un libre cours.
Par un bizarre orgueïl ne vas point te défendre
Des bienfaits qui sur toi cherchent à se répandre.
Elevé sur tous ceux que j'ai le plus chéris,
Seul tu me tiendras lieu de tous mes favoris.
Point de rang, point d'honneur qu'un peu d'encens
  n'obtienne ;
Et pour tant d'amitié je ne veux que la tienne.

MISAEL.

Mon amitié n'est rien, Seigneur ; & je ne puis
Auprès d'Antiochus oublier qui je suis.
Je me vois dans vos fers ; & quoique mon audace
Pût ici s'apuïer d'une Royale Race,

Malgré le sang auguste où j'ai puisé le mien,
Je le redis encor, mon amitié n'est rien.
Telle qu'elle est pourtant, voudrez-vous me permettre
De vous dire à quel prix je dois encor la mettre ?
Redonnez à Sion toute sa sainteté.
Que l'autel par vos Dieux ne soit plus habité.
Que le séjour de Dieu, le sacré Sanctuaire
De vos Prêtres impurs ne soit plus le repaire.
N'y laissez plus regner ces festins dissolus
Consacrez parmi vous au Temple de Vénus ;
Et que Jerusalem ne soit plus le theâtre
De toutes les horreurs qu'inventa l'Idolâtre.
Laissez-nous rétablir nos remparts abatus.
Protegez-nous enfin comme l'a fait Cyrus ;
Ou laissez-nous en paix du moins comme Alexandre.
A ces grands noms, Seigneur, vous devriez vous rendre.
Sous vos Loix, s'il le faut, retenez notre Etat :
Mais au culte de Dieu rendez tout son éclat ;
Et qu'à ses saints Autels nos Tribus réunies
Joüissent sans effroi de leurs cérémonies.
Si je puis vous fléchir, si j'obtiens ces bienfaits,
Commandez ; nous voilà vos plus zelés sujets.
Les Juifs vous béniront, ils vous seront fidelles ;
Ou je vous vengerai moi-même des rebelles.

ANTIOCHUS.

Quel insolent respect qui te fait à la fois
Et m'offrir ton service & m'imposer tes Loix !
Malgré mon amitié crains encor ma vengeance ;
D'un seul mot je puis perdre un ingrat qui m'offense.

TRAGEDIE.
MISAEL.

Nous adorons, Seigneur, un pouvoir souverain
Qui ne nous laisse pas craindre un pouvoir humain.
Malgré tous nos malheurs & l'oprobre où nous sommes,
Rois pour les Nations, pour nous vous n'êtes qu'hommes.
Ministres du Très-haut, quand vous croïez regner,
Son invisible bras n'auroit qu'à s'éloigner,
Vous verriez dans l'instant que ce pouvoir fragile
N'étoit qu'un vain Colosse appuyé sur l'argile.
Sur ces prétendus Rois qu'adore l'Univers,
Dieu verse en se joüant la gloire & les revers ;
Et quand vous l'outragez, sa main appesantie
L'un par l'autre à son gré vous frape & vous châtie.
Vous-même regardez quel sceptre est dans vos mains.
Formidable à l'Egypte & soûmis aux Romains,
Tandis que déploïant vos nombreuses armées,
Vous allez imposer des Loix aux Ptolomées,
Un écuëil imprévû brise votre grandeur ;
Rome arrête vos pas par son Ambassadeur ;
Et vous n'osez sortir du cercle qu'il vous trace,
Sans avoir en esclave appaisé sa menace.

ANTIOCHUS.

C'en est trop : je ne sçai par quel enchantement
Je me laisse à ce point braver impunément.
Gardes.....

ANTIGONE.

Souffrez, Seigneur......

LES MACHABE'ES,

ANTIOCHUS.

Il veut périr, Madame.
Et que me reste-t-il à tenter sur son ame !
C'est vous qui pour ses jours m'avez interessé ;
C'est à vous de fléchir ce courage insensé.
Je sens encor, malgré l'excès de son audace,
Qu'un reste de pitié cherche à lui faire grace.
Parlez : de vos conseils la douce autorité,
Peut-être en sa faveur domptera sa fierté ;
De lui-même obtenez qu'il ait soin de sa vie ;
Ou ne vous plaignez plus qu'elle lui soit ravie.

SCENE III.

ANTIGONE, MISAEL, CEPHISE.

ANTIGONE.

JE ne m'en défends point, vous l'aprenez du Roi,
Misaël, vos malheurs n'ont bien touché que moi :
Mais cette vie, hélas ! que je veux rendre heureuse,
L'interêt que j'y prends, vous la rend-t-il affreuse ?
Et quand j'ose par tout vous chercher du secours,
Démentirez-vous seul ma pitié pour vos jours ?
Se peut-il que pour vous Antigone sensible
Fléchisse les Tirans & vous trouve inflexible ?
Faudra-t-il.... Mais, ô Ciel ! Quel mépris odieux !
Vous ne m'écoutez pas, vous évitez mes yeux !

MISAEL.

Oüi, j'évite vos yeux, & je dois m'y contraindre ;

TRAGEDIE.

Je suis le seul objet que mon cœur ait à craindre.
Qu'on me présente encor le plus cruel trépas,
Vous l'avez déja vû, je n'en frémirai pas :
Mais Antigone en pleurs qui pour moi s'interesse,
Ces discours, cette voix si chere à ma tendresse,
Ces attraits souverains, ces regards pénetrans,
Voilà mes ennemis, voilà mes vrais tirans.
Plus les périls affreux me trouvent intrepide,
Plus ce danger flateur me trouble & m'intimide :
Faut-il que dans un cœur où le mien est lié,
Le Ciel ait fait pour moi tomber cette pitié !
Que la seule personne à qui toute ma vie,
Malgré tous mes efforts, se voïoit asservie,
Qu'Antigone s'obstine à me la conserver,
Quand il m'en coûteroit un crime à la sauver !

ANTIGONE.

De quoi t'étonnes-tu ? De quel crime frivole.....

MISAEL.

Qui ! Moi, Madame, moi, fléchir devant l'Idole ?

ANTIGONE.

Ah ! D'un encens forcé que tu défavoüras,
Ni nos Dieux, ni le tien ne te puniront pas.

MISAEL.

Non, Madame, le mien veut que notre courage
Lui rende aux yeux de tous un ferme témoignage ;
Et que ne craignant rien, n'aimant rien tant que lui,
Dans notre seule foi nous mettions notre apui.
Je sens trop, à ces mots, combien la mort m'importe.

D'une vie agitée il est tems que je sorte.
Mon cœur, mon foible cœur se lasse à repousser
Ces traits toujours nouveaux dont je me sens percer.
Plus je m'arrête ici, plus je deviens coupable.
Je sens qu'à chaque instant cet amour déplorable,
Dont l'aveu m'attira votre juste couroux,
Malgré tous mes combats redouble auprès de vous.
Par ce nouvel aveu je cherche à vous déplaire :
Je veux vous irriter, ou contre un téméraire,
Ou contre un cœur toujours rebelle à vos apas,
Qui brûle de mourir pour ne vous aimer pas.

ANTIGONE.

Barbare, tu te perds, c'est tout ce qui m'offense ;
Et s'il en est besoin pour tenter ta constance,
Dans la vive douleur que je fais éclater,
Voi tous les sentimens qui peuvent te flater.

MISAEL.

Eh quoi, Madame, Quoi !...

ANTIGONE.

                Dans ton danger extrême
Je ne puis plus, ingrat, te cacher que je t'aime.

MISAEL.

Vous m'aimez. Ah ! Voilà le comble des malheurs !

ANTIGONE.

Je t'aime & tu gémis !

MISAEL.

                Vous m'aimez & je meurs !
Ciel,

Ciel, qui vois les vertus dont tes mains l'ont ornée
Dans le sein de Juda que n'est-elle donc née ?
Si sous tes saintes Loix elle eût reçu le jour,
Le bonheur de ma vie eût été son amour ;
Ou si tu permettois qu'une beauté si chere
Perdît en t'adorant le titre d'étrangere ;
Que par toi réunis, on pût nous voir tous deux,
Aux pieds de tes autels te consacrer nos feux. . . . .
Hélas ! Vaine esperance où mes désirs s'égarent !
Pourquoi nous attendrir, quand tes Loix nous séparent!

ANTIGONE.

Quoi ! Misaël, devant ces tiranniques Loix,
La nature & l'amour perdent-ils tous leurs droits ?
Ce Dieu, ce Dieu jaloux pour qui seul tu t'enflâmes,
Est-ce un Dieu qui se plaise à diviser les ames ?
Vous dites que le monde est sorti de ses mains,
Que lui seul de son soufle anime les humains,
Que par lui tout se meût, que par lui tout respire,
Condamneroit-il donc un feu qu'il nous inspire ?
Malgré notre penchant voudroit-il détacher
Deux cœurs infortunez qu'il fit pour se chercher ?

MISAEL.

D'un cœur qu'il créa libre il veut le sacrifice ;
Il ne nous force point afin qu'on le choisisse.
Nous ne devons aimer ni haïr qu'à son gré.
Oüi, malgré tout l'amour dont je suis dévoré,
Il veut que je vous fuïe ; & pour le satisfaire
Je vais d'Antiochus irriter la colere.
Je déteste ses Dieux, & ne cours qu'en ce lieu
Le danger d'adorer ce qui n'est pas mon Dieu.

ANTIGONE.

Arrête. Je respecte un refus magnanime,
Je n'exigerai plus ce que tu crois un crime.
De tes propres remords mon cœur est combatu ;
Misaël, ma foiblesse adopte ta vertu :
Mais, promets-moi du moins, s'il t'est permis de vivre,
Sans blesser ton devoir, si mon soin te délivre,
Jure-moi de ne plus t'obstiner à périr ?
Et pour prix de mon cœur laisse-toi secourir.

MISAEL.

Je me rends ; mais du moins songez.....

ANTIGONE.

      Tu peux m'en croire,
Autant que de tes jours, j'aurai soin de ta gloire.

Fin du second Acte.

ACTE III.
SCENE PREMIERE.
ANTIOCHUS, ANTIGONE.

ANTIGONE.

JE vous l'ai dit, Seigneur : j'espere le fléchir :
Mais des pleurs d'une mere il falloit l'affranchir ;
Et vous aviez encore à craindre que son zele
Ne l'armât contre nous d'une force nouvelle :
Vous le faites garder en ces lieux par Barsès,
Et rien ne sçauroit plus traverser mes succès.
J'ai de l'Israëlite ébranlé le courage.
Encor quelques efforts, j'obtiendrai davantage.
Vous l'avez dû prévoir, un esprit si hautain
Ne revient pas si tôt de son premier dessein :
Son orgueïl pour se rendre a besoin d'un long terme ;
Et même en fléchissant il veut paroître ferme.
Mais fiez-vous à moi ; je sçaurai le sauver.
J'ai commencé, Seigneur ; je réponds d'achever.

ANTIOCHUS.

Madame, chaque jour me le fait mieux connoître ;
Pour calmer mes chagrins, le Ciel vous a fait naître ;
Et je bénis l'instant où la faveur des Dieux,
Pour attendrir mon cœur, vous offrit à mes yeux.

Je veux bien l'avoüer ; les plus grandes conquêtes,
L'honneur d'humilier les plus superbes têtes,
D'abattre sous mes pieds un monde d'ennemis,
M'interesseroit moins que Misaël soûmis.
L'horreur d'avoir en vain devant cette ame altiere
Emploïé la menace & perdu la priere,
Mon amitié bravée autant que mon pouvoir,
Cet affront m'accabloit du plus vif désespoir :
Car je ne sçai si c'est ou grandeur ou foiblesse,
Mais ma fierté fremit de tout ce qui la blesse.
Qu'un seul de mes sujets ose me résister,
Tout ce qui m'obéit ne peut plus me flater,
La résistance alors est tout ce qui me frape,
Il semble à mon orgüeil que le Sceptre m'échape,
Et qu'à jamais forcé de recevoir la Loi,
Je ne suis plus qu'un homme, & cesse d'être Roi.

ANTIGONE.

Eh! Pourquoi souffrez-vous que ce trouble empoisonne
Tout ce vaste pouvoir que le destin vous donne ?
Tandis que vous avez, Seigneur, de toutes parts
Tant d'objets enchanteurs où porter vos regards,
Le plus leger chagrin les fait tous disparoître !
Un superbe dépit.. ...

ANTIOCHUS.

     Je n'en suis pas le maître.
Je tâche à l'étouffer, & sans cesse il renaît,
Je sens qu'il fait toujours mon plus cher interêt :
Des autres passions toute la violence
N'en sçauroit dans mon cœur balancer la puissance.
Si Misaël se rend, Madame, les Hebreux

Sans effort désormais vont prévenir mes vœux.
Cet exemple peut tout ; & j'en dois plus attendre
Que d'un torrent de sang que je pourrois répandre.

ANTIGONE.

Que parlez-vous de sang ? Il n'y faut plus penser.
Eh ! Vous n'étiez pas né, Seigneur, pour en verser.
La mort des malheureux que votre bras foudroïe
Ne vous fait point goûter une barbare joïe.
Votre cœur malgré vous sensible & généreux,
En se vengeant toujours, ne fut jamais heureux.
Pourquoi vous laissez-vous livrer par la colere
A cette cruauté qui vous est étrangere,
Que vous ne trouvez point au fonds de votre sein ?
Devenez moins superbe ; & vous êtes humain.
Souffrez ce zele ardent qui me défend de feindre ;
Il est tems d'être aimé ; c'est trop vous faire craindre.
Avec plus de repos si vous voulez regner,
N'effraïez plus les cœurs, songez à les gagner.

ANTIOCHUS.

Eh bien, à vos conseils Antiochus se livre ;
Estime, amour, raison, tout m'engage à les suivre.
Connoissez à quel point je m'en sens pénétrer
Par le dessein qu'ici je vais vous déclarer.
Je vous offre ma main ; il est tems, Antigone,
Que ce front si chéri partage ma couronne.
Dès long-tems aux honneurs du souverain pouvoir
Mes tendresses ont dû préparer votre espoir.
Je ne differe plus ; jouïssez-en, Madame ;
Que des jours plus sereins soient le prix de ma flâme ;
Et par votre pitié moderant mes rigueurs,

Venez m'aider vous-même à regagner les cœurs.
Votre douceur va mettre un frein à ma colere;
Et je ne connois plus que l'orgueïl de vous plaire.

SCENE II.

ANTIOCHUS, ANTIGONE, SALMONE'E.

SALMONE'E.

Qu'ai-je à pleurer, Seigneur ? Qu'a-t-on fait de mon fils ?
D'un bruit qui se répand tous mes sens sont saisis :
On ose m'assûrer que sa vertu chancele,
Et que vous esperez d'en faire un infidele.
Ah ! Permettez du moins que je puisse le voir.

ANTIOCHUS.

Pour lui défendre encor de suivre son devoir ?
Non, Madame, souffrez plûtôt qu'il vous aprenne
A vous rendre vous-même à ma Loi souveraine ;
Trop heureux, si pour prix de mes vœux satisfaits,
Je vous pouvois tous deux combler de mes bienfaits.

SALMONE'E.

Laissez-moi voir mon Fils, Seigneur, pour toute grace ;
Laissez-là vos bienfaits, reprenez la menace.
Vous me glacez d'effroi par un accueïl si doux.
Sommes-nous devenus moins dignes de courroux ?
Et mon fils chancelant, prêt à vous satisfaire,

TRAGEDIE.

A-t-il donc attiré cette injure à sa mere !
Non je ne croirai point qu'on puisse le forcer....

ANTIOCHUS.

J'espere avoir bien-tôt à le récompenser.
Jusques-là je le laisse au pouvoir d'Antigone.
Obéïssez vous-même aux ordres qu'elle donne ;
Désormais mon épouse, elle regne avec moi ;
Et vous & votre fils vous êtes sous sa loi.

SCENE III.

ANTIGONE, SALMONE'E.

SALMONE'E.

Quoi ! Madame, c'est vous qui cherchez à nous nuire !
Misaël me restoit ; vous voulez le séduire ;
Et si d'Antiochus j'en veux croire l'acuëil,
La vertu de mon fils va trouver son écuëil.
Je ne connois que trop, puisqu'il faut vous le dire,
Ce que vos yeux sur lui vous ont acquis d'empire :
Gardez-vous d'emploïer ce funeste pouvoir
Pour sa honte éternelle & pour mon desespoir.
Hélas ! Antiochus n'en vouloit qu'à sa vie.
Faut-il que vous portiez plus loin la tirannie ?
Que vous vouliez sans cesse à son cœur combattu
Par vos barbares pleurs enlever sa vertu ?

ANTIGONE.

Je songe à le sauver, Madame, & je l'espere.

C iiij

Vouloir sauvèr le fils, est-ce trahir la mere ?
Et ne seroit-ce pas à vous-même à chercher
Ce même apui qu'ici vous m'osez reprocher ?

SALMONE'E.

Non, dès votre naissance à l'Erreur asservie,
Vous n'avez pas conçû d'autre bien que la vie ;
Et quoique nous disions, vous n'imaginez pas
Qu'il soit pour nous un mal plus grand que le trépas.
Nous sommes pénétrez de maximes plus saintes ;
D'autres biens, d'autres maux font nos vœux & nos craintes.
Tout ce qui peut charmer ou troubler vos esprits,
Notre œil plus éclairé le voit avec mépris.
Montez, montez, Madame, au Trône de Sirie ;
Soïez de vos sujets redoutée & chérie ;
Que le Ciel favorable accorde à vos désirs
Ce que vous connoissez d'honneurs & de plaisirs :
Mais de grace, pour prix d'un souhait si sincere,
Laissez-nous les liens, l'opprobre, la misere ;
Laissez-nous le trépas ; & charmez de ce bien,
Notre cœur expirant ne vous enviera rien.

ANTIGONE à part.

O courage héroïque ! O vertu que j'admire !

SALMONE'E.

Madame vous pleurez, & votre cœur soupire !
Touché de mes douleurs devient-il moins cruel ?
Voudriez-vous enfin me rendre Misaël ?

ANTIGONE.

Atteinte autant que vous de vos vives allarmes,

TRAGEDIE.

Je n'ai pû retenir mes soupirs & mes larmes ;
Mais par votre douleur plus vous m'attendrissez,
Dans mon dessein aussi plus vous m'affermissez.
Oüi votre fils vivra, j'ose vous en répondre.

SALMONE'E.

Plus vous m'en répondez, plus je me sens confondre.
Je ne puis donc vous vaincre ; & vous vous obstinez
Dans ce projet fatal que vous entreprenez.
Vous voulez éprouver jusqu'où mon fils vous aime ;
Vous voulez dans son cœur triompher de Dieu même.
Eh bien, allez tenter ce sacrilege effort ;
Pressez-le de choisir entre vous & la mort :
Mais du moins à vos pieds où la douleur me jette,
Ne desesperez pas une triste sujette.
Laissez-moi voir mon fils ; que ce foible secours.....

ANTIGONE.

Je n'y puis consentir ; il y va de ses jours.

SALMONE'E.

C'est trop perdre mes pleurs. Pour ce que je souhaite,
C'est à tes pieds, Seigneur, qu'il faut que je me jette.
Implorons des secours plus dignes de ma foi.
Je t'offense à chercher un autre apui que toi.

SCENE IV.
ANTIGONE.

Helas ! Ne te plains pas qu'à tes vœux je m'oppose ;
Triste mere je sens les maux que je te cause.
Si je te découvrois, pour calmer ta douleur,
Le nouveau jour qui luit dans le fonds de mon cœur,
Si je te laissois voir mon ame toute entiere,
Et combien je te sers par de-là ta priere ;
Mais les jours de ton fils me sont trop importans.
Je n'ai rien dû risquer. Ménageons les instans.

SCENE V.
ANTIGONE, BARSE'S

ANTIGONE.

Barsès ?

BARSE'S.

Qu'ordonnez-vous ?

ANTIGONE.

De la nuit qui s'aproche
Saisissons la faveur, pour sortir d'Antioche.
Instruit de mes projets, vous osez tout pour moi ;
Asûrez des destins commis à votre foi.

TRAGEDIE. 43

BARSE'S.

Commandez ; je suis prêt ; mon zele & ma prudence
Répondront dignement à votre confiance.

ANTIGONE.

C'est assez. En ces lieux envoïez Misaël.

SCENE VI.

ANTIGONE.

NE nous traverse pas, puissant Dieu d'Israël :
Qu'aujourd'hui mon amour devant toi trouve
  grace ;
Et daigne proteger une si belle audace.

SCENE VII.

ANTIGONE, MISAEL.

MISAEL.

EH bien, Madame, eh bien, le supplice est-il prêt ?
Antiochus a-t-il prononcé mon Arrêt ?

ANTIGONE.

Non ; & de mon amour l'heureuse vigilance
Va mettre contre lui tes jours en assurance.
J'ai sçu d'un vain espoir endormir sa fureur.
Il pense que bien-tôt abjurant ton erreur,

Aux Autels de ses Dieux. . . . .

MISAEL.

      Qu'avez-vous laissé croire!
Ah! Vous m'aviez promis d'avoir soin de ma gloire.
Je cours le détromper; & l'honneur de mon nom
Me reproche le tems qu'a duré ce soupçon.
Je vais faire à ses yeux éclater tant de zele. . . . .

ANTIGONE.

Cours, ingrat, mais qu'aussi ton grand cœur lui revele
L'excès de cet amour qui m'anime pour toi.
Di-lui que de ton Dieu je reconnois la Loi.
Livre à sa barbarie une double victime;
Et qu'un même tourment punisse un même crime.

MISAEL.

L'ai-je bien entendu? L'oserois-je penser
Qu'au culte de vos Dieux vous puissiez renoncer;
Et que le Ciel versant ses clartez dans votre ame,
Eût reconcilié mon devoir & ma flâme ?

ANTIGONE.

Avec tout son éclat la gloire du Seigneur
Assiégeoit dès long-tems mon esprit & mon cœur.
A ces impressions, je frémis de l'offense,
J'opposois ce poison sucé dès mon enfance.
Toujours prête à le croire & voulant en douter,
Reprenant le bandeau qu'il vouloit écarter,
Je m'armois contre lui d'une honte rebelle;
Et de peur de changer, je vivois infidelle:
Mais pour déterminer mon esprit combatu,

TRAGEDIE.

Dieu s'est voulu servir de toute ta vertu.
Par ta force aujourd'hui j'ai compris sa puissance ;
Tes efforts ont enfin dompté ma résistance ;
Et de ta mere encor le magnanime effroi,
En craignant ta foiblesse, a confirmé ma foi.

MISAEL.

O Ciel ! Que vous charmez mon amour & mon zele !
Et ce grand changement, ma mere le sçait-elle ?

ANTIGONE.

Dans l'interêt pressant d'empêcher ton trépas,
Je n'ai rien dit ; j'ai craint qu'elle ne m'en crût pas,
Et qu'au moins dans le doute où je l'aurois laissée
Mon entreprise encor ne s'en vît traversée.
Mais toi, cher Misaël, tu me connois trop bien,
Pour penser qu'un moment je te déguise rien.
Je suis Israëlite, & tu peux bien m'en croire,
Puisqu'au Trône des Rois j'en préfere la gloire.
Antiochus m'offrant son Sceptre avec sa main,
N'a pû par ses bienfaits balancer mon dessein.
Je renonce à l'Empire & je le sacrifie
A ma Religion aussi-bien qu'à ta vie.
Après ce que j'ai fait ; c'est à toi d'achever.

MISAEL.

Eh bien ! Que faut-il faire enfin pour vous sauver ?

ANTIGONE.

Je sçai de ce Palais les détours les plus sombres ;
Et tandis que la nuit répand par tout ses ombres,
Celui même par qui je t'avois fait garder,

Barsès hors de ces murs confent à nous guider.
Profitons des momens ; allons fous fa conduite....

MISAEL.

Pour un cœur généreux quel fecours que la fuite !

ANTIGONE.

Ne t'en allarme point. Pour toi, cher Mifaël,
De ta fuite va naître un honneur immortel.
Si tu crois une Amante à ta gloire attachée,
Ta retraite long-tems ne fera pas cachée ;
Et, j'en crois mon efpoir, bien-tôt tu t'en feras
L'heureux champ de bataille où tu triompheras.
Tu peux faire porter de fecretes nouvelles
A ceux qui des Hebreux font demeurez fidelles ;
Les avertir par tout de s'armer fans éclat,
Et de fe joindre à toi préparez au combat.
Bien-tôt de tes projets l'heureufe renommée
Du brave Affidéen groffira ton armée ;
Il viendra fous tes Loix fignaler fa valeur.
Alors fai retentir le faint nom du Seigneur.
Des Prêtres r'affemblez fai fonner la trompette,
Et de nos fiers Tirans entreprend la défaite
Dieu du haut de fon Trône apuïera tes deffeins,
Sçaura pour le combat armer tes jeunes mains,
Remontrera David en ton ardeur guerriere,
Et par toi les Geans vont mordre la pouffiere.

MISAEL.

Par ce zele enflâmé que vous me faites voir,
Tout à coup dans mon cœur paffe tout votre efpoir.
J'en augure aux Hebreux une gloire nouvelle,

TRAGEDIE.

Et c'eſt par votre voix le Seigneur qui m'apelle.
Oüi, je crois voir en vous cet Ange impérieux,
Qui jadis, pour briſer les fers de nos ayeux,
Et du Ciel aportant la divine promeſſe,
De l'humble Gedéon vint armer la foibleſſe.
J'ai beau me dire ici que Miſaël n'eſt rien,
Je ſçai que je puis tout avec un tel ſoûtien,
Et que devant le Chef qu'à ſon peuple Dieu nomme,
Les camps le plus nombreux fuïront comme un ſeul homme.
C'en eſt fait ; mettons-nous en état d'obéir.
A tarder plus long-tems je croirois le trahir.
La fuite déſormais à mes yeux ne préſente
Que de nos ſaints exploits la ſuite triomphante.
Heureux ! ſi je pouvois, pour prix de votre foi,
Vous replacer au Trône où vous montiez ſans moi.
Mais que dis-je ! en fuïant, laiſſerons-nous ma mere
Au pouvoir du Tiran, en proïe à ſa colere ?

ANTIGONE.

Raſſure-toi. Mes ſoins ne l'abandonnent pas.
Bien-tôt, cher Miſaël, elle ſuivra nos pas.
J'ai prévu, j'ai ſenti ta tendreſſe inquiete ;
Et mes ordres ſecrets aſſûrent ſa retraite.
Ne crain rien.

MISAEL.

Allons donc.

ANTIGONE.

Quand je pars avec toi,
Miſaël, il te reſte à me donner ta foi,
A recevoir la mienne ; & ma gloire jalouſe

Ne me laisse d'ici partir que ton épouse.
Atteste donc le Dieu que nous servons tous deux,
Et qu'il soit à jamais le garant de nos feux.

MISAEL.

Dieu puissant, qui jadis donnas ta Loi suprême
Aux deux premiers époux qu'unissoit ta main même,
Qui, bénissant un feu par toi-même inspiré,
D'un amour naturel fis un lien sacré ;
Nous n'avons plus de Temple; & de superbes Maîtres
Font languir dans les fers nos Pontifes, nos Prêtres ;
C'est à toi seul, Seigneur, de nous en tenir lieu.
Sois ici le témoin, le ministre & le Dieu.
Préside à mes sermens ; & sois pour Antigone
Le garant de la foi que Misaël lui donne :
Grave au fonds de mon cœur l'irrévocable Loi
De vivre & de mourir & pour elle & pour toi.

ANTIGONE.

Recevez-donc ma main ; je vous suis asservie ;
Je vous livre à jamais & mon cœur & ma vie :
Mais allons, cher époux ; & fuïons de ces lieux.
Rachel suivra Jacob sans emporter ses Dieux.

Fin du troisiéme Acte.

ACTE

ACTE IV.

SCENE PREMIERE.

ARSACE, ANTIOCHUS.

ARSACE.

Par votre ordre j'allois chercher l'Ifraëlite.
Barsès & Mifaël étoient tous deux en fuite.
Je n'ai point vû de Garde ; & mon empreffement
Venoit vous avertir de leur éloignement.
Un ami de Barsés s'eft offert à ma vûë ;
Il fembloit redouter ma préfence imprévûë :
J'ai foupçonné fon trouble, & l'ai forcé foudain
De m'avoüer leur fuite & fon propre deffein.
Du Juif il prétendoit vous enlever la mere,
Et, fuïant fur leurs pas, tromper votre colere.
Voilà de leur fecret tout ce que j'ai furpris.
Je vous ai déja dit les chemins qu'ils ont pris.

ANTIOCHUS.

Ils n'échaperont pas, Arface, à ma vengeance.
J'ai fait partir contr'eux ma garde en diligence,
Et le traître Barsès ne fçauroit éviter....
Mais quel foupçon nouveau vient ici m'agiter !
J'avois choifi Barsès par l'avis d'Antigone.
Eft-ce donc elle, ô Dieux, qu'il faut que je foupçonne?

LES MACHABE'ES,

Qu'on la fasse venir ; je veux être éclairci ;
Et que de Misaël la mere vienne aussi.

SCENE II.
ANTIOCHUS.

CRoirai-je qu'à ce point Antigone m'offense ?
De mon Empire offert est-ce la récompense ?
Et déja la perfide, au mépris du devoir,
Fait-elle aussi l'essai du souverain pouvoir ?
Parce qu'elle m'a plû, me croit-elle en ses chaînes ?
De l'Etat en ses mains ai-je remis les rênes ?
Croit-elle désormais regner au lieu de moi ?
Et que pour être Amant, j'ai cessé d'être Roi ?
Se fiant trop sans doute à l'orgüeil de ses charmes,
Elle croit me fléchir par ses premieres larmes ;
Mais en qui me trahit on sçait trop qu'à mes yeux,
Jusques à la beauté, tout devient odieux.
Que j'humilierai bien cet orgüeil qui la flate !
On va me l'envoïer ; que me dira l'ingrate ?
Qu'à mon propre interêt se laissant conseiller,
Elle m'épargne un sang dont je m'allois soüiller ;
Et qu'elle a craint enfin que de notre himenée
Cet auspice sanglant ne marquât la journée.
Trop frivoles raisons ! Je veux être obéï.
Et servi malgré moi, je me compte trahi.
Mais que veut dire Arsace, & quel trouble l'étonne ?

TRAGEDIE.

SCENE III.
ANTIOCHUS, ARSACE.

ARSACE.

C'Est vainement, Seigneur, que l'on cherche
   Antigone :
Elle ne paroît point.

ANTIOCHUS.

On ne la trouve pas!
Je frémis ; de l'Hebreu suivroit-elle les pas ?
Est-ce donc un Amant que sa pitié délivre ?
Est-ce donc un Rival qu'en lui j'ai laissé vivre ?
Quels prodiges! grands Dieux! Qui le pourroit penser?
Qu'au mépris de mon Trône où je l'allois placer
Dans son perfide cœur un esclave l'emporte !
Il ne lui peut offrir que les chaînes qu'il porte ;
Mon amour la faisoit regner sur l'Univers ;
On dédaigne mon Sceptre & l'on choisit ses fers.
Qu'ils tremblent ; de mes mains c'est en vain qu'ils
   s'arrachent.
Je percerai l'asile où ces ingrats se cachent.
Dans les antres profonds dussent-ils se sauver,
Ma fureur sçaura bien encor les y trouver.
L'Israëlite vient.

SCENE IV.
ANTIOCHUS, SALMONE'E, THARE'S.

SALMONE'E.

De l'ordre qu'on me donne
Que faut-il.....

ANTIOCHUS.

Votre fils fuit avec Antigone.

SALMONE'E.

Antigone & mon fils !

ANTIOCHUS.

Viennent de s'échaper.
Vous fçavez leur secret, gardez de me tromper ;
S'aimeroient-ils ? Parlez ; ou d'une vaine audace
La mort.....

SALMONE'E.

Croi-moi, Tiran, ne perds point de menace.
Tu fçais ton impuiffance à me faire trembler :
Mais ce que tu m'aprends fuffit pour m'accabler.
S'il eft vrai, qu'écoutant une ardeur criminelle,
Mon fils ait confenti de fuivre une infidelle,
Tes malheurs font les miens ; plus que toi j'en frémis ;
Tu perds une Maîtreffe ; & moi je perds un fils.

TRAGEDIE.
ANTIOCHUS.

Comment donc m'éclaircir de leurs perfides flâmes !
Voïons ; & d'Antigone interrogeons les femmes.
Dans ce doute mortel c'est trop me retenir.
Aprenons de quel crime il la faudra punir.

SCENE V.

SALMONE'E, THARE'S.

SALMONE'E.

JE n'ai donc plus de fils ! Cette fuite funeste
Me sépare à jamais de celui qui me reste.
Voilà, chere Tharès, le malheur que j'ai craint ;
Voilà le fruit cruel d'un amour mal éteint.
J'esperois voir le Ciel sensible à mes allarmes ;
Mais il a rejetté ma priere & mes larmes.
Je succombe à mes maux. Eh ! Comment mes enfans
Dans le sein du Seigneur aujourd'hui triomphans ,
N'ont-ils pas obtenu pour prix de leur victoire
Qu'un frere malheureux n'en ternît pas la gloire ?

THARE'S.

Que lui reprochez-vous, Madame ? Et quel affront
Pensez-vous que sa fuite imprime à votre front ?
D'un Tiran implacable il fuit la barbarie.
Sans trahir son devoir, il assure sa vie.
Il n'a point adoré les Dieux du Sirien.

SALMONE'E.

Il adore les Dieux, puisqu'il trahit le sien.
Il ne fuit que pour suivre Antigone qu'il aime;
Amant de l'Idolâtre, il le devient lui-même.
Quand Dieu n'est pas pour lui l'interêt le plus cher,
Qu'importe d'Antigone ou bien de Jupiter ?

THARE'S.

Mais quand Misaël fuit, du Tiran qu'elle offense
Antigone elle-même a dû fuïr la vengeance.
L'amour les unit moins peut-être que l'effroi.
L'une fuit pour sa vie, & l'autre pour sa foi.
Pourquoi vous hâtez-vous de le noircir d'un crime,
Puisque la fuite enfin peut être légitime;
Puisqu'elle étoit permise. ...

SALMONE'E.

       A tout autre qu'à lui.
Oüi, le commun des Juifs peut sans crime avoir fui.
Quand le Tiran leur livre une cruelle guerre,
Qu'ils cherchent un asile aux antres de la terre;
Contens, sans l'affronter, d'attendre le trépas,
Ils peuvent se cacher; je n'en murmure pas.
Mais le Ciel de mon fils exigeoit davantage.
Quand de ses freres morts, il a vu le courage,
Témoin de tous les maux qu'ils viennent de souffrir,
C'est les deshonorer qu'avoir craint de mourir.
Mais tout mon sang est prêt pour expier son crime;
Accepte au lieu du fils la mere pour victime;
Seigneur, que le Tiran las de me dédaigner,
Ne me méprise plus assez pour m'épargner,

TRAGEDIE.

Rend terrible à ses yeux le zele qui m'enflâme.
Qu'il croïe en me perdant perdre plus qu'une femme;
Et que dans sa fureur ce nouveau Sisara
Craigne de laisser vivre une autre Debora.
Fai qu'à mes vrais enfans désormais réünie,
Tout mon sang d'un ingrat lave l'ignominie:
Quand je n'ai plus de fils que je puisse t'offrir,
Plus d'autre bien pour moi, Seigneur, que de mourir.

SCENE. VI.

ANTIOCHUS, SALMONE'E, THARE'S.

ANTIOCHUS.

Dieux! Ne ferai-je donc qu'une recherche vaine?
On ne m'éclaircit point; tout augmente ma peine.
De leur fatal amour on n'ose m'assûrer;
Cependant malheureux puis-je encor l'ignorer?
Plus je pense à leur fuite, & plus mon cœur se trouble.
Ma fureur inquiete à chaque instant redouble.
Je ne sçais où je vais, je ne sçais où je suis.

à Salmonée.

Sortez; votre présence irrite mes ennuis.
Hidaspe ne vient point! qu'est-ce qui le retarde!
Les traîtres seroient-ils échapez à ma garde?
Se pourroit-il qu'Hidaspe eût manqué leur chemin?
Ses jours me répondroient.... Mais je le vois enfin.

SCENE VII.

ANTIOCHUS, HIDASPE.

ANTIOCHUS.

EH bien! m'ameine-t-on la perfide & le traître ?
Et d'où vient que sans eux je te vois reparoître ?

HIDASPE.

Seigneur, ces fugitifs ne vous échapent pas.
Mais de quelques momens j'ai devancé leurs pas ;
Et tandis qu'en ces lieux on va vous les conduire,
Du succès du combat j'ai voulu vous instruire.

ANTIOCHUS.

Un combat ! contre qui ?

HIDASPE.

Misaël & Barsès
N'en ont que trop long-tems retardé le succès ;
Et les faits imprévûs que je dois vous aprendre,
Vous surprendront, Seigneur, si vous voulez m'entendre.

ANTIOCHUS.

Parle.

HIDASPE.

Ils touchoient déja le pied des monts prochains,
Lorsqu'au Soleil naissant nous les avons atteints.
Misaël & Barsès conduisoient Antigone.

TRAGEDIE.

De vos propres soldats un corps les environne,
Qui se voïant suivis, saisissent à l'instant
D'un passage serré l'avantage important.
Nous pensions sans effort dissiper les perfides ;
Que par leur trahison devenus plus timides,
Ils s'alloient, en fuïant, dérober à nos coups :
Mais, loin de s'ébranler, ils s'encouragent tous,
La peur du châtiment irrite leur audace ;
Et du seul desespoir ils attendent leur grace.
Antigone à leurs yeux déploïant ses trésors,
Promet d'en partager le prix à leurs efforts :
Mais ce qui plus que tout animoit leur défence,
C'étoit de Misaël l'héroïque vaillance.
Vos yeux de son courage auroient été jaloux ;
C'est de tous les mortels le plus grand après vous.
Son bras de flots de sang fait ruisseler la terre ;
Chacun pensoit en lui voir le Dieu de la guerre ;
Et Barsès dans vos camps nourri jusqu'aujourd'hui,
Ne paroissoit qu'aprendre à combattre sous lui.
Barsès tombe mourant : mais toujours invincible,
Le magnanime Hebreu n'en est pas moins terrible ;
Tant qu'enfin ses soldats par le nombre accablez,
Expirent presque tous sous nos coups redoublez.
Je fais en ce moment enlever Antigone ;
Misaël qui le voit lui-même s'abandonne ;
Il jette son épée ; & se livre en nos mains.
Executez, dit-il, vos ordres inhumains ;
Malgré tous mes efforts elle est votre captive ;
Je n'ai pû la sauver ; il faut que je la suive.
Enchaînez l'un & l'autre on les amene ici.
Vous les verrez bien-tôt, Seigneur ; mais les voici.

SCENE VIII.
ANTIOCHUS, MISAEL, ANTIGONE.
ANTIOCHUS à *Antigone*.

Approche ; & que ton cœur frémissant à ma vûë
Commence de subir la peine qui t'est dûë.
De tant d'amour, ingrate, est-ce donc là le prix ?
Devois-tu le païer d'un si sanglant mépris ?
Après mon Sceptre offert, Antigone me brave,
Jusqu'à m'abandonner ; pour qui ? Pour un esclave !
Jusqu'à me préferer les rigueurs de son sort ;
A fuïr mon Trône enfin, comme il fuïoit la mort !

ANTIGONE.

Souffrez, Antiochus, que je me justifie ;
Non, que je prenne encore aucun soin de ma vie,
Que je prétende ici fléchir votre couroux,
Mais pour mon propre honneur, pour moi, plus que pour vous.
De mon cœur dès long-tems Misaël est le maître ;
Je brûlois d'un amour que Sion a vû naître ;
Je le cachois toujours & n'en triomphois pas.
Quand le Ciel de mon pere ordonna le trépas,
Au sein de votre Cour vous m'avez apellée.
De toutes vos faveurs votre amour m'a comblée.
Vos soins impatiens prévenoient mes souhaits.
Je n'avois plus de cœur à rendre à vos bienfaits ;
Et je m'en suis tenuë à la reconnoissance

TRAGEDIE.

Que mon destin encor laissoit en ma puissance.
De vos seuls interêts j'ai fait mon premier soin.
Je voulois votre gloire ; & vous m'êtes témoin
Que si vous aviez crû ce que j'osois vous dire,
Si mes conseils sur vous avoient eu plus d'empire,
Ils devoient prévenir ou suspendre le cours
De tant de cruautez qui ternissent vos jours.
Mais malgré mes conseils, mes soupirs & mes larmes,
Votre orgueil a souillé le succès de vos armes,
Vous chargez de vos fers toute une Nation.
Vous changez la victoire en persécution.
Israël est proscrit par cet orgueil perfide ;
Et pour lui votre regne est un long homicide.
Mes yeux se sont enfin lassez de vos rigueurs ;
Et ma fuite aujourd'hui m'associe à leurs pleurs.
Leur magnanimité, leur longue patience
Ont au Dieu des Hebreux gagné ma confiance ;
Et j'ai crû que le Dieu dont les secours puissans
Soutenoient la vertu dans les cœurs innocens,
Valoit mieux que des Dieux qui laissent impunie
L'ivresse de l'orgueil & de la tirannie.
Vous connoissez pourquoi j'ai suivi Misaël.
Je partage avec lui le destin d'Israël ;
Et dussai-je irriter votre fureur jalouse,
Je suis Israëlite & de plus son épouse.

ANTIOCHUS.

Son épouse ! A ce point on ose m'outrager !

ANTIGONE.

Je la suis ; j'en fais gloire, & tu peux t'en venger.

LES MACHABÉES,

ANTIOCHUS.

Son épouse ! grands Dieux ! *Voulant tirer son épée contre Misaël.*
Ah ! cruel de ta vie.....

ANTIGONE.

Arrêtez, arrêtez. Par cette barbarie
N'allez pas vous couvrir d'un oprobre nouveau ;
Et soïez son tiran, & non pas son boureau.
Mais pourquoi ces fureurs ? Qu'importe à votre flâme
Que d'un autre ou de lui je devienne la femme,
Puisqu'enfin désormais, asservie à leur Loi,
Tout idolâtre himen est interdit pour moi ?
Je suis Israëlite ; & loin que je démente
Ce nom....

ANTIOCHUS.

Tu ne l'es point ; tu n'es que son Amante.
Ton Dieu c'est ton amour ; & tes vœux aujourd'hui
N'ont en me trahissant sacrifié qu'à lui :
Mais je vais te punir en t'arrachant la vie,
Et de ton sacrilege & de ta perfidie.
Ingrate, tu vas voir mon couroux furieux
S'épuiser à venger mon amour & les Dieux.

MISAEL.

N'écoutez pas, Seigneur, cette horrible vengeance.
Souffrez qu'à vos genoux quelqu'espoir de clémence...

ANTIOCHUS.

Misaël à mes pieds ! Je ne m'en flatois pas.
Je ne lui croïois point un courage si bas ;

TRAGEDIE.

Et jufqu'à ce moment priere ni menace
N'avoit pû le forcer à me demander grace.
Le foible de ton cœur vient de fe déceler ;
Et tu m'aprends toi-même à te faire trembler.

MISAEL.

Il eft vrai, ma fraïeur à vos yeux fe déclare :
Mais ne connoiffez-vous que ce plaifir barbare ?
Et du pouvoir des Rois les fuprêmes grandeurs
N'ont-elles rien de doux que d'effraïer les cœurs ?
Ofez faire aujourd'hui l'effai d'une autre gloire.
Remportez fur vous-même une illuftre victoire.
Faut-il qu'un nom célèbre entre les Conquerans
Mêle à tant de lauriers l'oprobre des tirans ?
D'un peuple gémiffant faites tomber les chaînes ;
Laiffez-le refpirer après fes longues peines ;
Faites ceffer le cours de tant de cruautez ;
Et fignalez fur nous vos premieres bontez :
Ou s'il vous faut, Seigneur, encore une victime,
Frapez ; que mon trépas foit votre dernier crime.
Eteignez dans mon fang un injufte couroux.
Heureux ! fi mon fuplice eft la grace de tous.

ANTIOCHUS.

Non, ne te flate point que ta mort me fuffife.
J'ai trop apris combien Mifaël la méprife ;
Et je ne pourrois plus compter fur ton effroi,
Si mon couroux n'avoit à menacer que toi.
C'eft fur un autre cœur que vengeant mon outrage,
Je te ferai frémir malgré tout ton courage.
Grace au Ciel ma fureur ne peut plus fe tromper.
Je fçai pour te punir où ma main doit fraper.

MISAEL.

Eh ! Que vous ferviroit de fraper Antigone ?
Efperez-vous qu'alors ma vertu m'abandonne ?
Malgré tout mon amour, l'afpect de fon trépas
Déchireroit mon cœur & ne le vaincroit pas.

à Antigone,

Madame. . . . .

ANTIGONE.

Ne crain rien de mon fexe timide,
Je fuivrai fans foibleffe un époux intrépide.
En m'uniffant à toi, mon cœur s'eft revêtu
De tous tes fentimens, de toute ta vertu.

MISAEL.

Que la vie avec vous m'eût été précieufe !

ANTIGONE.

Que la mort avec toi me fera glorieufe !

MISAEL.

Ne devions-nous, helas, être unis qu'un moment !

ANTIGONE.

Cher époux, nous mourrons, du moins en nous aimant,

ANTIOCHUS.

Ah ! C'eft trop abufer, couple ingrat & perfide
De l'état où me jette une douleur ftupide.
A peine mon oreille entendoit vos difcours.
Quoi donc ! Vous vous jurez de vous aimer toujours !
Vous infultez au trouble où mon ame eft en proïe !

TRAGEDIE.

Mais vous perdrez bien-tôt cette barbare joïe.
Dans cet apartement conduisez-les tous deux ;
Gardes, suivez mon ordre ; & me répondez d'eux.
à Misaël.
Toi, songe à m'obéïr, sans tarder davantage ;
Ou fai-toi de ses maux la plus affreuse image.
Tout ce que la fureur inventa de cruel. ...

MISAEL.

Adieu, chere Antigone.

ANTIGONE.

Adieu, cher Misaël.

SCENE IX.

ANTIOCHUS.

SErai-je donc vaincu, grands Dieux ! Et cette offense
Me va-t-elle à jamais prouver mon impuissance !
A cet affront mortel m'auriez-vous reservé ;
Et ne suis-je plus Roi que pour être bravé !

Fin du quatriéme Acte.

ACTE V.

SCENE PREMIERE.

MISAEL.

Juste Ciel! Quelle épreuve! Et par quelle vengeance
Le barbare vient-il d'ébranler ma constance!
L'ai-je bien entendu ce sacrilege choix,
Que m'offre sa fureur pour la derniere fois!
Sacrifie à nos Dieux ; & ma gloire contente
T'accorde avec tes jours les jours de ton Amante :
Si rien à ton erreur ne peut te dérober,
Le glaive est suspendu, je le laisse tomber.
Mais songe, m'a-t-il dit (& d'horreur j'en frissonne)
Qu'en te livrant, tu vas condamner Antigone :
Sur le bucher vengeur tout prêt à s'allumer,
Antigone à tes yeux se verra consumer.
Pour vous punir tous deux, ma jalouse vengeance
Pour signal de sa mort a marqué ta présence ;
Et je te laisse ainsi le suplice nouveau
D'être, si tu le veux, son juge & son boureau.
Que vais-je devenir! Eh! Quel choix puis-je faire!
Ah! Tiran, quel démon conseille ta colere ?
Qui te fait inventer de semblables rigueurs,
Et t'aprend si bien l'art d'épouvanter les cœurs ?
O Ciel qui vois le trouble où mon ame s'égare,

Puis-je

TRAGEDIE.

Puis-je ici ne pas être infidele ou barbare ?
Puis-je encor satisfaire à tout ce que je doi ;
Et ne pas offenser la nature ou ma foi ?
Qui me garantira d'un éternel reproche ?

SCENE II.
MISAEL, SALMONE'E.
MISAEL.

Ah ! ma mere !

SALMONE'E.

Ah ! mon fils ! Je tremble à ton aproche.
J'ai voulu sur ta fuite interroger le Roi,
Qui d'un regard farouche augmentant mon effroi,
Et sur tes sentimens s'obstinant au silence,
Pour mon tourment, dit-il, me permet ta presence.
Ton aspect est-il donc un suplice pour moi ?
Parle ; est-ce un infidele ; est-ce un fils que je voi ?
T'es-tu deshonoré ? Ta fuite est-elle un crime ?

MISAEL.

Non. Je n'exécutois qu'un dessein légitime.
Antigone avec moi s'éloignoit de ces lieux ;
Mais, Madame, en fuïant elle abjuroit ses Dieux ;
Elle est Israëlite ; un nœud sacré nous lie.
Le nom de son époux m'a chargé de sa vie.

SALMONE'E.

Elle est Israëlite ! Et vous êtes unis ;

Tome II.   E

Et le Tiran encor ne vous a pas punis !
Se démentiroit-il jufqu'à vous faire grace ?

MISAEL.

Ah ! ma mere, bien loin que fa fureur fe laffe,
Le cruel me prépare un fuplice fatal
Qu'il imagine moins en Tiran qu'en Rival.
Si je m'offre à la mort, Antigone eft perduë ;
Je la livre aux boureaux, ma préfence la tuë ;
J'allume le bucher qui la doit dévorer,
Et je l'y précipite, en courant m'y livrer.

SALMONE'E.

Et fi tu n'y cours point, qu'eft-ce donc qu'il efpere ?

MISAEL.

Qu'en adorant fes Dieux, j'éteindrai fa colere.

SALMONE'E.

Et tu confentirois qu'il osât l'efperer ?

MISAEL.

Vous me faites frémir ; Mais je dois demeurer ;
De ces funeftes lieux attendre qu'on m'arrache ;
Et n'être, s'il fe peut, ni barbare, ni lâche ;
Me réfoudre à la mort que je ne fuirai pas,
Sans aller d'une époufe ordonner le trépas :
Car, Madame, fongez que l'amour qui m'anime,
Tout extrême qu'il eft, a ceffé d'être un crime.
Sans honte & fans remords j'en fubis la rigueur ;
Et c'eft fans le foüiller qu'il déchire mon cœur.

TRAGEDIE.

Où prendre dans ce trouble un conseil salutaire !
Plein de ce que je sens, voi-je ce qu'il faut faire ?
Je sçais que le Tiran va soupçonner ma foi ;
Je le sçais, & j'attens : mais enfin je le doi.
Ces jours unis aux miens qu'il faut que je respecte...

SALMONE'E.

Ciel ! Qu'entens-je ! Tu dois laisser ta foi suspecte !
Misaël à mes yeux ose penser ainsi !
La foiblesse & l'erreur le retiennent ici !

MISAEL.

Sçavons-nous quel secours le Seigneur nous prépare ?
Ne peut-il pas sur nous attendrir le barbare ?
A d'autres sentimens tout à coup l'amener ?

SALMONE'E.

Ingrat ! Ne peut-il pas aussi t'abandonner ?
Quand tu te plais toi-même à trahir ton courage,
Tremble qu'il ne te laisse achever ton ouvrage.
Si le moment présent ne te sert qu'à gémir,
Crois-tu qu'un autre instant serve à te raffermir ?
Je frémis de l'effroi que ton cœur me témoigne.
Ta passion s'accroît, & le Seigneur s'éloigne.
Helas ! pour se venger de tant d'instans perdus,
Peut-être que sa voix ne te parlera plus.

MISAEL.

Ah ! S'il me parle encor, que j'ai peine à l'entendre !
Du trouble de mes sens je ne puis me défendre.
Je ne vois qu'Antigone expirante à mes yeux.
Quoi, Madame, j'irois en tiran furieux,

E ij

Donner de son trépas le decret parricide !
A cet affreux penser mon zele s'intimide.
Pour elle j'ai juré de vivre & de mourir.
Suis-je donc son époux pour la faire périr ?
Dans les sombres horreurs de ce cruel martire,
Je ne décide rien, Madame : mais j'expire.

SALMONE'E.

Expire ; mais, mon fils, expire pour ton Dieu.
Qu'Antigone aujourd'hui ne t'en tienne pas lieu.
Si sa Religion n'est qu'une indigne feinte,
Ton amour est un crime aussi-bien que ta crainte ;
Si vers la verité c'est un retour constant,
Meurs, & va lui donner l'exemple ; elle l'attend.
Les Juifs vont adopter ta foiblesse ou ton zele.
Par toi, tout est impie, ou bien tout est fidele :
Du salut d'Israël, ou de son jour fatal,
Timide ou généreux, tu donnes le signal.
Au nom de l'Alliance à nos ayeux jurée,
Au nom de l'Eternel & de l'Arche sacrée,
Où Moïse jadis renferma cette Loi
Qu'écrivit le Seigneur pour son peuple & pour toi,
J'ose encore ajoûter au nom de tous tes freres
Qui viennent de mourir pour la foi de leurs Peres :
Par de lâches délais ne va pas la trahir ;
Et sans rien voir de plus, hâte-toi d'obéïr.
Accorde-moi, mon fils, ce prix de ta naissance,
De ces soins qu'à ta mere a coûté ton enfance :
Si le plus tendre amour a veillé sur tes jours,
Va mourir.

MISAEL.
Recevez mes adieux ; & j'y cours.

SCENE III.

SALMONE'E.

J'Ai retrouvé mon fils, Seigneur, pour te le rendre.
Devrois-je avoir encor des larmes à répandre !
De la mere & du fils daigne être le soûtien,
Affermi son courage & rassure le mien.
Je hâte cette mort dont je suis déchirée ;
Il livre, pour te plaire, une épouse adorée ;
Et nous avons tous deux dans ces tristes momens
A te sacrifier les plus chers sentimens.
Grand Dieu, sois-en loüé ; des efforts magnanimes
Doivent à tes regards épurer tes victimes.
Dans notre sacrifice immolons tous nos vœux :
Le plus digne de toi, c'est le plus douloureux.

SCENE IV.

ANTIOCHUS, SALMONE'E.

ANTIOCHUS.

C'En est fait ; votre fils consomme son audace.
Il vient pour me braver, de sortir dans la place.
Honneur & sacrifice au seul Dieu d'Israël,
A crié devant moi l'insolent Misaël.
Je l'ai trop laissé vivre. Il est tems qu'il expie
L'aveugle fermeté de son orgüeil impie.

De la main des boureaux rien ne peut l'arracher.
Déja tout étoit prêt, la flâme & le bucher.
Le cruel y va voir expirer ce qu'il aime ;
Et soudain dans les feux il la suivra lui-même.
Pour eux plus de pitié ; je n'en veux plus sentir ;
Et je ne suis rentré que pour m'en garantir.

SALMONE'E.

Ah ! Vous voilà, Seigneur, tel que je vous demande ;
Si j'implore de vous une grace plus grande ;
C'est que votre couroux consente de m'unir
A ce cher criminel que vous allez punir.
Pourquoi séparez-vous le fils d'avec la mere ?
N'ai-je pas comme lui droit à votre colere ?
Et mon zele hardi ne vous paroît-il pas
Digne autant que le sien d'obtenir le trépas ?

ANTIOCHUS.

Tu me braves en vain ; ton sexe est ta défense ;
Et je sçai me garder d'avilir ma vengeance.

SALMONE'E.

Superbe, si mon sexe est si vil à tes yeux,
Pourquoi démens-tu donc ce mépris odieux ?
Comment ordonnes-tu qu'Antigone périsse ?

ANTIOCHUS.

Ce n'est point son erreur qui l'envoïe au suplice ;
C'est de sa trahison le juste châtiment,
Ou plûtôt d'un Rival sa mort est le tourment,

SCENE V.

ANTIOCHUS, SALMONE'E, ARSACE.

ARSACE.

VOs ordres sont remplis ; & je viens vous aprendre
Le sort de deux grands cœurs qui ne sont plus que cendre.
Si-tôt qu'on vous a vû rentrer dans le Palais,
Du suplice fatal on hâte les aprêts ;
On conduit au bucher Antigone enchaînée ;
Misaël soûpirant y suit l'infortunée.
Je ne vous tairai point le murmure & les pleurs
D'un peuple consterné qu'accablent leurs malheurs.
Chacun jette des cris : chacun se desespere
De voir cette beauté qui vous étoit si chere,
Par qui depuis long-tems sur vos heureux sujets
Vous vous plaisiez vous-même à verser vos bienfaits ;
Que jusques-là, Seigneur, si j'ose vous le dire,
Votre amour & nos vœux apelloient à l'Empire,
Au lieu de ces grandeurs qui sembloient la chercher,
Ne trouver aujourd'hui qu'une infâme bucher.
Elle seule est tranquille ; elle seule demeure
Insensible à des maux que tout le monde pleure ;
Et loin de nous montrer un front épouvanté,
Une modeste joïe ajoûte à sa beauté.

E iiij

L'Erreur la rend enſemble impie & généreuſe :
Puiſſiez-vous vivre heureux comme je meurs heureuſe,
Nous dit-elle ; & ſoûmis à de plus ſaintes Loix,
En quittant vos faux Dieux, mériter de bons Rois.
Puis avec un regard tout plein de ſa tendreſſe,
A ſon nouvel Epoux cette Amante s'adreſſe :
Que je benis l'amour que tu m'as inſpiré,
Puiſqu'à ton Dieu par-là mon cœur fut attiré !
Ma foi, pour l'un & l'autre, aujourd'hui ſe ſignale :
Ce bucher eſt pour moi la couche nuptiale ;
Et ce trône de flâme où je m'en vais monter,
Vaut mille fois celui que tu m'as fait quitter.
Dans ſes derniers adieux vingt fois elle l'embraſſe,
Et ſoudain au bucher vole prendre ſa place.
Alors ſelon votre ordre on retient Miſaël,
Qui, détournant les yeux du ſpectacle cruel,
Les fixe vers le Ciel, qu'à genoux il implore
Pour cet objet chéri que la flâme dévore ;
Et des mains des bourreaux dès qu'il peut s'arracher,
Il s'élance lui-même au milieu du bucher,
Où des feux irritez la prompte violence
A bien-tôt par leur mort rempli votre vengeance.
Oüi, vous êtes vengé ; Seigneur, ils ont vêcu.

ANTIOCHUS.

Je ne ſuis point vengé, grands Dieux ! je ſuis vaincu.

SALMONE'E.

Oüi, ſuperbe, tu l'es ; & ton pouvoir t'échape ;
Voilà le dernier coup dont le Seigneur nous frape.
Le ſang de mes enfans vient de le déſarmer.
Ta rage contre nous a beau ſe r'animer,

TRAGEDIE.

L'Eternel à son tour va prendre sa vengeance.
Notre oprobre finit & ta honte commence.
Dieu déploïe à mes yeux l'avenir qui t'attend.
Je vois du peuple élu le triomphe éclatant ;
A leur tête je vois de nouveaux Machabées,
Le renaissant apui de nos Villes tombées,
Marchant à la victoire, & prêts d'exécuter
Les exploits que mes fils viennent de mériter.
Les Puissances du Ciel à leurs côtez combatent ;
Sous le glaive divin tes Légions s'abatent ;
Tout est frapé ; tout meurt ; & le Juif glorieux
Dans les murs de Sion rentre victorieux.
Par ta confusion ta rage ranimée
Menace le Seigneur d'une plus forte armée ;
Tu viens : mais il t'arrête ; & ses coups plus certains
Te renversent toi-même avec tous tes desseins.
Ton corps n'est bien-tôt plus qu'une honteuse plaïe ;
Tes amis, tes flateurs, tout fuit, & tout s'effraïe.
Un Dieu juste condamne, en terminant ton sort,
Le cœur le plus superbe à la plus vile mort.
Alors reconnoissant que tu devois le craindre,
Tu cesses de braver ; tu ne sçais que te plaindre ;
Tu lui demandes grace ; & prêt à l'adorer,
Tu ne veux plus de jours que pour tout réparer ;
Mais ton faux repentir à ses yeux est un crime,
Il ne t'écoute plus & tu meurs sa victime.
Implacable Tiran, voilà ton avenir.
Ma voix te le revele ; & tu peux m'en punir :
Mais, si de ton couroux je ne deviens la proïe,
Je mourrai, malgré toi, de l'excès de ma joïe.

ANTIOCHUS.

O Ciel! Qu'ai-je entendu! Quel effroi m'a troublé!
Je doute si c'est elle, ou Dieu qui m'a parlé.

Fin du cinquiéme & dernier Acte.

ROMULUS,

TRAGEDIE.

AU REGENT.

ONSEIGNEUR,

 L'honneur que j'ai eu de réciter ma Tragedie à VOTRE ALTESSE ROYALE, avant que je la donnasse au Public, &

EPISTRE.

l'approbation que Vous lui avez accordée, me font heureusement un devoir de la résolution où j'étois déja de la mettre sous vos auspices. C'est aux Grands Hommes à juger de la vraïe Grandeur; c'étoit à Vous de décider, si j'ai fait sentir dans mes deux Héros quelque germe de cette Valeur & de cette Vertu Romaine, dont l'Univers fut depuis & l'esclave & l'admirateur. Je crois y avoir réussi, puisque Vous avez prononcé en ma faveur; & j'ai compté sur les suffrages publics du moment que j'ai obtenu le Vôtre. Je sçai, MONSEIGNEUR, que dans les regles d'une Epître Dédicatoire, ce ne devroit être ici que l'occasion de célébrer VOTRE ALTESSE ROYALE; & je vous avouë que je serois bien tenté d'user librement de mes Privileges; mais il ne seroit pas juste que mon goût fît quelque violence au vôtre; & pour ne courir aucun risque de blesser votre délicatesse, en

EPISTRE.

Vous parlant de Vous-même, je Vous supplie seulement, MONSEIGNEUR, *d'agréer le respect profond & le dévoûment entier avec lequel je suis,*

MONSEIGNEUR,

DE VOTRE ALTESSE ROYALE,

Le très-humble, & très-obéïssant serviteur,
HOUDART DE LA MOTTE.

PERSONAGES.

ROMULUS, Roi des Romains, crû Fils de Mars.

TATIUS, Roi des Sabins.

HERSILIE, Fille de Tatius.

SABINE, Confidente d'Hersilie.

PROCULUS, Sénateur Romain.

MURENA, Grand Prêtre.

TULLUS, Officier Romain.

LE CHEF DES GARDES.

ALBIN, Confident de Proculus.

GARDES.

La Scene est à Rome, dans le Palais de Romulus.

ROMULUS,
TRAGEDIE.

ACTE PREMIER.

SCENE PREMIERE.

HERSILIE, SABINE.

HERSILIE.

Quoi! n'est-il plus d'espoir pour la triste Herfilie ?
Sabine, le crois-tu ce que Rome publie,
Qu'au mépris de mon cœur, & content de ma main,
Romulus ait conclu ce barbare dessein;

Qu'esclave plus qu'épouse, à l'Autel entraînée,
A cette indignité le Ciel m'ait condamnée ?

SABINE.

Oüi, je n'en doute plus ; las de tant de mépris,
Romulus de ses feux va vous ravir le prix.
S'il faut vous étonner, c'est qu'une ame si fiere
Se soit depuis un an réduite à la priere,
Que soûmis, soûpirant, pleurant à vos genoux,
Il ait ici paru plus esclave que vous.
Son amour irrité d'une longue contrainte,
Apelle enfin la force au secours de la plainte :
Mais, si j'osois ici lire dans votre cœur,
De cet injuste himen il sent peu la rigueur ;
Et déja consolé du sort qui le menace,
Quand il s'en plaint tout haut, en secret lui rend grace.

HERSILIE.

Ciel ! Qu'oses-tu penser ! Ce tiran. . . .

SABINE.

Vous l'aimez.
J'ai pénétré ce feu qu'en vain vous renfermez.
A travers vos dédains. . . . .

HERSILIE.

C'en est trop, inhumaine ;
Ne me fais pas l'affront de douter de ma haine.
Rapelles-tu l'horreur de ces Jeux assassins,
Où ce peuple perfide invita ses voisins.
Rome vit dans ses murs nos plus nobles familles ;
Les peres dans le piege amenerent leurs filles.

Hélas! nous admirions cette hospitalité,
Cet accueil qui voila leur infidelité,
Ces superbes festins, ces pompeux sacrifices,
Et ces Jeux célébrez sous de sacrez auspices ;
Quand nous vîmes soudain le fer étincelant
Changer la Fête impie en spectacle sanglant.
La fureur des soldats force le triste pere
D'abandonner sa fille à la main étrangere.
La mort frape à nos yeux nos premiers défenseurs;
Et le reste en fuïant nous livre aux ravisseurs.
Voilà de Romulus quelle fut l'injustice ;
Et tu doutes encor que mon cœur le haïsse !

SABINE.

Oüi, vous l'avez haï dans ces premiers momens.
Mes yeux furent témoins de vos ressentimens ;
Et de sa trahison déplorable victime,
Vous lui donniez les noms que méritoit son crime.
Mais, quand à sa fureur vous vîtes chaque jour
Succeder les égards, le respect & l'amour ;
Quand, loin de vous forcer à ces Loix inhumaines
Qui changeoient aux Autels nos filles en Romaines,
Maîtresse à votre tour de votre humble vainqueur,
Il venoit à vos pieds demander votre cœur ;
Et que prenant pour lui le trouble & les allarmes,
Son amour contre vous n'emploioit que ses larmes ;
Alors.....

HERSILIE.

Eh bien, alors, l'ai-je vû d'un autre œuil ?
Quel discours de mon rang a démenti l'orgüeil ?
N'ai-je pas du mépris soûtenant le langage,
Toujours des mêmes noms apellé son outrage ?

SABINE.

De mépris, il est vrai, vous l'accablez toujours ;
Mais en secret vos pleurs démentent vos discours.
Tandis que vous semblez redouter sa présence,
Vos ennuis marquent seuls le tems de son absence.
Il n'entend que reproche, il ne voit que douleur.
Plus tranquile avec moi vous vantez sa valeur ;
Et votre cœur charmé de son heureuse audace,
Cent fois l'a reconnu fils du Dieu de la Thrace.

HERSILIE.

J'admire sa valeur, mais je n'en hais pas moins....

SABINE.

De grace épargnez-vous ces inutiles soins.
A mes yeux assidus tout trahit votre flâme.
Je n'ai que trop connu le trouble de votre ame,
Quand contre lui la guerre armant tous les Latins,
Il alla par la force assurer ses destins.
Dans quelle impatience & dans quelles allarmes
Votre cœur s'informoit du succès de ses armes !
Vous comptiez en tremblant ses nombreux ennemis.

HERSILIE.

Ah ! Malgré les honneurs à ses travaux promis,
J'esperois que le Ciel, ennemi du parjure,
Du sang des ravisseurs laveroit notre injure.

SABINE.

Non, ce n'étoit point là votre espoir le plus doux.
Vous n'avez laissé voir ni douleur ni couroux.

Dans ce jour solemnel qui signala sa gloire,
La pompe qu'inventa l'orgueil de sa victoire,
Ce triomphe brillant ne fut point à vos yeux
De vos desirs trompez le spectacle odieux.
Des Instrumens guerriers célébrans ses merveilles
Le son ne parut point offenser vos oreilles.
Ces taureaux couronnez, ces fleurs, & cet encens,
Au Dieu qui les fit vaincre honneurs reconnoissans,
Les armes des Latins encore ensanglantées
Par les mains des vainqueurs en oprobre portées,
Ces soldats dont l'orgueil imprimé sur leur front,
Publioit à l'envi leur gloire & notre affront,
Ces captifs frémissans & de honte & de rage,
De leurs fers soûlevez se couvrant le visage,
Craignans de laisser voir dans leurs yeux abatus,
L'horreur d'être à la fois outragez & vaincus ;
Et Romulus enfin les Lauriers sur la tête,
Contemplant de son char les fruits de sa conquête,
Revêtu de la pourpre, & le Sceptre à la main,
Promettant l'univers à l'Empire Romain ;
Vous vîtes cette pompe avec un front paisible.
Voilà de votre amour le garant infaillible ;
Et même le plaisir que vous fait ce discours
Ne vous a pas permis d'en arrêter le cours.

HERSILIE.

Cruelle, avec quel art tu surprends ma tendresse !
Mon cœur ne t'a donc pû déguiser sa foiblesse ?
Ciel ! En la découvrant que tu me fais trembler !
Aux yeux de mon vainqueur l'aurai-je pû celer ?
Tes soupçons pénétrans redoublent mon courage.
Du dédain le plus fier empruntons le langage.

ROMULUS,

Romulus cherement va païer aujourd'hui
L'aveu que je te fais de mon amour pour lui.

SABINE.

Je ne m'étonne point que sans l'aveu d'un pere,
Vous n'osiez le flater du bonheur de vous plaire ;
Mais par de fiers dédains l'aigrissant chaque jour,
Pourquoi sous ce couroux lui cacher votre amour ?

HERSILIE.

Peux-tu le demander ? L'affront qu'il m'osa faire,
Sabine, n'a-t-il pas mérité ma colere ?
S'il est vrai que j'ai dû le haïr un moment,
Ma gloire exige encor le même sentiment.
J'en dois du moins, j'en dois soûtenir l'aparence,
De l'outrage toujours tirer cette vengeance.
Si je me relâchois sur ce que je me dois,
Bien-tôt plus foible encor... Mais c'est lui que je vois.

SCENE II.

ROMULUS, HERSILIE, SABINE, PROCULUS.

ALBIN, *qui se tient éloigné.*

ROMULUS.

Madame, Romulus tremblant à votre aproche,
Sçait trop qu'il vient chercher la plainte & le reproche.
Depuis un an entier que je vois chaque jour
Votre haine pour moi croître avec mon amour,
Je devrois étouffer des feux que l'on déteste :
Mais tel est sur mon cœur votre empire funeste,
Que toujours plus épris, quoique desesperé,
J'aime encore le trait dont je suis déchiré.
Je ne puis ni ne veux me priver de vos charmes.
Cet himen refusé si long-tems à mes larmes
S'aprête dans le Temple, où j'irai malgré vous
Vous jurer à l'Autel tout l'amour d'un Epoux.
Peut-être que l'Epoux fera par sa constance
Ce que du tendre Amant n'a pu la déférence ;
Et que plus juste un jour, plus sensible à mes vœux,
Vous me pardonnerez de m'être fait heureux.
J'ai du moins attendu l'aveu de la victoire.
Je vous devois, Madame, un Roi couvert de gloire.
Vous auriez trop souffert d'un himen violent
Qui ne vous eût donné qu'un Trône chancelant :

Mais enfin aujourd'hui, quand ma flâme constante
Vous offre avec transport une main triomphante,
Faut-il qu'un Roi vainqueur, un digne fils de Mars
Ne puisse s'attirer un seul de vos regards ?

HERSILIE.

Tu n'es le Fils de Mars que par ta violence.
Eh ! Quelle autre vertu nous prouve ta naissance ?
Avide de regner, tu t'es fait des sujets,
Dignes exécuteurs de tes sanglans projets :
D'esclaves fugitifs ton camp devient l'asile ;
De brigands impunis tu formes une Ville,
Un peuple ravisseur qui sans mœurs & sans Loix
Fait de la trahison le premier de ses droits.
Aux Filles des Latins, victimes du parjure,
D'un tirannique himen tu fais subir l'injure.
Encor cette injustice est-elle peu pour toi ;
Ta barbarie attente à la Fille d'un Roi ;
Et las de respecter l'honneur du diadême,
Tu viens de ton himen me menacer toi-même.
Est-ce donc Romulus, à ces traits glorieux
Que tu fais reconnoître un digne Fils des Dieux ?

ROMULUS.

Oüi, du sang dont je sors tout vous rend témoignage.
De ce peuple nouveau j'ai formé le courage :
Ces Citoïens traitez d'esclaves, de brigands,
A l'Univers déja montrent ses conquérans :
Dans le sang ennemi leurs taches sont lavées ;
Par mes heureux exploits ces ames élevées,
N'ont gardé de leurs mœurs que l'horreur du repos ;
Et par moi la victoire en a fait des Héros.

TRAGEDIE.

Pour ces braves Guerriers ma juſte confiance
Croïoit de mes voiſins mériter l'alliance ;
Je la fis demander, Madame, & j'en reçus
Pour prix de mes égards d'injurieux refus.
Qu'ils ouvrent un aſile à des femmes perduës ;
A de pareils époux ces épouſes font dûës,
Dirent-ils : De l'affront nous nous ſommes vengez.
Que nous reprochez-vous ? Nous étions outragez.
Quelle vengeance encor d'avoir contraint leurs filles
De donner la naiſſance à d'auguſtes familles ;
Et de les forcer d'être, en ſubiſſant nos Loix,
Meres d'un peuple né pour commander aux Rois.
Mais de ce ſort commun ſongez quelle tendreſſe,
Quel reſpect a toujours diſtingué ma Princeſſe.
Mes ſujets ſont heureux. Déja depuis long-tems
Ils ont de leur himen recüeilli les preſens ;
Tandis que languiſſant, preſque ſans eſperance,
Je voulois vous devoir à ma perſéverance :
Maîtreſſe en mon Palais, vous exerciez mes droits ;
Romulus y ſembloit reſpirer ſous vos Loix.
Vous ſçavez que ma flâme à la plainte réduite,
N'a pris de ſûreté que contre votre fuite :
J'opoſois conſtament la priere au couroux ;
Heureux ! ſi j'avois pu vous obtenir de vous.

HERSILIE.

Il falloit m'obtenir non de moi, mais d'un pere ;
Par tes ſoûmiſſions déſarmer ſa colere ;
Il falloit pour me faire oublier tes rigueurs,
Montrer plus de vertus, & perdre moins de pleurs.

ROMULUS.

Eh ! Madame, ai-je rien oublié pour vous plaire ?

Ce que vous commandez, vous me l'avez vu faire:
Par mes Ambassadeurs j'ai cherché Tatius ;
Il les a, sans les voir, chargez de ses refus.
Avant que de prêter l'oreille à ma demande,
Il veut revoir sa fille, il veut que je vous rende.
Moi, j'irois imprudent vous remettre en ses mains !
Qu'i' ne l'espere pas ; je vois trop ses desseins :
Peut-être un autre himen pressé par sa vengeance
Me raviroit bien-tôt un reste d'esperance :
Peut-être qu'un rival ici trop regreté
Joüiroit dans vos bras de ma crédulité ;
Et moi je sentirois mon ame déchirée
De l'affreux desespoir de vous avoir livrée !
Non, je le dis encor ; je ne vous perdrai pas.
Votre main sans le cœur a pour moi peu d'apas ;
Mais ce bien, tel qu'il est, laisse encore à ma flâme
Quelqu'espoir de chasser le mépris de votre ame.
Malheureux aujourd'hui, peut-être quelque jour
Le prix qui m'étoit dû païera mon amour.

HERSILIE.

Eh bien ; jusqu'à ce point si ton amour me brave,
Je ne vois qu'un tiran, où je ne suis qu'esclave.
à Sabine,
Vien, fui-moi ; je succombe à mon mortel ennui ;
Sabine, en l'outrageant, j'ai souffert plus que lui.

TRAGEDIE.

SCENE III.
ROMULUS, PROCULUS, ALBIN, *éloigné*.

ROMULUS.

Sui ses pas, Proculus ; calme, s'il est possible,
Ce superbe couroux toujours plus inflexible.
C'est toi dont jusqu'ici la prudente amitié
S'efforce pour mes feux d'obtenir sa pitié.
Tu n'as pu réussir ; mais qu'aujourd'hui le zele
Ajoute à tes raisons une force nouvelle :
De tes soins redoublez prête-moi le secours :
Va, parle, persuade ; il y va de mes jours.

PROCULUS.

Sans emploïer, Seigneur, ma prudence inutile,
Triomphez, triomphez de cet amour servile.
Par un autre conseil je croirois vous trahir.
Vous voïez qu'elle met sa gloire à vous haïr.
Irez-vous donc former cette affreuse alliance,
Où vous assembleriez l'amour & la vengeance ?
Où la Princesse en pleurs entraînée à l'Autel
Recevroit votre foi comme le coup mortel ?
Eh ! Sont-ce-là les soins d'un Maître de la terre ?
Livrez-vous à l'amour un cœur fait pour la guerre ;
Et voulez-vous laisser à ces lâches chagrins
Interrompre le cours de vos nobles destins ?
Allez, Seigneur, allez achever ces miracles

Qu'à vos heureux exploits ont promis tant d'Oracles;
Allez voir à vos pieds s'humilier les Rois;
Leurs filles à l'envi brigueront votre choix;
Et ce n'est qu'à ce prix que la gloire jalouse
Permet à Romulus de choisir une Epouse.

ROMULUS.

Que veux-tu, Proculus? Je ne sens que trop bien,
Que tant d'amour dégrade un cœur tel que le mien:
Mais je ne puis enfin vivre sans Hersilie.
Il faut qu'un prompt himen à mes destins la lie.
C'en est fait. Je prétens l'y forcer dès ce jour;
Et c'est de sa vertu que j'attens son amour.
Nous l'avons éprouvé; ces Sabines ravies,
Gémissantes d'abord de se voir asservies,
Depuis qu'un nœud sacré les unit aux Romains,
Ont partagé leur flâme, adopté leurs desseins,
Ne connoissent près d'eux ni parens ni patrie,
Et pour leurs Ravisseurs sacrifieroient leur vie.
D'un semblable bonheur je flate mon espoir;
Elle attend pour m'aimer que ce soit son devoir.
Je vais donc à l'Autel m'assurer ma conquête.
Toi, cours la préparer à l'himen qui s'aprête.

SCENE IV.
PROCULUS, ALBIN.
PROCULUS.

TU le réfous en vain ; non, avant mon trépas,
Cet odieux himen ne s'achevera pas.

ALBIN.

Que dites-vous, Seigneur ? Pardonnez ma surprise.
Quoi ! C'est vous qui du Roi combatez l'entreprise ?
Vous que j'ai vu si prompt à servir ses desseins,
Son ami le plus cher entre tous les Romains !

PROCULUS.

Cesse de t'étonner ; connoi toute mon ame.
Romulus s'abandonne au transport qui l'enflâme ;
Tu vois à quel excès il s'emporte aujourd'hui :
J'aime Hersilie encor mille fois plus que lui.

ALBIN.

Eloigné de ces lieux j'ignorois. . . .

PROCULUS.

                      Ton absence
Ne t'a point, cher Albin, ravi ma confiance.
J'étois impatient d'exposer à tes yeux
Les projets d'un Amant & d'un ambitieux.
Si je deviens ingrat, je suis forcé de l'être :

L'amitié n'est plus rien où l'amour est le maître.
Je n'ai point fait mon sort. L'imprudent Romulus
Lui-même dans le piege a jetté Proculus.
C'est lui qui me pressant de servir sa tendresse,
Cent fois pour mon malheur m'a fait voir la Princesse.
Mon cœur, en la voïant, se laissoit pénétrer
Des sentimens qu'en vain je tâchois d'inspirer ;
En parlant pour le Roy, je m'enflâmois moi-même ;
Et quand je l'aperçûs, le mal étoit extrême.
Il fallut me livrer à cet amour fatal ;
Romulus à mes yeux ne fut plus qu'un Rival ;
Et depuis ce moment, sa gloire, sa puissance,
Sa valeur, ses vertus me tinrent lieu d'offence :
J'en redoutois le charme ; & mon cœur allarmé
Ne lui pardonna pas de pouvoir être aimé.
Je méditai sa perte ; & ma haine prudente
Tenta de nos Romains l'humeur indépendante.
En secret contre lui des premiers Sénateurs
Par des soupçons adroits j'empoisonnai les cœurs.
Je fis à leur orgueïl craindre sa tirannie.
Je rapelai ce jour où son frere sans vie,
Sur nos remparts naissans signala son couroux :
Prémices des fureurs qui nous menaçoient tous.
Ils ont pris contre lui la haine qui m'anime,
Impatiens du tems de fraper leur victime.
Je sçai qu'après ce coup l'estime des Romains
Ne laissera passer le Sceptre qu'en mes mains ;
Ainsi je vais, Albin, par la mort d'un seul homme,
M'assurer à la fois d'Hersilie & de Rome.

ALBIN.

Puisse de vos desseins le succès. . . . .

TRAGEDIE.
PROCULUS.

J'ai fait plus.
Par de secrets avis j'apelle Tatius.
De sa fille en ces lieux le perfide esclavage,
Depuis long-tems l'anime à venger cet outrage.
Je sçai qu'il a sans bruit assemblé ses soldats.
La nuit & le secret guident ici leurs pas.
De Rome où je l'attens une porte livrée,
Promet à son audace une gloire assurée ;
Il reprendra sa fille au ravisseur surpris ;
Et de mes soins sans doute elle sera le prix.

ALBIN.

Cependant dès ce jour si le Roi vous l'enleve ;
S'il faut malgré vos soins que son himen s'acheve...

PROCULUS.

J'ai tout prévû. Le Prêtre est un des conjurez.
Murena, disposant des auspices sacrez,
Si Romulus s'obstine à cet himen funeste,
Fera gronder sur lui la colere celeste ;
Et plûtôt qu'il m'enleve Hersilie aujourd'hui,
Il périra, dussai-je expirer avec lui.
Mais que nous veut Tullus ?

SCENE V.
PROCULUS, ALBIN, TULLUS.
TULLUS.

SEigneur, Rome est surprise.
J'ignore quel perfide a servi l'entreprise :
Mais déja Tatius, maître du champ de Mars,
Fait jusques dans nos murs floter ses étendarts.
Une porte de Rome à ses troupes ouverte,
Le laisse sans obstacle assurer notre perte ;
Tandis qu'on court par tout rassembler le soldat,
Romulus, presque seul, soûtient tout le combat.
Venez de ce Heros seconder la vaillance ;
Nos troupes sur vos pas volent à sa défense.

PROCULUS.
Ne perdons pas de tems : Courons le secourir.
à part.
Faut-il que mon bonheur soit de le voir périr !

Fin du premier Acte.

ACTE II.

SCENE PREMIERE.

HERSILIE, SABINE.

HERSILIE.

Dieux ! Quel évenement ! Princeſſe déplorable,
Quels vœux peux-tu former dans l'effroi qui
   t'accable !
Tatius eſt dans Rome ; & les Dieux inhumains
Ont mis enfin mon pere & mon Amant aux mains.
A ce double péril mon courage ſuccombe.
Je crains que ſous le fer l'un ou l'autre ne tombe ;
Dans leur fureur ſans doute ils vont ſeuls ſe chercher;
Pourquoi de ce Palais ne puis-je m'arracher ?
Pourquoi dans les horreurs dont je me ſens frapée,
Ne puis-je aller offrir mon ſein à leur épée ;
Au nom de leur amour retenir leur couroux,
Ou moi-même du moins expirer ſous leurs coups !
Que vai-je devenir ! De cette incertitude
Je ne puis plus long-tems ſouffrir l'inquiétude.
Ne vient-on point encor ? Je penſe au moindre bruit
Qu'on m'annonce les maux dont la crainte me ſuit ;
L'eſprit déja frapé d'une perte cruelle,
Mon oreille en croit même entendre la nouvelle.

SABINE.

Quelques maux que ce jour vous fasse envisager,
Dans ce trouble mortel devez-vous vous plonger ?
Je ne vous connois plus à ce desordre extrême.

HERSILIE.

Peux-tu t'en étonner, quand je t'ai dit que j'aime ?

SABINE.

De ce fatal amour votre cœur agité,
N'en pourra-t-il sauver un peu de fermeté ?
Faites de votre flâme un noble sacrifice ;
Laissez ici des Dieux décider la justice ;
Et de vos Ravisseurs souffrez le châtiment.

HERSILIE.

Tu me présages donc la mort de mon Amant !
Tu veux à mon esprit rapellant son parjure,
Me préparer à voir son trépas sans murmure.
Tu sembles contre lui solliciter les Dieux.
Quoi ! Sabine, il est donc bien injuste à tes yeux !
Long-tems ainsi que toi j'en ai jugé moi-même ;
Je ne l'ai bien connu que depuis que je l'aime :
L'interêt que mon cœur prend à l'étudier,
M'a déja trop instruite à le justifier.
Croi-moi ; c'est un Héros magnanime, équitable,
Que la nécessité seule a rendu coupable ;
Et qui, comme les Dieux, forcé dans ses moïens,
Ne s'est permis les maux que pour de plus grands
  biens.
N'apelle point sur lui la celeste colere.

TRAGEDIE.

Mais, s'il ne périt point, que deviendra mon pere !
Pardonne Tatius ; je frémis d'y penser !
Entre quelqu'autre & toi puis-je donc balancer !
Autant qu'à la nature à l'amour asservie,
Je tremble également pour l'une & l'autre vie ;
Et sans voir de quels maux j'aurai plus à souffrir,
Quelque coup qui me frape, il en faudra mourir.

SABINE.

Ciel ! à quel point pour lui l'amour vous interesse !
J'ai cru de votre cœur pénétrer la tendresse ;
Mais je n'en avois pas découvert tout l'excès.

HERSILIE.

Moi-même qui le sens, je le méconnoissois.
Il faut voir son Amant dans un péril extrême,
Toucher à son trépas, pour sçavoir comme on aime.
Tout m'annonce aujourd'hui la mort de Romulus.
Quand il échaperoit aux coups de Tatius,
Ne vois-tu pas qu'il est environné de traîtres ?
Ceux qui l'osent trahir, de ses jours sont les maîtres.
On a servi mon pere ; on l'apelle en ces lieux :
De ses efforts pour moi je rends graces aux Dieux ;
Mais je ne voudrois pas que des sujets perfides
De mon pere dans Rome eussent été les guides.
Je crains pour Romulus une infidelle main ;
Peut-être il va tomber sous les coups d'un Romain.
Je vois de toutes parts armez pour le surprendre,
Et ceux qu'il va combattre, & ceux qu'il va défendre ;
La trahison le suit dans l'horreur du combat ;
Eh ! que peut la valeur contre l'assassinat ?

G ij

SABINE.

Pourquoi de votre crainte écoutant les préſages,
Vous plaire à raſſembler de ſi triſtes images ?

HERSILIE.

Tu vois à quel excès eſt enfin parvenu
Ce malheureux amour ſi long-tems retenu,
Cet amour juſqu'ici caché ſous la colere,
Et que même à tes yeux je forçois de ſe taire.
Quand tu m'as arraché l'aveu de mon tourment,
De mes plaintes au moins ſouffre l'épanchement;
C'eſt la premiere fois que libre en mes allarmes,
Mes yeux ſans ſe contraindre ont joüi de leurs larmes;
Mais, Sabine, n'en crains rien d'indigne de moi;
Je ſçai ce qu'à ſon rang doit la fille d'un Roi.
Toi ſeule de l'Amante as connu la foibleſſe;
Pour tout autre témoin je ne ſuis que Princeſſe;
Et quoique le deſtin veüille me réſerver,
Puiſque je puis mourir, j'ai de quoi le braver.

SABINE.

On vient.

SCENE II.

HERSILIE, SABINE, TATIUS, *entrant avec des Gardes.*

HERSILIE.

Ciel! c'est mon pere! Où vous voi-je paroître?
Quoi! Rome en vous, Seigneur, connoîtroit-elle un Maître?

TATIUS.

Non, le destin me traite avec plus de rigueur.
Tu ne vois qu'un captif & non pas un vainqueur.
Faut-il qu'en cet état ma fille me revoïe :
Et que de l'embrasser je ne goûte la joïe
Qu'en partageant ses fers que je venois briser!
A des projets si saints devois-tu t'oposer,
O Ciel! & falloit-il, pour prix de mon courage,
Subir encor la honte ajoutée à l'outrage?

HERSILIE.

Dieux! Vous avez donc mis le comble à nos malheurs!

TATIUS.

Console-toi, ma fille, & commande à tes pleurs.
Malgré toute l'horreur de ce revers funeste,
Nous n'avons rien perdu ; notre vertu nous reste.
Dès le moment fatal que l'infidelité
Me fit loin de tes yeux pleurer ta liberté,

G iij

Je voulus perdre Rome ; & de sa violence
Ma tendresse pour toi médita la vengeance.
Long-tems dans le secret j'en préparai les coups,
Je fis à la prudence obéïr le couroux ;
Et j'attendois ce jour où dans Rome surprise
Tout me marquoit l'instant de tenter l'entreprise.
Je l'ai fait ; le succès a trahi mon espoir ;
Mais enfin le succès n'étoit pas mon devoir ;
Et de quelque revers que je souffre l'injure,
Laissons rougir les Dieux complices du parjure.

HERSILIE.

En de si grands malheurs je ne sçai que pleurer.
Mon ame à ce revers n'a pu se préparer.
Tout sembloit dans ces murs vous livrer la victoire ;
Quel prodige a donc pu vous en ravir la gloire ?

TATIUS.

Jamais d'aucun dessein par la gloire conduit,
Tant de précautions n'ont préparé le fruit.
J'assemblois dès long-tems une nombreuse armée,
Qui par des soins secrets, en divers lieux formée,
Se répand dans les bois, où se couvrant le jour,
Elle marche la nuit de détour en détour.
Je n'ai de mes soldats réuni les Cohortes,
Que lorsque de la Ville ils ont touché les portes.
Je me les vois ouvrir à mon premier signal.
Ce jour devoit de Rome être le jour fatal.
Certes si la valeur n'eût produit un miracle,
Vainqueur en ce Palais, j'arrivois sans obstacle ;
Mais Romulus accourt, attiré par nos cris ;
Et du péril plûtôt furieux que surpris,

Il s'empare du Pont, en défend le paſſage.
Sous la grêle des traits s'affermit ſon courage ;
De quelques-uns des miens les yeux épouvantez
Ont cru voir le Dieu Mars combattre à ſes côtez.
Sous l'effort de ſon bras le plus ferme ſuccombe ;
Rien ne peut l'ébranler ; tout ce qu'il frape tombe.
Ainſi lui ſeul de Rome il eſt long-tems l'apui,
Et donne aux ſiens le tems d'arriver juſqu'à lui.
Dès qu'il voit ſes ſoldats voler à ſa défenſe,
C'eſt peu de réſiſter, dans nos rangs il s'élance ;
J'y répandois l'audace ; il y porte l'effroi ;
Je le cherchois lui ſeul ; il ne cherchoit que moi ;
Et volant à travers le ſang & le carnage,
Tous deux nous nous faiſions l'un à l'autre un paſſage.
Je le joins ; mais le fer qui ſe briſe en mes mains
Me livre ſans défenſe au pouvoir des Romains.
Arrêtez, a-t-il dit ; calmez votre furie,
Soldats de Tatius ; il y va de ſa vie.
Vous, Romains, ſuſpendez d'inutiles exploits :
Il eſt en mon pouvoir ; nous reglerons nos droits.
Il dit. Le combat ceſſe. Une Garde Romaine
Juſques dans ce Palais par ſon ordre m'amene.
Le ſort nous a trompé, ma fille, c'eſt à nous
D'opoſer aujourd'hui la conſtance à ſes coups.
Aux yeux enorgueïllis de ce vainqueur injuſte,
Rendons, par la vertu, le malheur même auguſte.

HERSILIE.

Ces haches, ces faiſceaux nous annoncent le Roi.

TATIUS.

Que l'aſpect d'un vainqueur eſt terrible pour moi !

SCENE III.

HERSILIE, SABINE, TATIUS, ROMULUS.

ROMULUS.

JE n'abuferai pas, Seigneur, de ma victoire.
Mon refpect à vos pieds en dépofe la gloire ;
Et quoiqu'entre mes mains le fort vous ait remis,
Je m'offre à vos regards moins en vainqueur qu'en fils.
Je ne demande point que Tatius me nomme
Ceux dont la perfidie ofoit lui livrer Rome ;
Il ne tiendra qu'à lui que de cet attentat
Ne naiffe le bonheur de l'un & l'autre Etat ;
Que ce jour, de mes vœux comblant l'impatience,
Ne forme des deux Rois l'éternelle alliance.
Oüi, ce bien que déja je devrois poffeder,
Que mes Ambaffadeurs alloient vous demander,
Ces charmes qu'à vos yeux vous voïez que j'adore,
Vainqueur & fupliant, je les demande encore.
Depuis un an, Seigneur, retenuë en ces lieux,
Ils ne lui montrent point un maître imperieux ;
C'eft un Amant foûmis qui l'y retient captive,
Qui ne veut point la perdre, & qui pourtant s'en prive ;
Qui pour fe rendre heureux, attendant fes arrêts,
Refpectoit encor moins fon rang que fes attraits.
Malgré tant de foûpirs, toujours plus inhumaine,
Mes foins n'ont obtenu que colere & que haine :
D'infléxibles dédains font jufques à ce jour

TRAGEDIE.

Les seuls fruits qu'ait encor recueillis mon amour.
Mais prononcez un mot ; je cesse de déplaire.
Mon crime est effacé, si je fléchis son pere.
Sa vertu m'en répond ; & votre aveu, Seigneur,
En me donnant sa main, va me donner son cœur.

TATIUS.

Tu pourrois t'épargner ces déferences vaines.
Que me demandes-tu, quand je suis dans tes chaînes ?
Si tu crois de vainqueur avoir acquis les droits,
Pourquoi nous consulter ? nous sommes sous tes Loix.
De tes soumissions la frivole apparence
Ne m'en laisse pas moins sentir ta violence.
Tu me retiens ma fille, en me la demandant !
Que puis-je prononcer, où je suis dépendant ?
Si dans ses sentimens Romulus est sincere,
Qu'il me laisse les droits de Monarque & de Pere ;
Que de ma fille enfin je puisse disposer,
Et l'accorder en maître, ou bien la refuser.
Consens qu'à mes sujets l'un & l'autre on nous rende ;
Je pourrai dans mon camp recevoir ta demande ;
C'est-là que je verrai si de ta trahison
Je dois par ton himen prononcer le pardon.

ROMULUS.

Eh bien, si mon amour que je suis prêt d'en croire,
Me dépoüille aujourd'hui des droits de la victoire,
Jurez-moi donc qu'après cet effort généreux,
Un aveu solemnel couronnera mes feux.

TATIUS.

Non, je ne jure rien. Ne croi pas que ma crainte

D'aucun engagement accepte la contrainte.
D'un aveu que je dois ne t'accorder qu'en Roi,
Tu voudrois qu'un serment me fît ici la loi ;
Et m'affranchir au prix de cette dépendance,
C'est me rendre à la fois & m'ôter ma puissance.
Mais quand par des sermens je pourrois me lier,
Toi qui sçais les trahir, devrois-tu t'y fier ?

ROMULUS.

Ah ! je vois trop, Seigneur, ce qu'il faut que j'espere,
Ce reproche insultant d'un crime nécessaire,
Ce farouche dédain m'aprend trop qu'à vos yeux
Romulus est toujours un objet odieux.
Ne l'esperez donc plus ; ma timide tendresse
N'ira point en vos mains hazarder la Princesse ;
Et de vos fiers refus essuïant le danger,
M'exposer à l'horreur d'avoir à m'en venger.
Car ce n'est pas la peur de perdre ma vengeance
Qui me conseille ici de prévenir l'offence :
Vous l'avez déja vu ; le destin des combats
Enchaîne pour jamais la victoire à mes pas ;
Mille Oracles garants des volontez suprêmes,
Mon cœur que j'en crois plus que les Oracles mêmes,
Tout me dit qu'à mes coups rien ne doit résister ;
Nous n'avons qu'à choisir qui nous voulons dompter.
Pour régir l'Univers l'ordre du Ciel nous nomme ;
Un triomphe éternel est le destin de Rome ;
Et nous devons toujours compter dans nos projets
Les Dieux pour alliez, & les Rois pour sujets.

TATIUS.

Arrête ; que te sert d'étaler ces miracles ?

TRAGEDIE.

Nous avons comme toi nos Dieux & nos Oracles.
Ils nous ont afsuré tout ce qui t'eft promis ;
L'Empire où tu prétends en nos mains eft remis ;
Et s'il faut que l'effet aux promefses réponde,
Nos Loix doivent atteindre aux limites du monde.
Notre fort fur le tien peut encor l'emporter ;
Et jufques dans tes fers, j'ofe n'en pas douter.

ROMULUS.

De nos deftins préfens du moins la différence
Ne nous doit pas laifser la même confiance.
Mais laifsons-là, Seigneur, des difcours fuperflus.
Il n'eft qu'un interêt ici pour Romulus.
Vous voïez à quel point votre fille m'eft chere ;
Je mettois mon bonheur à l'obtenir d'un pere ;
Mon refpect vous faifoit l'arbitre de mes feux ;
Mais enfin au défaut d'un aveu généreux,
J'uferai de mes droits ; & maître de fes charmes,
Je fçaurai m'afsurer le prix de tant de larmes.
Mon triomphe fera fon himen ; & du moins
Les yeux mêmes d'un pere en feront les témoins.

TATIUS.

A ce fpectacle en vain tu voudrois me contraindre ;
Puifqu'elle peut mourir, mes yeux n'ont rien à craindre.

ROMULUS.

Puifqu'elle peut mourir ! L'ofez-vous prononcer ?
Un pere fans horreur a-t-il pu le penfer ?

TATIUS.

Ce n'eft pas fans horreur aufsi que je le penfe :

Mais enfin contre toi c'est sa seule défense ;
Et du rang dont elle est, du sang dont elle sort,
L'affront que tu lui fais est l'arrêt de sa mort.

HERSILIE.

Votre attente, Seigneur, ne sera pas trompée.
D'une indigne contrainte autant que vous frapée....

ROMULUS.

Ah cruels, arrêtez. Vous me glacez d'effroi.
Quoi ! vouloir expirer plûtôt que d'être à moi !
Hélas, de tant d'amour effet trop déplorable !
Je suis donc à vos yeux un monstre détestable ?
Un himen qui vous met mon Diadême au front,
Est le dernier suplice, & le dernier affront ?
à Tatius.
C'est vous qui la rendez encor plus inhumaine.
Vos superbes mépris ont redoublé sa haine.
Jusqu'ici m'épargnant ce farouche transport,
Elle ne m'avoit point menacé de sa mort ;
Ses dédains n'alloient point jusqu'à la barbarie ;
Et vous avez changé sa colere en furie.
Eh bien ; votre vainqueur embrasse vos genoux.
Au nom des Dieux prenez des sentimens plus doux ;
Ne desesperez pas un Amant qui peut-être
De ses fureurs bien-tôt ne seroit plus le maître.
Cette austere vertu n'est que férocité.
Prenez d'autres conseils de la nécessité.
Lorsque notre bonheur peut être votre ouvrage,
Voulez-vous ne causer que desespoir, que rage ?
Songez-y bien, Seignenr ; je vous laisse tous deux ;
Nous serons tous par vous heureux ou malheureux.

SCENE IV.

TATIUS, HERSILIE, LES GARDES.

TATIUS.

MA fille, pour braver le sort qui nous outrage,
Je n'ai qu'en frémissant compté sur ton courage :
Mais nez pour imposer, non pour suivre des Loix,
Quoiqu'il en coûte, il faut vivre & mourir en Rois.
Oüi, dussai-je éprouver toute sa tirannie,
D'un triomphe insolent subir l'ignominie,
Tout ce barbare orgüeil ne peut m'humilier ;
Mon cœur sçait tout souffrir, & ne sçait point plier.

LE CHEF DES GARDES, *à Tatius*.

Non, Seigneur, tout captif que vous paroissez être,
Le Ciel de votre sort vous laisse encor le maître.

TATIUS.

Comment ?

LE CHEF DES GARDES.

A vous servir ces Gardes sont tout prêts.
Commandez ; comptez-nous au rang de vos sujets.
Ce secours imprévû n'a rien qui vous étonne ;
Vous pénétrez assez quelle main vous le donne ;
Ceux qui vous ont servi, vous serviront toujours.
Mettez en sureté votre gloire & vos jours.
Que prêt à vous venger votre camp vous revoïe ;

ROMULUS,

Venez y reporter & l'audace & la joïe.
Votre fille, Seigneur, ne suivra point vos pas.
Des yeux trop surveillans ne le permettent pas :
Mais loin qu'aucun danger dans ces lieux la regarde,
L'amour même du Prince est sa fidelle garde :
Et quoi qu'il ose enfin, contre le ravisseur
Elle aura le secours de plus d'un défenseur.

TATIUS.

Adieu, ma fille.

aux Gardes,

Allons.

LE CHEF DES GARDES à *Hersilie*.

J'ose plus croire encore,
Madame, l'ennemi que votre cœur abhorre,
L'odieux Romulus n'est pas loin d'expirer.

HERSILIE.

Qu'entens-je ! Il va périr ! Ciel ! daigne m'inspirer.

Fin du second Acte.

TRAGEDIE.

ACTE III.
SCENE PREMIERE.
ROMULUS, PROCULUS,

ROMULUS, *tenant un billet.*

Non, non, loin que du Roi la fuite m'inquiete,
J'ai même défendu qu'on troublât sa retraite.
Qu'il retourne dans Cure, & qu'il laisse en repos
Des lieux où sa présence auroit aigri mes maux.
Peut-être mieux instruit par son expérience,
Perdra-t-il désormais l'espoir de la vengeance ;
Et qu'après un couroux vainement écouté,
Il se laissera vaincre à la nécessité.
Mais, ami, ce qui seul allume ma colere,
C'est de la trahison l'audace témeraire.
Ce billet inconnu remis entre mes mains,
D'un complot sacrilege accuse les Romains.
Toi-même tu l'as lû, qu'ici la perfidie
Est prête d'éclater aux dépens de ma vie.
Se peut-il que par moi comblez de tant d'honneurs,
L'ingratitude encor me refuse leurs cœurs !
Et lorsque sur leurs pas j'ai fixé la victoire,
Les traîtres veulent-ils me punir de leur gloire ?

PROCULUS.

S'il est ici, Seigneur, de perfides sujets,
Il en est que le Ciel opose à leurs projets.
Il en est, comme moi, de qui l'ardeur fidelle,
Aux dépens de leur sang vous prouvera son zele.
Si vous daignez toujours vous fier à ma foi,
Si vos bienfaits constans vous répondent de moi,
Recevez de ma main ces amis intrépides,
Dont l'aspect devant vous fera fuïr les perfides;
Et que de tous vos pas compagnons assidus....

ROMULUS.

Je rends grace à tes soins ; mais croi-moi, Proculus,
Je dois de leurs complots braver la violence,
Et je ne veux contr'eux que ma seule présence.
Tel qui croit pour ce coup être sûr de sa main,
La sentiroit tremblante en aprochant mon sein ;
Et du moindre regard déconcertant son crime,
Du fer de l'assassin, j'en ferois ma victime.

PROCULUS.

Cette fiere assurance, & cet aspect divin
Ne vous défendroient pas contre un ferme assassin.
Rome en peut enfanter. Ce peuple est votre ouvrage;
Vous avez corrigé leur farouche courage :
Mais avant que sous vous on les vît triomphans,
Ils étoient à la fois généreux & méchans ;
Leur intrépidité fut injuste & cruelle.
A leurs premieres mœurs le repos les rapelle ;
La victoire pour eux doit tenir lieu des Loix;
Pour les sauver du crime, il leur faut des exploits.
                                        Allez:

TRAGEDIE.

Allez ; & banissant l'amour qui vous arrête,
Conduisez les Romains de conquête en conquête ;
Occupez-les à vaincre ; & loin de conspirer,
Comme le Dieu de Rome ils vont vous adorer.

ROMULUS.

Quoi ! toujours à tes yeux ma flâme inexcusable....

PROCULUS.

Seigneur, c'est de vos maux la source déplorable ;
Car, à quoi songeons-nous d'accuser les Romains ?
Si l'on trame en ces lieux de perfides desseins,
N'en accusez, Seigneur, que la fiere Hersilie.
Par vous depuis long-tems sa haine enorgueillie,
Souveraine en ces lieux, s'y faisoit obéïr ;
Et vous l'enhardissiez-vous-même à vous trahir ;
De tant de vains respects l'imprudente constance
Ne vous en promettoit que cette récompense.
A sauver Tatius quel autre eût réussi ?
Elle-même eût pu fuïr ; & ne demeure ici
Que pour y consommer l'entreprise infidelle ;
Car dès que l'on conspire, on conspire pour elle ;
Et hâtant ses complots contre vous préparez,
Elle seule est ici le Chef des conjurez.
Renvoïez-la, Seigneur.

ROMULUS.

    Je devrois m'y contraindre :
Mais, Proculus, mon cœur l'aime trop pour la craindre ;
Et dût par mon trépas éclater son couroux,
Je redoute sa haine, & ne crains pas ses coups.

H

En ces lieux dans l'inſtant l'ingrate va ſe rendre.
Je l'ai fait avertir que j'y venois l'attendre.
Ce funeſte billet ſuffit pour l'étonner ;
Son trouble m'apprendra s'il la faut ſoupçonner.
Elle vient ; laiſſe-nous.

SCENE II.

ROMULUS, HERSILIE, SABINE.

HERSILIE, à part.

IL faut encor me taire,
De ce billet ſur tout cachons-lui le miſtere ;
Qu'il ignore toujours qu'il me doit cet avis.

ROMULUS.

Madame, vos deſſeins ont été bien ſervis.
D'un Pere malheureux vous plaigniez l'eſclavage ;
Et ſon éloignement ſans doute eſt votre ouvrage.
Je ne m'en plaindrai point ; & pour ſa ſureté,
Vous m'avez pû trahir ſans infidelité.
Je m'étonne plûtôt que vous croïant eſclave
Dans la Cour d'un Amant que votre haine brave,
Cherchant plus mes malheurs que votre liberté,
Pour ſortir de mes mains vous n'aïez tout tenté.
Mais étoit-ce trop peu pour la fiere Herſilie ?
Madame, falloit-il attenter à ma vie ?
Et dans vos vœux cruels à me perdre attachez
Paſſer tous les excès que vous me reprochez ?

TRAGEDIE.

HERSILIE.

De quoi m'accuses-tu ?

ROMULUS, *lui donnant le Billet.*

Lisez, lisez, Madame.

HERSILIE.

Je vois qu'on t'avertit d'une perfide trame.
On en veut à tes jours. Est-ce à moi d'en trembler ?
Pourquoi de ce péril penses-tu me troubler ?
à part.
Tu n'en frémis que trop, malheureuse Princesse.

ROMULUS.

Je sçais trop qu'Hersilie à ma mort s'interesse ;
Qu'aux dépens de mes jours, son infléxible cœur
Brule de s'affranchir d'une odieuse ardeur :
Mais, Madame, étoit-il d'une ame magnanime
De choisir mes sujets pour fraper la victime,
D'emploïer de vos yeux les dangereux apas
Pour armer contre moi de parricides bras ?
Eh ! qu'étoit-il besoin d'armer la perfidie ?
N'êtes-vous pas toujours maîtresse de ma vie ?
Prêt à subir l'arrêt, je vous ouvre mon sein.
Pour me perdre il ne faut que votre seule main ;
Je ne sçais contre vous emploïer de défense
Que cette même ardeur qui vous tient lieu d'offence.
Si, toujours obstinée en vos premiers mépris,
Vous croïez à mes feux ne devoir que ce prix ;
Si mes ardents soupirs, si les plus tendres larmes,
Si mon amour nourri de troubles & d'allarmes,
Toujours respectueux jusques dans sa fureur,

H ij

De mon crime n'a pu diminuer l'horreur;
La victime à vos coups ne s'est point échapée :
Frapez ; voila mon cœur & voici mon épée....

HERSILIE.

Arrête, Romulus ; tu ne me connois pas.
Non mon cœur n'est point fait pour de tels attentats.
Te sied-t-il d'ignorer qu'une ame magnanime
Ne sçait point se venger du crime par le crime ?
Pourquoi m'accuses-tu ? Puis-je te pardonner
De prétendre à me plaire & de me soupçonner ;
Et que d'un lâche amour ton ame possedée
Conçoive encor de moi cette outrageante idée ?
Non, ce n'est, Romulus, qu'au sein de tes sujets
Que peuvent s'enfanter ces perfides projets.
Elevez dans les fers ou dans le brigandage,
Ils ont des trahisons fait leur aprentissage ;
A ces cœurs criminels commettant tes destins,
Tu t'es environné toi-même d'assassins.
Tu croïois que marquez du sceau de la victoire,
Ils ne respiroient plus que l'honneur & la gloire :
Mais tu dois les connoître à ces lâches complots ;
Tous les Romains encor ne sont pas des Héros.

ROMULUS.

Madame, si je n'ai que mes sujets à craindre,
Les Dieux les confondront ; mon sort n'est point à
  plaindre.
A de si noirs projets tout le Ciel opposé....

HERSILIE.

Crois-tu le Ciel si juste ? il t'a favorisé ;
Il nous a de tes fers laissé subir l outrage ;
Il a contre mon pere exaucé ton courage ;

Et de ma liberté me plaignant la douceur ;
Il me retient toujours aux mains d'un Ravisseur :
Car, de quel autre nom veux-tu que je t'apelle ?
Quand tu peux réparer une injure mortelle,
Quand par ce noble effort tu peux te signaler,
Tu te fais un plaisir de la renouveller.
Tu veux être un Héros ; tu te vantes d'en faire ;
Mais en connois-tu bien l'auguste caractere ?
Sçais-tu que ce grand nom demande dans un cœur
Des vertus au-dessus même de la valeur ;
La magnanimité, la noble confiance ?
Oüi, si de Tatius tu cherchois l'alliance,
Pour vaincre son couroux ensemble & mes dédains,
Généreux, il falloit me remettre en ses mains ;
De ton crime effacer jusqu'à la moindre trace ;
Et lui faire l'honneur d'en attendre ta grace.
Voilà d'un vrai Héros les dignes mouvemens.

ROMULUS.

Oüi ; mais vous ignorez les fraïeurs des Amans.
J'ai tremblé de vous perdre ; & l'extrême tendresse
Ne sçait point hazarder l'objet qui l'interesse.
J'ai d'un pere irrité craint le dépit fatal.
J'ai craint sur votre cœur le pouvoir d'un Rival ;
Car enfin ce n'est pas la seule indifférence,
Qui de votre fierté fait la perseverance.
C'est par un autre amour que le mien est trahi ;
Si vous n'aimiez ailleurs, je ferois moins haï.
Non, vous ne me fuiriez que pour en suivre un autre.
Devois-je, en immolant ma tendresse à la vôtre,
Moi-même, contre moi servant votre rigueur,
Vous mettre en liberté de me percer le cœur ;

H iij

M'expofer à vous voir, avec l'aveu d'un pere,
Dans les bras d'un rival défier ma colere ?
J'en frémis : mais enfin, fi cet himen affreux,
Au dernier defefpoir eût condamné mes feux,
Quel déluge de fang, quel horrible carnage
De ma flâme trahie eût expié l'outrage !
Tout ce qui vous eft cher, eût tombé fous mes coups;
Vous m'auriez vû percer & le pere & l'époux;
A peine en ma fureur refpecter ce que j'aime;
Ne vous fauver de moi qu'en me frapant moi-même:
Mais du moins en mourant, joüir de vos regrets,
Et m'applaudir des maux que je vous aurois faits.

SCENE III.

HERSILIE, ROMULUS, TULLUS.

TULLUS.

Venez, venez, Seigneur; le péril, le tems preffe.
Des Sabins étonnez la foudaine allegreffe
Nous a dit qu'en fon Camp Tatius eft rentré.
Par des cris menaçans fon retour célébré
A de vos légions irrité le courage.
Tatius pénétré de douleur & de rage
De vous avoir tantôt attaqué vainement,
Enflâme fes guerriers de fon reffentiment.
Prêts à fondre fur nous, leurs armes étincelent;
Et le fer à la main, vos foldats vous apellent.

TRAGEDIE.
ROMULUS.

Vous le voïez, Madame ; il faut vous conquerir.
Le sort va prononcer ; je vais vaincre ou périr.

HERSILIE.

Quoi barbare !...
ROMULUS.
              Je cours où m'appelle la gloire.
Qu'un seul jour soit deux fois marqué par la victoire.
Madame, cet amour tant prouvé par mes pleurs,
Je vais vous le prouver encor par mes fureurs.

SCENE IV.

HERSILIE, SABINE.

HERSILIE.

Sabine, conçois-tu combien je suis à plaindre ?
Aurai-je donc toujours tous les malheurs à craindre !
Faut-il par mes fraïeurs compter tous les instans ;
Et mourir tant de fois sous les coups que j'attends !

SABINE.

Qui pourroit de vos maux calmer la violence ?
De mes foibles conseils je connois l'impuissance,
Madame ; & je ne puis sous de si rudes coups
Que sentir vos douleurs & pleurer avec vous.

HERSILIE.

Voi jufqu'où des Amans va l'ardeur infenfée ;
Admire où mon amour attache ma penfée.
Au milieu des malheurs prêts à fondre fur moi,
Quand dès ce même jour, mon cœur glacé d'effroi,
D'un Pere ou d'un Amant voit la perte certaine,
L'injure d'un ingrat met le comble à ma peine.
Sur cet avis fecret que je lui fais donner,
C'eft moi feule, c'eft moi qu'il ofe foupçonner !
O Ciel ! Que j'ai fouffert de l'erreur qui l'abufe !
C'eft moi qui l'avertis ; & c'eft moi qu'il accufe !
De quels traits ce reproche a-t-il percé mon cœur ?
Tu n'en fçaurois, Sabine, imaginer l'horreur.
Je me trouvois cruelle, en écoutant fa plainte,
D'avoir à fes regards fi bien caché ma feinte,
Qu'il pût me foupçonner de vouloir fon trépas.
Dans ce trouble mortel, je ne le cele pas,
Prête plus d'une fois à me trahir moi-même,
Mon fecret m'échapoit ; j'allois dire que j'aime ;
Et fi je n'ai rien dit, par ce pénible effort,
Sabine, j'ai plus fait que me donner la mort.

SABINE.

Combien ai-je admiré ce généreux filence !
Je n'en attendois pas l'héroïque conftance ;
Car, après cet avis que le foin de fes jours.....?

HERSILIE.

Eh ! lui pouvois-je, hélas, refufer ce fecours ?
Quand on jure fa mort, quand on veut qu'il périffe,
C'eft à moi qu'on en croit faire le facrifice !

TRAGEDIE.

On m'annonce le coup dont il doit expirer,
Comme le seul bonheur où je puisse aspirer !
Cette haine apparente où je me suis forcée,
Ce reproche éternel de ma gloire offensée,
M'attiroient malgré moi ce sacrilege apui;
Et j'aiguisois le fer qu'on a levé sur lui.
Devois-je en ce péril négliger ce que j'aime ?
Sabine, ç'eût été l'assassiner moi-même.
Peut-être que ce jour va décider mon sort.
De mon pere vaincu s'il éclaire la mort,
Tu verras dans l'instant sa fille infortunée,
Compagne de son ombre & de sa destinée :
Mais toi, de mon Amant, car j'ose le prévoir,
Quand je ne serai plus, calme le desespoir.
Di-lui que je l'aimois; & que toute ma peine
Etoit, en l'adorant, de lui devoir ma haine ;
Que je me suis sauvée, en m'arrachant le jour,
Des conseils dangereux que m'eût donnez l'amour.

SABINE.

Tullus paroît.

SCENE V.

HERSILIE, SABINE, TULLUS.
HERSILIE.

EH bien, que venez-vous m'aprendre ?
TULLUS.
Ce que sans en frémir, vous ne pourrez entendre.
HERSILIE.
Ciel !
TULLUS.

Déja la discorde avoit du choc fatal
Donné dans les deux camps l'effroïable signal ;
Déja pleuvoient les traits ; déja de sang trempées,
Etinceloient par tout les cruelles épées ;
Un plus affreux spectacle a frapé nos regards.
Le trouble dans les yeux, & les cheveux épars,
Les femmes des Romains de fureur enflâmées,
Accourent se jetter entre les deux armées.
Leur furie intrépide offre au glaive inhumain
Leurs enfans effraïez, renversez sur leur sein.
Nous sommes à la fois Sabines & Romaines,
Disent-elles ; sur nous assouvissez vos haines ;
Et venez massacrer entre nos bras sanglans,
Vous, Sabins, vos neveux ; vous, Romains, vos enfans.
Sans respecter les noms & de fille & de femme,
Par pitié, de nos jours osez trancher la trame ;
Plus heureuses cent fois d'expirer sous vos coups,

TRAGEDIE.

Que de voir égorger le pere par l'époux.
A ces clameurs succede un silence stupide.
Nous désavoüons tous ce combat parricide.
Immobiles d'horreur, de fraïeur éperdus,
Nos coups, prêts à tomber, demeurent suspendus.

HERSILIE.

Des deux peuples ainsi la haine est assoupie ?

TULLUS.

Cessez, dit Tatius, cette bataille impie.
Ces femmes font tomber les armes de vos mains ;
Et déja mes soldats sont devenus Romains.
Mais du moins, Romulus à sa gloire fidelle,
Voudra bien avec moi terminer la querelle.
Sans prodiguer pour eux tant de sang étranger,
C'est ainsi que les Rois devroient seuls se vanger ;
Et cherchant sans secours une victoire pure,
Eux-mêmes se suffire à venger leur injure.
Romulus est jaloux d'un exemple si grand.
Chacun de ce Traité frémit en l'admirant.
Les deux peuples amis s'embrassent, s'attendrissent;
S'apellent en pleurant des noms qui les unissent ;
Tandis que du combat on va voir les deux Rois
Sur les Autels des Dieux se prescrire les Loix.

HERSILIE.

O succès qui me tuë ! accord impitoïable !
Dieux ! ce Traité funeste est-il irrévocable ?
A qui m'adresserai-je ! Où dois-je recourir ?
à Sabine.
Viens ; & voïons enfin, s'il faut vivre ou mourir.

Fin du troisiéme Acte.

ACTE IV.
SCENE PREMIERE.
PROCULUS, MURENA.

On apporte un Autel dans le Palais.

PROCULUS.

OUi, Romulus ici t'ordonne de l'attendre ;
Avec son ennemi lui-même va s'y rendre ;
Et c'est à cet Autel que pleins de leur fureur,
Les Rois de leur combat vont consacrer l'horreur.
A la face des Dieux & de leurs peuples mêmes,
Ils vont nous déclarer leurs volontez suprêmes :
De la Religion ils empruntent l'éclat,
Pour regler en tes mains les suites du combat.
Plaise aux Dieux, Murena, que ce jour soit funeste
Au superbe Rival que mon amour déteste ;
Et qu'au lieu d'un Tiran, se choisissant un Roi,
Le peuple & le Senat se déclarent pour moi.
Heureux, si revêtu de la pourpre Romaine,
Offrant avec mes vœux la grandeur souveraine,
Je puis enfin pour prix des services rendus,
Demander Hersilie à l'heureux Tatius !
J'ai lieu de l'esperer ; mais enfin s'il succombe,
Ne crois pas qu'avec lui mon esperance tombe.

TRAGEDIE.

Romulus de mes coups ne se sauvera pas ;
Et ce jour confondra sa gloire & son trépas.
Pour rendre grace au Ciel de son secours propice,
Au bois sacré de Mars j'aprête un sacrifice :
Le Prince ira l'offrir ; & sans doute à mes soins
Il remettra l'honneur d'en choisir les témoins.
C'en est assez ; crois-en le transport qui m'anime ;
Lui seul du sacrifice il sera la victime.

MURENA.

Puissent bien-tôt mes yeux en être délivrez !
C'est à toi d'affermir le bras des conjurez.
Qu'ils frapent le Tiran ; que rien ne les retienne ;
Egale, s'il se peut, leur fureur à la mienne :
Car tu sçais, Proculus, avec quel desespoir
Je le vois toujours prêt d'usurper mon pouvoir ;
Que sans mettre de borne aux droits du Diadême,
Il prétend à son trône asservir l'Autel même ;
Que l'impie à son rang subordonnant le mien,
De Ministre des Dieux, m'ose faire le sien.
Qu'il périsse ; sa mort ne peut être trop prompte ;
Ce Tiran désormais ne vit qu'à notre honte.
Dans l'horreur du combat tantôt ne pouviez vous...?

PROCULUS.

J'ai pu plus d'une fois le percer de mes coups ;
Mais, je te l'avoürai ; sa valeur incroïable
Me le rendoit alors, si grand, si respectable....
Tu l'aurois pris pour Mars dans sa noble fureur.
Soit admiration, soit remords, soit terreur,
A mes yeux éblouïs ce Héros intrépide
A semblé tout couvert de l'immortel Ægide ;

ROMULUS,

Et suspendant le coup dont il doit expirer,
Mon courage étonné n'a sçu que l'admirer.

MURENA.

Vain mouvement d'un cœur peu maître de lui-même,
Et qui mérite bien de perdre ce qu'il aime !
Quand tu peux immoler un Rival sans danger,
Tu laisses échaper le tems de t'en venger !
Ah ! lorsqu'à de grands coups notre cœur s'interesse,
Ces troubles incertains ne sont qu'une foiblesse.
Rien ne doit un instant distraire nos fureurs :
Une volonté pleine est le don des grands cœurs ;
Et cette fermeté, ce courage suprême
Peut seul annoblir tout, & jusqu'au crime même.

PROCULUS.

Excuse, Murena, ce respect souverain
Qu'imprime la valeur dans l'ame d'un Romain.
Je réparerai bien ce moment de surprise.
Rien ne peut désormais reculer l'entreprise ;
Et je veux que cent bras le frapant à la fois....
Mais on vient. Pren ta place ; écoute les deux Rois.

TRAGEDIE.

SCENE. II.

ROMULUS, TATIUS, PROCULUS, MURENA,

Troupe de Romains, Troupe de Sabins.

ROMULUS.

INvincibles Romains, dont les armes fidelles
Ont vengé jusqu'ici nos communes querelles,
Compagnons de ma gloire & son plus ferme apui,
Soïez-en seulement les témoins aujourd'hui.
Depuis que pour la paix des épouses trop cheres
Ont reclamé les noms de maris & de peres,
Vous ne pouvez combatre; & les nœuds les plus doux,
Hors Tatius & moi, nous ont réunis tous.
Ce Prince de sa fille a pleuré l'esclavage;
C'est de moi, qu'il attend raison de cet outrage;
Je vais le satisfaire; & sur ce saint Autel
J'en prononce à vos yeux le serment solemnel.
Je connois mes destins; mon pere & la victoire
De ce nouveau combat me reservent la gloire:
Mais, si le sang des Dieux, les Oracles, mon cœur
Abusoient mon espoir d'un augure trompeur,
Lasse de m'obéïr, si la victoire change,
Si je succombe enfin, je défends qu'on me vange.
Puisse des immortels l'éternelle rigueur
Perdre les ennemis de mon heureux vainqueur!

Tous les Romains pour Chef doivent le reconnoître;
Mon sang, s'il le répand, le déclare leur Maître.
Je ne méritois pas de vivre votre Roi,
Si ma mort vous en montre un plus digne que moi.
à Murena.
Ministre de nos Dieux, de ce Traité sincere
Sois le sacré témoin, le saint dépositaire ;
Accompli, si je meurs, mes ordres absolus ;
Et l'encens à la main, proclame Tatius.

TATIUS.

Faut-il que Romulus injuste & magnanime,
A la vertu suprême ait allié le crime !
Et que mon ennemi prêt à tout réparer,
Quand je dois le haïr, me force à l'admirer !
Non, je ne te hais plus, généreux adversaire ;
Je poursuis la vengeance ; & n'ai plus de colere.
Sabins, de ce combat juré sur les Autels,
Laissez avec respect juger les immortels.
J'espere en mon courage & plus en leur justice :
Mais quelque heureux succès qu'elle me garantisse,
D'un si brave ennemi quand je poursuis la mort,
Je lui dois bien l'honneur de douter de mon sort.
Si je meurs, si des Dieux tel est l'ordre suprême,
Le Ciel le justifie ; & je l'absous moi-même.
Songez, de ce combat quel qu'ait été l'effet,
Non qu'il m'aura vaincu, mais qu'il m'a satisfait.
Cette fidelité que vous m'avez jurée,
Que les plus grands périls n'ont jamais alterée,
Je la transmets entiere à cet auguste Roi,
Aussi sainte pour lui qu'elle l'étoit pour moi.
Maître de mes sujets, maître de ma famille,

TRAGEDIE.

Que triomphant du pere, il époufe la fille :
Qu'importe que fon fang ou le mien foit verfé ?
Mon injure eft lavée & fon crime effacé.
De mes dernieres Loix inftruifez Herfilie;
Peuples, preffez l'himen où mon ordre la lie :
Vous, Pontife, en formant ces liens aux Autels,
Atteftez-en l'aveu des manes paternels.

ROMULUS.

Achevons donc, Seigneur, ce combat magnanime,
D'où la haine eft bannie, où préfide l'eftime ;
Ce combat, où s'il faut en juger par mon cœur,
Le vaincu coûtera des larmes au vainqueur.

SCENE III.

ROMULUS, TATIUS, PROCULUS, MURENA, HERSILIE.

Troupe de Sabins, Troupe de Romains.

HERSILIE.

OU courez-vous, cruels ? & par quelle injuftice
De vos fureurs ici rendre le Ciel complice ?
Par d'odieux fermens en vain vous croïez-vous
Exceptez de la paix qu'il nous impofe à tous ?
Non, non, vous n'irez point par ce combat funefte
Démentir à mes yeux la clemence celefte.
Peuples, qu'elle a foumis à de plus douces Loix,
Vous ne fouffrirez point la fureur de vos Rois.

Tome II.   I

Qu'aux dépens de vos jours, séparez l'un de l'autre,
Ils ne trouvent de sang à verser que le vôtre ;
Et que de toutes parts effraïant leur couroux,
Le sein de leurs sujets s'offre seul à leurs coups.
Ce que pour attendrir des époux & des peres
Viennent d'executer d'heureuses témeraires,
Ces femmes pour vos jours affrontant le trépas,
Des sujets, pour leur Roi ne l'oseront-ils pas ?

TATIUS.

Quelle est ton esperance ? Et que prétends-tu faire ?
Crois-tu nous interdire un combat nécessaire ?
Par leurs filles en pleurs les Sabins désarmez,
Ont respecté des nœuds depuis un an formez :
Quel lien ai-je donc à respecter moi-même ?
Il n'est point ton époux.

HERSILIE.

Non, Seigneur ; mais je l'aime.

ROMULUS.

Ciel !

HERSILIE, *à Romulus*.

Ne m'interromps point.
à Tatius
Sa surprise, Seigneur,
Vous dit avec quel soin je lui cachois mon cœur.
Il n'a vû jusqu'ici que colere & que haine ;
De l'affront qu'il m'a fait je lui devois la peine.
Mais quand par mes dédains l'honneur le punissoit,
L'amour le vengeoit bien des larmes qu'il versoit.
Ses respects, sa tendresse & sur tout son courage

TRAGEDIE.

Malgré moi dans mon ame effaçoient son outrage ;
Et dans le Ravisseur voïant trop le Héros,
J'affectois des mépris qu'expioient mes sanglots.
Ne vous allarmez point, Seigneur, de cette audace.
D'un malheureux amour quelque aveu que je fasse,
Si mon pere appaisé ne l'aprouve aujourd'hui,
Je mourrois mille fois plûtôt que d'être à lui.
Contente d'empêcher un combat trop barbare,
C'est dans ce seul dessein que mon cœur se déclare.
Instruits de mon amour, ces peuples généreux
Ne pourront plus souffrir ce sacrifice affreux,
Où je verrois percé du glaive sanguinaire
Le Pere par l'Amant, ou l'Amant par le Pere.
Je vois, cruels, je vois que honteux de gémir,
Votre cœur ébranlé tâche à se r'affermir :
Mais je ne cede point ; vous m'aimez l'un & l'autre :
Pour arrêter d'un mot sa vengeance & la vôtre,
Songez, si je n'en puis désarmer la rigueur,
Qu'Hersilie à vos yeux périt pour le vainqueur ;
Que vous faisant bien-tôt détester votre gloire,
Mon sang est le seul prix d'une telle victoire ;
Et qu'il n'est plus, après vos parricides coups,
Ni d'Amante pour lui, ni de Fille pour vous.

ROMULUS.

Ah ! souffrez qu'à vos yeux mon transport se déploïe ;
Mon cœur ne suffit plus à contenir sa joïe.
Juste Ciel ! Quel bonheur me cachoient vos mépris !
Je ne me plains de rien ; tout m'est doux à ce prix ;
Je mourrai trop content, puisque j'ai sçû vous plaire :
Car enfin désormais trop foible contre un Pere,
De ce triste combat disputant peu l'honneur,

Par sa gloire je vais lui païer mon bonheur.

HERSILIE.

Eh! voudroit-il encor au mépris de mes larmes,
D'un sang qui m'est si cher aller soüiller ses armes?
Et refuseriez-vous de vous soûmettre aux Loix
Que le Ciel aujourd'hui vous prescrit par ma voix?
Vous attestiez tantôt des oracles contraires.
Ce jour n'en a-t-il pas dévoilé les misteres?
Ce long amas d'honneurs & l'Univers soûmis,
A l'un & l'autre peuple également promis,
Ce triomphe éternel, ces hautes destinées
Par les bornes des tems à peine terminées,
De tout autre pouvoir ce pouvoir destructeur,
Tout ne vous dit-il pas (si le Ciel n'est menteur)
Que vous n'êtes qu'un peuple, & qu'ainsi la victoire
Veut sous un même nom confondre votre gloire?

ROMULUS.

Qui peut vous inspirer.....

HERSILIE.

Voïez par quels chemins
La sagesse suprême a conduit ses desseins:
Sabins, elle a voulu pour lier nos familles,
Que Rome dans le piege ait engagé vos filles;
Et soudain en époux transformant leurs tirans,
Vous a faits ennemis pour vous faire parens.
à Tatius.
C'est elle encor, Seigneur, qui contraint Hersilie
D'avoüer cet amour qui vous reconcilie.
Qu'il est beau de se rendre à ce qu'elle a voulu!

TRAGEDIE.

Confommez ce traité dans le Ciel réfolu.
Que pour tout afservir Cure s'uniffe à Rome ;
Que de ces noms unis déformais on vous nomme ;
Et que tout l'Univers aprenne avec effroi
Que vous n'êtes enfemble & qu'un peuple & qu'un Roi.

ROMULUS.

Que ne peut de l'amour le fouverain empire !
A ce que vous voulez je fuis prêt de foufcrire ;
Princeffe, ce pouvoir qui m'eft fi précieux,
Dont je n'ai pû fouffrir qu'un frere ambitieux
Partageât un moment l'autorité fuprême,
Ce pouvoir, après vous, l'unique bien que j'aime,
Je l'offre à votre pere ; & veux bien aujourd'hui,
Efclave de vos Loix, ne regner qu'avec lui.
Qu'il vienne en plein Senat partager ma puiffance,
Voir fléchir mes fujets fous fon obéïffance,
Aux Senateurs Romains joindre cent Senateurs,
De nos communes Loix communs difpenfateurs :
Mais qu'à ce faint Autel votre main adorée,
Forme le premier nœud d'une union facrée ;
Et proclamez deux Rois qui s'uniffent pour vous
Par les noms tout-puiffants & de Pere & d'Epoux.

à Tatius.

Vous le voïez, Seigneur, cette chere Princeffe
Attend que votre bouche aprouve ma tendreffe.
Daignez donc confentir que l'himen à vos yeux
Confirme des Arrêts prononcez par les Dieux.

TATIUS.

Oüi, puifque tout confpire à réparer l'injure,

De mes ressentimens j'étouffe le murmure.
Le Ciel l'a résolu ; devenons tous Romains.
Il nous explique assez ses decrets souverains ;
Et tout prêt de sceller notre auguste alliance,
Je consens qu'à l'Autel ma fille la commence.

ROMULUS.

Trop heureux Romulus ! un bien si souhaité
De la moitié du Trône est-il trop acheté !
à Hersilie.
Venez, venez, Madame ; & que nos vœux...

MURENA.

Arrête ;
Prince, frémi des maux que ce dessein t'aprête.
Aprend sur ton himen ce que m'a présagé
Par le sang des taureaux le Ciel interrogé.
J'ai vû des cœurs flétris & d'affreuses entrailles,
Ne m'annoncer pour toi qu'horreurs, que funerailles.
Un spectacle terrible offert à mon esprit,
M'a fait voir en naissant le nom Romain proscrit ;
Rome entiere livrée aux guerres intestines,
Et l'ennemi vainqueur célébrant nos ruïnes.
Les Dieux par votre paix ne sont pas apaisez.
A ce sinistre himen toujours plus oposez,
Ils m'effraïent encor de plus tristes images.
De ce trouble sacré respecte les présages.
Ne force point ces Dieux auteurs de nos destins,
Au repentir vengeur d'avoir fait les Romains.
Tremble ; si tu n'en crois qu'une révolte impie,
L'Oracle est infaillible, il y va de ta vie.

TRAGEDIE.
ROMULUS.

D'augures imposteurs crois-tu m'épouvanter ?
J'aime, je suis aimé, rien ne peut m'arrêter.
à Hersilie.
Venez.

HERSILIE.

Non, Romulus, ne croi plus m'y contraindre.
Ton amour brave tout ; le mien me fait tout craindre.
Je ne sçais si le Ciel a dicté ces Arrêts ;
Mais c'est assez pour moi qu'ils puissent être vrais.
Cet himen qui m'alloit donner tout ce que j'aime,
Que je ne rougis point d'avoir pressé moi-même,
Dès que contre tes jours il peut armer le sort,
Est désormais pour moi plus cruel que la mort.

ROMULUS *à Tatius.*

Eh bien; allons, Seigneur, sans tarder davantage;
Allons en plein Senat consommer notre ouvrage ;
Et moi-même aussi-tôt après notre union,
Sans crainte du mensonge & de l'illusion,
En souverain augure offrant les sacrifices,
J'obtiendrai de nos Dieux de plus heureux auspices.
Si votre fille encor se refuse à ma foi,
Je lui parle en Amant ; vous parlerez en Roi.

SCENE IV.
MURENA, PROCULUS.
MURENA.

TU le vois, Proculus; il eſt tems qu'il périſſe.
PROCULUS.
Il eſt aimé! Peux-tu douter de ſon ſuplice?
Voïons nos Senateurs; marquons l'inſtant fatal;
Et ne mourons du moins qu'en perdant mon Rival.

Fin du quatriéme Acte.

ACTE V.

SCENE PREMIERE.

TATIUS, PROCULUS, & DES GARDES.

TATIUS, *aux Gardes.*

N'Avancez pas plus loin. Toi, Proculus, écoute.
Il faut te confier les maux que je redoute.
Sous une même pourpre & Romulus & moi,
Pour deux peuples unis ne sommes plus qu'un Roi.
Tandis qu'il est allé du traité salutaire,
Remercier le Ciel aux Autels de son pere,
Qu'avec les Senateurs dont toi-même as fait choix,
Il va sacrifier pour la premiere fois,
J'ai voulu te parler. Dans le soin qui m'anime
D'un instant négligé je me ferois un crime.
Contre un Prince ennemi j'ai reçu tes secours ;
Mon cœur reconnoissant s'en souviendra toujours :
Cette Ville infidelle à mon couroux livrée,
Ma retraite en mon camp par toi seul assurée,
Du prix de ces bienfaits mon honneur te répond ;
Et leur premier salaire est un secret profond.
Mais aussi, Proculus, souffre que je le pense,
Si tes secours n'étoient que ta propre vengeance,

ROMULUS,

Si tu hais Romulus, j'exige qu'aujourd'hui,
Au nom du nœud sacré qui m'unit avec lui,
Ton cœur me sacrifie une haine funeste.
Songe que désormais, si j'en vois quelque reste,
Sur tes moindres desseins je tiendrai l'œil ouvert;
Suspect un seul moment, ce seul moment te perd.
Quand je garde aux bienfaits leur juste récompense,
Je dois au crime aussi réserver la vengeance.

PROCULUS.

Vous m'offensez, Seigneur; avec vous je bénis
Ces nœuds inesperez qui vous ont réunis.
Les deux Rois n'auront point de sujet plus fidelle.
Puisse des Dieux sur moi la colere immortelle,
De leur foudre vengeur. . . .

TATIUS.

Laisse-là les sermens.
S'ils faisoient dans les cœurs naître les sentimens,
Je t'en demanderois: mais quelle est leur puissance?
Le crime les trahit; la vertu s'en offense.
Il suffit entre nous de ton devoir, du mien;
Voilà le vrai serment; les autres ne sont rien.

TRAGEDIE.

SCENE II.

TATIUS, PROCULUS, HERSILIE.

HERSILIE à *Tatius*.

Quoi ! Romulus fans vous offre fon facrifice !
Eh ! qui le défendra, s'il faut qu'on le trahiffe ?

TATIUS.

D'où viennent ces fraïeurs ?

HERSILIE.

      Puis-je ne pas trembler ?
Des perfides ici cherchent à l'immoler.
Malgré votre union je fçais que l'on confpire.
Peut-être en ce moment. . . . .

TATIUS.

    Ciel ! que viens-tu me dire !

HERSILIE.

Daignez de vos fecrets vous fier à ma foi.
En avez-vous, Seigneur, qui ne foient pas pour moi ?
N'eft-ce pas Proculus qui vous a livré Rome ?
N'eft-ce pas Proculus. . . .

TATIUS.

    N'attends pas que je nomme
Des amis protecteurs d'un généreux deffein.

ROMULUS,

Ce secret pour toi-même est caché dans mon sein.

HERSILIE.

Ah ! malgré ce secret qu'il faut que je respecte,
La foi de Proculus ne m'est pas moins suspecte.

TATIUS.

Comment ?

HERSILIE.

Sur des avis que je tiens assurez,
Il est, n'en doutez point, le Chef des conjurez.

PROCULUS.

Moi, Seigneur !

HERSILIE.

Murena le sert de sa puissance ;
Cinquante Senateurs de leur intelligence,
Ceux-mêmes qui du Prince accompagnent les pas,
Prêtent à ce dessein leurs parricides bras ;
Et leur troupe tantôt auprès d'eux apellée,
A même du Senat prévenu l'assemblée.
Pour perdre Romulus ils auront pris ce jour.

TATIUS.

Ma gloire s'en allarme autant que ton amour.

PROCULUS.

Croiriez-vous ? ....

HERSILIE.

S'il est tems, volez à sa défense.

TRAGEDIE.
TATIUS.
J'y cours.
à Proculus.
Toi....
PROCULUS.
Pour laver un soupçon qui m'offense,
Je vous suis.
HERSILIE.
Non, Seigneur, qu'il ne vous suive pas.
TATIUS.
Demeure, Proculus.
aux Gardes.
Vous, retenez ses pas.

SCENE III.
PROCULUS, HERSILIE, LES GARDES.

PROCULUS.
AH! Prince ingrat, peux-tu me faire cet outrage!

HERSILIE.
En le nommant ingrat, tu déceles ta rage.
Un pere généreux me le cachoit en vain,
C'est toi qui l'as servi contre ton Souverain :
Le crime naît du crime en une ame perfide;

Et l'infidelité t'amenne au parricide.
C'eſt toi qui de ton Prince as juré le trépas :
Mais on va le ſauver ; tu n'en joüiras pas.
Tu te troubles déja ; tu ſouffres par avance
Le juſte châtiment que te doit ſa vengeance.
De quel front pourras-tu ſoutenir ſon regard ?

PROCULUS.

Tremblez, tremblez vous-même ; on le ſecourt trop tard.

HERSILIE.

Qu'entends-je ! Il ſeroit mort !

PROCULUS.

N'en doutez point, cruelle;
Car il eſt tems qu'ici Proculus ſe décele ;
Réſolu de mourir, je ne puis plus avoir
D'autre ſoulagement que votre deſeſpoir.

HERSILIE.

Eh quoi ! tes Senateurs. . . . .

PROCULUS.

C'eſt en vain qu'on m'arrête;
Ils m'ont tous en partant répondu de ſa tête.
Au gré de ma fureur tout étoit concerté ;
Au gré de ma fureur tout eſt exécuté.
Tatius, ſur leurs pas m'empêchant de me rendre,
Pour n'être pas ſuſpect, j'ai bien voulu l'entendre ;
Mais j'ai preſcrit ſur tout que l'on profitât bien
Du tems que leur alloit donner notre entretien.
Je compte les momens ; Romulus eſt ſans vie,

Votre attente est trompée & ma haine assouvie.

HERSILIE.

Barbare, acheve donc ; ne ménage plus rien ;
Acheve ; ose verser mon sang après le sien.
Au nom de Romulus j'implore ta colere ;
Prévien par mon trépas le retour de mon pere ;
Avant que dans ton sang il vienne se plonger,
Donne-lui donc encore une fille à venger.

PROCULUS.

Ah ! que vous sçavez bien, pour vous faire justice,
Quand je brave la mort me trouver un suplice !
Vainement de mon cœur j'étouffe les remords,
Romulus n'est que trop vengé par vos transports.
Eh bien, que cet amour fasse aussi votre peine ;
C'est lui qui l'assassine encor plus que ma haine.
Votre bouche a tantôt porté l'arrêt sanglant
D'un coup qui sans vous-même auroit été plus lent.
Tant que j'ai crû pour lui votre haine sincere,
Je me suis contenté de servir votre pere :
Romulus n'eût pas moins expiré sous mes coups ;
Mais moins d'impatience animoit mon couroux.
C'est vous qui d'un seul mot m'ôtant toute esperance,
Avez précipité l'instant de la vengeance ;
Furieux, j'ai voulu qu'il pérît aujourd'hui,
Et j'ai compté pour rien de mourir après lui.
Je ne m'en repens point ; un seul regret me reste ;
C'est que ma main n'ait pas porté le coup funeste ;
C'est qu'il ait ignoré l'auteur de son trépas.
Oüi, cruelle, en Rival. . . . .

HERSILIE.

Je ne t'écoute pas.
Tout ce que j'adorois a perdu la lumiere ;
Cette image remplit mon ame toute entiere ;
O Ciel ! Et pour tout fruit d'un déplorable amour,
J'attens que ma douleur me raviſſe le jour.

SCENE IV.

PROCULUS, HERSILIE, SABINE, LES GARDES.

SABINE.

AH ! Madame, craignez la derniere diſgrace.
Le grand Prêtre en fureur a paru dans la place.
Apellant à grands cris Romaines & Romains,
Au nom des immortels, par les droits les plus ſaints,
D'un interêt ſacré couvrant ſa violence,
Des Autels uſurpez il demande vengeance.
Il proſcrit les deux Rois ; & j'ai vu ſes fureurs
Ebranler à ſon gré les eſprits & les cœurs ;
Des Romaines ſur tout l'horreur religieuſe
Seconder par leurs cris ſa voix ſéditieuſe.
Tout s'arme ; & des Sabins la chancelante foi
Peut même en ce déſordre abandonner ſon Roi.
Si Tatius paroît, la fureur populaire....

HERSILIE.

Il ne me reſtoit plus qu'à voir périr mon pere !
à Sabine.

TRAGEDIE.
à Sabine.

Soutiens-moi ; je succombe.

PROCULUS, *à ses Gardes.*

Ah ! généreux Sabins,
Que votre bras aussi se prête à nos destins.
Ne me retenez plus ; venez ; que notre zele
Hâte l'indépendance où le Ciel nous appelle.
Nous ne sommes pas faits pour recevoir des Loix ;
Ne souffrons plus de Maître, & devenons tous Rois.

HERSILIE.

Perfide, oses-tu bien. . . . Mais Tatius respire.
Je le vois.

PROCULUS.

Juste Ciel !

SCENE V.
TATIUS, PROCULUS, HERSILIE, SABINE, LES GARDES.

HERSILIE, *à Tatius.*

Est-il tems que j'expire ?
Romulus est-il mort ? Les Dieux l'ont-ils permis ?

TATIUS.

Tu vas le voir paroître ; il n'a plus d'ennemis :

Tome II. K

PROCULUS.

Quel revers !

HERSILIE.

Quel succès !

TATIUS.

Pressé par tes allarmes,
Aux nouveaux Senateurs j'ai fait prendre les armes,
J'ai couru dans le bois. Déja du coup mortel
La victime frapée expiroit à l'Autel ;
Impatient déja des sacrez aruspices,
Romulus y cherchoit des entrailles propices.
Tandis qu'il se baissoit, d'étincelans poignards,
De loin, ont tout à coup effraïé nos regards ;
Aux cris que nous poussons il détourne la tête ;
Et soudain sa valeur conjurant la tempête,
Il arrache le fer d'un de ses assassins ;
Par tout autour de lui porte des coups certains :
Plusieurs étoient tombez, avant que ma colere
Pût l'aider à punir ce complot sanguinaire :
Mais bien-tôt je le joins ; & sur l'heure immolez,
Les traîtres ont péri sous nos coups redoublez.
Reçoi, dit-il, ô Mars, ces nouvelles victimes ;
Et réserve toujours la même peine aux crimes.

PROCULUS.

O desespoir !

HERSILIE.

Quel sort succede à mes douleurs !

TATIUS.

Rome nous préparoit encor d'autres malheurs.

TRAGEDIE.

En rentrant dans ces lieux une révolte ouverte,
D'insolentes clameurs annonçoient notre perte:
Des cris de liberté regnoient de toutes parts.
Quand Romulus vivant a frapé leurs regards,
Ils balançoient encore entre nous & leurs Prêtres:
Voïez, leur a-t-il dit, comme on punit des traîtres;
Voïez-moi tout couvert du sang des conjurez;
Et s'il en reste encor, Mars me les a livrez.
Alors n'écoutant plus que son boüillant courage,
Jusqu'à Murena même il se fait un passage:
La foule des mutins étonnez, éperdus,
S'ouvre, & croit voir un Dieu plûtôt que Romulus.
Le Prêtre tombe mort sous les coups du Monarque.
Des vengeances du Ciel voïez-vous quelque marque?
C'est ainsi qu'il prononce entre un perfide & moi.
Alors pour achever de bannir leur effroi,
La douceur sur son front succede à la menace:
J'oublirai tout, dit-il, méritez votre grace;
Heureux de retrouver en des sujets soumis
Mes braves compagnons & mes plus chers amis!
Tout le peuple à ces mots laisse tomber les armes;
Jette des cris de joïe interrompus de larmes;
Et tandis que lui-même en ces heureux momens
Les attendrit encor par ses embrassemens,
Charmé de ce succès, ma tendre impatience,
Pour essuïer tes pleurs en ces lieux le devance.

SCENE VI.

ROMULUS, TATIUS, PROCULUS, HERSILIE, SABINE, LES GARDES.

ROMULUS.

Nous triomphons, Madame, & je viens vous offrir....

A Proculus qui s'est frapé en voïant Romulus.

Ciel! que voi-je!

PROCULUS.

Tu vis. C'est à moi de mourir.
Je voulois t'enlever la Princesse & l'Empire.
Je n'ai pu réussir; je m'en punis; j'expire.

ROMULUS.

Oh! trop perfide ami!

à Hersilie.

Vous, Madame, aux Autels
Venez joindre vos dons à ceux des immortels.
Nous n'avons pas besoin de nouveaux Sacrifices;
Les traîtres immolez nous tiennent lieu d'auspices.
Venez.....

TATIUS.

Allons, ma fille; & bénissons ce jour
Favorable à ma gloire autant qu'à ton amour.

Fin du cinquiéme & dernier Acte.

INÉS DE CASTRO.

TRAGEDIE.

PRÉFACE
DES PREMIERES E'DITIONS.

L'Honneur singulier qu'on a fait à ma Tragédie, de l'écrire dans les Représentations, m'a fait craindre des éditions précipitées qui m'auroient chargé devant le Public de bien des fautes, que l'infidelité des Copistes auroit ajoutées aux miennes. Un mot pour un autre, jette souvent de l'obscurité ou de la bassesse sur toute une phrase ; l'accident peut même aller jusqu'au contre-sens ; & ces méprises multipliées, auroient répandu un air de négligence & de faute, jusques sur les endroits les plus heureux. J'ai voulu prévenir ce malheur, plus considérable qu'on ne pense aux yeux d'un Auteur ; car, il faut l'avoüer, notre délicatesse poëtique regarde presque une édition fautive de nos Vers, comme un libelle diffamatoire.

Voilà donc ma Tragédie telle que je l'ai faite ; & j'ajoûte, telle que je suis capable de la faire. Mon respect pour le Public ne m'a pas permis de rien négliger de ce que j'ai crû le plus propre à l'attacher & à lui plaire. Je serois bien tenté de faire valoir ici les moïens que j'ai pris pour y réüssir : mais je remets la petite vanité qui m'en presse à une autre fois. J'exposerai dans un discours à part mes sentimens

PRÉFACE.

particuliers fur la Tragédie, que je ne donnerai à mon ordinaire que comme des conjectures : mais je ne puis m'empêcher d'avancer déja en général qu'il faut un peu de courage aux Auteurs dans quelque genre qu'ils travaillent. Point de nouveauté fans hardieffe. Où en feroit l'art fi l'on s'en étoit toujours tenu à cette imitation timide qui n'ofe rien tenter fans exemple ? On ne nous auroit pas laiffé à nous-mêmes de quoi imiter.

Les Enfans que j'ai hazardez fur la Scene, & les circonftances où je les fais paroître, ont paru une nouveauté fur notre Théatre. Quelques Spectateurs ont douté d'abord s'ils devoient rire ou s'attendrir ; mais le doute n'a pas duré ; & la nature a bien-tôt repris fes droits fur tous les cœurs. On a pleuré enfin ; & s'il m'eft permis de ne rien perdre de ce qui me fait honneur, quelques-uns ne m'ont critiqué qu'en pleurant.

Si je rentre dans la carriere, j'avertis le Public, que j'aurai encore le courage de m'expofer à fes premieres répugnances toutes les fois que j'efpererai lui procurer de nouveaux plaifirs ; & j'invite mes Confreres les Dramatiques à être encore plus hardis que moi, & toujours à proportion de leur habileté.

Si je n'ai rien changé à ma Piece, ce n'eft pas que des gens d'efprit ne m'aient fait quelques objections qui m'ont même ébranlé ; mais, je les prie de m'en croire, d'autres gens d'efprit ont aplaudi particulierement aux endroits attaquez, & par des raifons qui me gagnoient auffi : docilité pour docilité, on ne s'étonnera pas que j'aie déferé aux Approbateurs.

Il a paru une Critique imprimée, à laquelle je me

PRÉFACE.

dispense de répondre; je persiste dans la résolution d'en user toujours de même avec des Censeurs passionnez & de mauvaise foi; quand il y auroit même de l'esprit dans leur Ouvrage, je crois devoir ce dédain aux mauvais procedez; & en effet pour ramener les hommes à l'amour de la raison & de la vertu, il faudroit mépriser jusqu'aux talens qui osent en violer les regles.

On m'a fait le même honneur que Scarron a fait à Virgile; on m'a travesti. J'ai ri moi-même de la mascarade qui m'a paru réjoüissante; je me garde bien de trouver à redire que les traits de critique n'en soient pas solides; il suffisoit pour la nature de l'Ouvrage qu'ils fussent plaisans, ou bofons même, pour dire encore moins; au lieu qu'un Critique sérieux est obligé d'avoir raison.

J'ai laissé dans la Piece un vers de Corneille, que la force de mon Sujet m'avoit fait faire aussi; & quand on m'a fait appercevoir qu'il étoit du Cid, je n'ai pas crû me devoir donner la peine de l'affoiblir pour le déguiser.

ACTEURS
de la Tragédie.

ALPHONSE, Roi de Portugal, surnommé le Justicier.
LA REINE.
CONSTANCE, fille de la Reine, promise à Dom Pedre.
DOM PEDRE, Fils d'Alphonse.
INES, Fille d'honneur de la Reine, mariée secretement à Dom Pedre.
DOM RODRIGUE, Prince du Sang de Portugal.
DOM HENRIQUE, Grand de Portugal.
DEUX GRANDS de Portugal.
L'AMBASSADEUR du Roi de Castille.
SUITE de l'Ambassadeur.
DOM FERNAND, Domestique de Dom Pedre.
LA GOUVERNANTE.
DEUX ENFANS.
Plusieurs COURTISANS.

La Scene est à Lisbonne, dans le Palais d'Alphonse.

INÉS DE CASTRO,
TRAGEDIE.

ACTE PREMIER.

SCENE PREMIERE.
ALPHONSE, LA REINE, INE'S, RODRIGUE, HENRIQUE, *& plusieurs* COURTISANS.

ALPHONSE.

On Fils ne me suit point! Il a craint, je le vois,
D'être ici le témoin du bruit de ses exploits.
Vous, Rodrigue, le sang vous attache à sa gloire.
Votre valeur, Henrique, eut part à sa victoire.

Ressentez avec moi sa nouvelle grandeur.
Reine, de Ferdinand voici l'Ambassadeur.

SCENE II.

ALPHONSE, LA REINE, INE'S, RODRIGUE, HENRIQUE, *& plusieurs* COURTISANS, L'AMBASSADEUR *de Castille*, & SA SUITE.

L'AMBASSADEUR.

LA gloire dont l'Infant couvre votre famille,
Autant qu'au Portugal, est chere à la Castille,
Seigneur ; & Ferdinand par ses Ambassadeurs
S'aplaudit avec vous de vos nouveaux honneurs.
Goûtez, Seigneur, goûtez cette gloire suprême,
Qui dans un Successeur vous reproduit vous-même.
Qu'il est doux aux grands Rois, après de longs travaux,
De se voir égaler par de si chers rivaux !
De pouvoir, le front ceint de couronnes brillantes,
En confier l'honneur à des mains si vaillantes ;
De voir croître leur nom toujours plus redouté,
Surs de vaincre long-tems par leur posterité.
Do mPedre sur vos pas, au sortir de l'enfance,
Vous vit des Africains terrasser l'insolence ;
Cent fois, brisant leurs Forts, perçant leurs Bataillons,
De ce sang téméraire innonder vos Sillons :
Vous traciez la carriere où son courage vole ;
Et vos nombreux exploits ont été son école.

Dès que vous remettez votre foudre en ses mains,
Il frappe ; & de nouveau tombent les Africains :
Il moissonne en courant ces troupes fugitives,
Et rapporte à vos pieds leurs dépoüilles captives.
Avec vos interêts les nôtres sont liez :
La victoire est commune entre des Alliez ;
Et toute la Castille, au bruit de vos conquêtes,
Triomphante elle-même, a partagé vos Fêtes.

ALPHONSE.

Votre Roi m'est uni du plus étroit lien :
Sa mere, de son trône a passé sur le mien ;
Et le même traité qui me donna sa mere,
Veut encor qu'en mon fils l'himen lui donne un frere.
Cet himen que hâtoient mes vœux les plus constans,
Par l'horreur des combats, retardé trop long-tems,
R'assemblant aujourd'hui l'allegresse & la gloire,
Va s'achever enfin au sein de la victoire :
Heureux, que Ferdinand aplaudisse au vainqueur,
Que lui-même a choisi pour l'époux de sa sœur !
Nous n'allons plus former qu'une seule famille.
Allez ; de mes desseins instruisez la Castille.
Faites sçavoir au Roi cet himen triomphant
Dont je vais couronner les exploits de l'Infant.

SCENE III.
ALPHONSE, LA REINE, INE'S.
ALPHONSE.

OUi, Madame, Constance avec vous amenée,
Va voir par cet himen fixer sa destinée.
Peut-être que le jour qui m'unit avec vous,
Auroit dû de mon fils faire aussi son époux :
Mais je ne pus alors lui refuser la grace
Que de l'amour d'un Pere implora son audace :
Il n'éloignoit l'honneur de recevoir sa foi,
Que pour s'en montrer mieux digne d'elle & de moi,
Moi-même armant son bras, j'animai son courage.
La fortune est souvent compagne de son âge ;
Je prévis qu'il feroit ce qu'autrefois je fis,
Et me privai de vaincre en faveur de mon fils.
Il a, graces au Ciel, passé mon esperance ;
Des Africains domptez implorant ma clémence,
La moitié suit son char, & gémit dans nos fers ;
Le reste tremble encor au fond de ses deserts.
Quels honneurs redoublez ont signalé ma joïe !
Et, tandis que pour lui mon transport se déploïe,
Mes Sujets enchantez, enchérissant sur moi,
Semblent par mille cris le proclamer leur Roi.
Madame, il est enfin digne que la Princesse
Lui donne avec sa main l'estime & la tendresse.
Ce nœud va rendre heureux au gré de mes souhaits,
Ce que j'ai de plus cher, mon Fils & mes Sujets.

LA REINE.

Ne prévoïez-vous point un peu de résistance,
Seigneur, de votre fils la longue indiférence
Me trouble malgré moi d'un soupçon inquiet ;
Et je crains dans son cœur quelque obstacle secret,
Auprès de la Princesse il est presque farouche :
Jamais un mot d'amour n'est sorti de sa bouche ;
Et, de tout autre soin à ses yeux agité,
Il semble n'avoir pas apperçû sa beauté.
S'il résistoit, Seigneur.....

ALPHONSE.

C'est prendre trop d'ombrage.
Excusez la fierté de ce jeune courage.
C'est un héros naissant de sa gloire frapé,
Et d'un premier triomphe encor tout occupé.
Bien-tôt, n'en doutez pas, une juste tendresse
De ce superbe cœur dissipera l'yvresse.
D'un heureux himenée il sentira le prix.

LA REINE.

J'ai lieu, vous dis-je encor, de craindre ses mépris.
Eh ! qui n'eût pas pensé qu'aujourd'hui sa présence
Dût des Ambassadeurs honorer l'audience !
Mais il n'a pas voulu vous y voir rapeller
Des traitez que son cœur refuse de sceller.
S'il résistoit, Seigneur....

ALPHONSE.

S'il résistoit, Madame !
De quelle incertitude allarmez-vous mon ame ?

Mon fils me résister ! juste ciel ! j'en frémis ;
Mais bien-tôt le rebelle effaceroit le fils :
S'il poussoit jusques-là l'orgueil de sa victoire,
D'autant plus criminel qu'il s'est couvert de gloire,
Je lui ferois sentir que les plus grands exploits,
Que le sang ne l'a point affranchi de mes Loix ;
Que, lorsqu'à mes côtez mon Peuple le contemple,
C'est un premier Sujet qui doit donner l'exemple ;
Et qu'un Sujet sur qui se tournent tous les yeux,
S'il n'est le plus soûmis, est le plus odieux.
Mais, Madame, écartons de funestes images.
D'un coupable refus rejettez ces présages.
Je vais à la Princesse annoncer mon dessein ;
Et j'en avertirai mon Fils, en Souverain.

SCENE IV.

LA REINE, INE'S.

LA REINE.

TAndis qu'à mon époux j'adresse ici mes plaintes,
Inés, vous entendez ses desseins & mes craintes,
Et si vous le vouliez, vous pouriez m'informer
Du mistere fatal dont je dois m'allarmer.
Vous avez de l'Infant toute la confidence.
Je ne joüirois pas sans vous de sa présence.
S'il honore ma Cour, ses yeux toujours distraits,
Paroissent n'y chercher, n'y rencontrer qu'Inés.
De grace éclaircissez de trop justes allarmes.

DE CASTRO.

Ma Fille à ses yeux seuls n'a-t-elle point de charmes ?
A ce cœur prévenu, quel funeste bandeau
Cache ce que le Ciel a formé de plus beau ?
Car quel objet jamais aussi digne de plaire
A mieux justifié tout l'orgueil d'une mere !
Les cœurs à son aspect partagent mes transports ;
La nature a pour elle épuisé ses trésors ;
De cent dons précieux l'assemblage celeste,
De ses propres attraits l'oubli le plus modeste ;
La vertu la plus pure empreinte sur son front,
Me devroient-ils encor laisser craindre un affront !

INES.

Madame, croïez-vous le Prince si sauvage
Qu'il puisse à la beauté refuser son hommage ?
Jusques dans ses secrets je ne pénetre pas ;
Mais avec moi souvent admirant tant d'apas,
Et de tant de vertus reconnoissant l'empire,
Ce que vous en pensez, il aimoit à le dire.

LA REINE.

Eh ! pourquoi, s'il l'aimoit, ne le dire qu'à vous ?
Craignez en me trompant, d'attirer mon couroux.
Je le vois : ce n'est point la Princesse qu'il aime.
Il vous parle de vous.

INES.

Ciel de moi !

LA REINE.

De vous-même.
Je vous crois son Amante ; ou, pour m'en détromper,

Montrez-moi donc le cœur que ma main doit fraper.
Car je veux bien ici vous découvrir mon ame ;
Celle qui de Dom Pedre entretiendroit la flâme,
Qui, me perçant le sein des plus sensibles coups,
A ma fille oseroit disputer son époux,
Victime dévoüée à toute ma colere,
Verroit où peut aller le transport d'une mere.
Ma fille est tout pour moi, plaisir, honneur, repos ;
Je ne connois qu'en elle & les biens & les maux ;
Il n'est, pour la venger, nul frein qui me retienne ;
Son affront est le mien ; sa rivale est la mienne ;
Et sa constance même à porter son malheur
D'une nouvelle rage armeroit ma douleur.
Songez-y donc : sçachez ce que le Prince pense.
Il faut me découvrir l'objet de ma vengeance.
Je brûle de sçavoir à qui j'en dois les coups.
Livrez-moi ce qu'il aime ; ou je m'en prens à vous.

SCENE V.

INES.

O Ciel, qu'ai-je entendu ! quelle affreuse tempête,
Si j'en crois ses transports, va fondre sur ma tête !
Heureuse dans l'horreur des maux que je prévoi,
Si je n'avois encor à trembler que pour moi !

SCENE VI.
INE'S, DOM PEDRE, DOM FERNAND.

INE'S.

AH ! cher Prince, apprenez tout ce que je redoute ;
Mais faites obferver qu'aucun ne nous écoute.

DOM PEDRE.

Veillez-y, Dom Fernand : Madame, quels malheurs
M'annonce ce vifage innondé de vos pleurs ?
Parlez : ne tenez plus mon ame fufpenduë.

INE'S.

Cher Prince, c'en eft fait ; votre époufe eft perduë.

DOM PEDRE.

Vous perduë ! & pourquoi ces mortelles terreurs ?

INE'S.

Voilà ces tems cruels, ces momens pleins d'horreurs
Qu'en vous donnant ma main, prévoïoit ma tendreffe.
Le Roi vient d'arrêter l'himen de la Princeffe :
Il va vous demander pour elle cette foi,
Qui n'eft plus au pouvoir ni de vous ni de moi.
Pour comble de malheur la Reine me foupçonne.
Si vous voïiez la rage où fon cœur s'abandonne

L ij

Et tout l'emportement de ce couroux affreux
Qu'elle voüe à l'objet honoré de vos feux....
Eh! jusqu'où n'ira point cette fureur jalouse,
Si, cherchant une amante, elle trouve une épouse;
Et qu'elle perde enfin l'espoir de m'en punir,
Que par la seule mort qui peut nous désunir!

DOM PEDRE.

Calmez-vous, chere Inés; votre fraïeur m'offense.
Eh! de qui pouvez-vous redouter la vengeance,
Quand le soin de vos jours est commis à ma foi?

INE'S.

Ah! Prince, pensez-vous que je craigne pour moi?
Jugez mieux des terreurs dont je me sens saisie:
Je crains cet interêt dont vous touche ma vie.
Je sçai ce que ma mort vous coûteroit de pleurs;
Et ne crains mes dangers, que comme vos malheurs.
Vous le sçavez: l'espoir d'être un jour couronnée,
Ne m'a point fait chercher votre auguste himenée;
Et quand j'ai violé la loi de cet état,
Qui traite un tel himen de rebelle attentat:
Vous sçavez que pour vous, me chargeant de ce crime,
De vos seuls interêts je me fis la victime.
Cent fois dans vos transports, & le fer à la main,
Je vous ai vû tout prêt à vous percer le sein;
Consumé tous les jours d'une affreuse tristesse,
Accuser, en mourant, ma timide tendresse:
C'est à ce seul péril que mon cœur a cedé.
Il falloit vous sauver; & j'ai tout hasardé.

Je ne m'en repens pas. Le Ciel que j'en atteste
Voit que si mon audace à moi seule est funeste,
Même sur l'échafaut, je chérirois l'honneur
D'avoir, jusqu'à ma mort, fait tout votre bonheur.

DOM PEDRE.

Ne doutez point, Inés, qu'une si belle flâme
De feux aussi parfaits n'ait embrasé mon ame.
Mon amour s'est accru du bonheur de l'époux.
Vous fîtes tout pour moi ; je ferai tout pour vous.
Ardent à prévenir, à venger vos allarmes,
Que de sang païeroit la moindre de vos larmes !
Tout autre nom s'efface auprès des noms sacrez
Qui nous ont pour jamais l'un à l'autre livrez.
Je puis contre la Reine écouter ma colere ;
Et même le respect que je dois à mon pere,
Si je tremblois pour vous. . . .

INE'S.

     Ah ! cher Prince, arrêtez.
Je frémis de l'excès où vous vous emportez.
Pour prix de mon amour, rappellez-vous sans cesse
La grace que de vous exigea ma tendresse.
Le jour heureux qu'Inés vous reçut pour époux,
Vous la vîtes, Seigneur, tombant à vos genoux,
Vous conjurer ensemble & de m'être fidelle,
Et de n'allumer point de guerre criminelle ;
Et dans quelque péril que me jetta ma foi,
De n'oublier jamais que vous avez un Roi.

DOM PEDRE.

Je ne vous promis rien ; & je sens plus encore
Qu'il n'est point de devoir contre ce que j'adore.
Si je crains pour vos jours, je vais tout hasarder ;
Et vous m'êtes d'un prix à qui tout doit ceder.
Mais, s'il le faut, fuïez : que le plus sûr asile
Sur vos jours menacez me laisse un cœur tranquile.
Emmenez sur vos pas loin de ces tristes lieux
De notre saint himen les gages précieux.
Aux ordres que j'attens je sçai que ma réponse
Va soudain m'attirer la colere d'Alphonse.
Les Africains défaits, il ne me reste plus
Ni raison ni prétexte à couvrir mes refus ;
Il faut lui déclarer que quelque effort qu'il tente,
Je ne sçaurois souscrire à l'himen de l'Infante.
Je connois de son cœur l'inflexible fierté :
Il voudra sans égard m'immoler au traité ;
Et si, de mes refus éclaircissant la cause,
La Reine pénétroit quel nœud sacré s'opose....
J'en frissonne d'horreur, cher Inés ; mais le Roi
Vous livreroit sans doute aux rigueurs de la loi,
Et moi desesperé.... Fuïez, fuïez, Madame ;
De cette affreuse idée affranchissez mon ame.
Fuïez.....

INE'S.

Non. En fuïant, Prince, je me perdrois ;
Ce qu'il nous faut cacher, je le décellerois.
Il vaut mieux demeurer. Armons-nous de constance ;
Dissipons les soupçons de notre intelligence ;
Ne nous revoïons plus ; & contraignant nos feux,

Réservons ces transports pour des jours plus heureux.

DOM PEDRE.

J'y consens, chere Inés. Alphonse va m'entendre:
Cachez bien l'interêt que vous y pouvez prendre.

INE'S.

Que me promettre, hélas, de ma foible raison;
Moi qui ne puis sans trouble entendre votre nom !

DOM PEDRE.

Adieu ; reposez-vous sur la foi qui m'engage :
Dans cet embrassement recevez-en le gage.
Séparons-nous.

INE'S.

J'ai peine à sortir de ce lieu ;
Nous nous disons peut-être un éternel adieu.

Fin du premier Acte.

ACTE II.
SCENE PREMIERE.
CONSTANCE, ALPHONSE.

CONSTANCE.

Quoi! me flatai-je en vain, Seigneur, que ma priere
Touche un Roi que je dois regarder comme un Pere?
Et ne puis-je obtenir que par égard pour moi,
Vous n'alliez pas d'un fils folliciter la foi?
Ne vaudroit-il pas mieux que de notre himenée,
Lui-même impatient vint hâter la journée :
Qu'il en preſſât les nœuds : & que cet heureux jour
Fût marqué par ſa foi moins que par ſon amour.
A le précipiter qui peut donc vous contraindre?
D'un injuſte délai m'entendez-vous me plaindre?
Je ſçai par quels ſermens ces nœuds ſont arrêtez:
Mais le tems n'en eſt pas preſcrit par les traitez;
Et mon frere chargea votre ſeule prudence
D'unir, pour leur bonheur, votre Fils & Conſtance.

ALPHONSE.

Je ne ſuis pas ſurpris, Madame, en ce moment,
De vous voir témoigner ſi peu d'empreſſement.

Cette noble fierté sied mieux que le murmure :
Mais de plus longs délais nous feroient trop d'injure ;
Et moins vous vous plaignez, plus vous me faites voir
Que je dois n'écouter ici que le devoir.
Par mes ordres mon fils dans ces lieux va se rendre.
Le dessein en est pris ; & je lui vais apprendre. ...

CONSTANCE.

Ah ! de grace, Seigneur, ne précipitez rien.
Entre vos interêts, daignez compter le mien.
Si depuis qu'en ces lieux j'accompagnai ma mere,
Vous m'avez toujours vûë attentive à vous plaire ;
Si toute ma tendresse & mes respects profonds,
Et de Fille & de Pere ont devancé les noms ;
Daignez attendre encor. ...

ALPHONSE.

      De tant de résistance
Je ne sçais à mon tour ce qu'il faut que je pense.
L'Infant est-il pour vous un objet odieux ?
Et ce Prince à tel point a t-il blessé vos yeux,
Que vous trouviez sa main indigne de la vôtre ?
Pourquoi craindre l'instant qui vous joint l'un à l'autre ?
J'ai peine à concevoir, Madame, que mon Fils
Soit aux yeux de Constance un objet de mépris.

CONSTANCE.

Un objet de mépris ! hélas, s'il pouvoit l'être !
Si moins digne, Seigneur, du sang qui l'a fait naître,
Son himen à mes vœux n'offroit pas un Héros,
J'attendrois sa réponse avec plus de repos.
Mais, je ne feindrai pas de le dire à vous-même,

Je ne la crains, Seigneur, que parce que je l'aime.
Souffrez qu'en votre sein j'épanche mon secret :
Quel autre confident plus tendre & plus discret
Pourroit jamais choisir une si belle flâme ?
L'aspect de votre Fils troubla d'abord mon ame.
Des mouvemens soudains inconnus à mon cœur,
Du devoir de l'aimer firent tout mon bonheur ;
Et vous jugez combien dans mon ame charmée
S'est accru cet amour avec sa renommée.
Quand on vous racontoit sur l'Africain jaloux
Tant d'exploits étonnans, s'il n'étoit né de vous,
Par quels vœux près de lui j'apelois la victoire !
Par combien de soupirs célébrois-je sa gloire !
Enfin je l'ai revû triomphant ; & mon cœur
S'est lié pour jamais au char de ce vainqueur.
Cependant, malheureuse, autant il m'interesse,
Autant je me sens loin d'obtenir sa tendresse :
Objet infortuné de ses tristes tiedeurs,
Je dévore en secret mes soupirs & mes pleurs :
Mais il me reste au moins une foible esperance
De trouver quelque terme à son indiférence :
Tout renfermé qu'il est, l'excès de mon amour
Me promet le bonheur de l'attendrir un jour.
Attendez-le, Seigneur, ce jour, où plus heureuse,
Je fléchirai pour moi son ame généreuse ;
Et ne m'exposez pas à l'horreur de soufrir
La honte d'un refus dont il faudroit mourir.

ALPHONSE.

Ma Fille, car l'aveu que vous daignez me faire
Vient d'émouvoir pour vous des entrailles de Pere.
Ces noms interessans flattent déja mon cœur ;

DE CASTRO. 171

Et je me hâte ici d'en goûter la douceur.
Ne vous allarmez point d'un malheur impossible.
Mon Fils à tant d'attraits ne peut être insensible;
Et, quoique vous pensiez, vous verrez dès ce jour
Et son obéïssance, & même son amour.
Je vais. ...

UN GARDE.

Le Prince vient, Seigneur.

CONSTANCE.

Je me retire;
Mais, si mes pleurs sur vous ont encor quelque empire. ...

ALPHONSE.

Cessez de m'affliger par cet injuste effroi;
Et de votre bonheur reposez-vous sur moi.

SCENE II.

ALPHONSE, DOM PEDRE.

ALPHONSE.

LEs Peuples ont assez célébré vos conquêtes,
Prince; il est tems enfin que de plus douces Fêtes,
Signalent cet himen entre deux Rois juré,
Digne prix des exploits qui l'ont trop differé :
Cet himen que l'amour, s'il faut que je m'explique,
Devroit presser encor plus que la politique,
Qui présente à vos vœux des vertus, des apas,

Que l'Univers entier ne rassembleroit pas.
Je m'étonne toujours que sur cette alliance,
Vous m'aïez laissé voir si peu d'impatience;
Que, loin de me presser de couronner vos feux,
Il vous faille avertir, ordonner d'être heureux.

DOM PEDRE.

J'esperois plus, Seigneur, de l'amitié d'un Pere.
N'étoit-ce pas assez m'expliquer que me taire?
J'ai cru sur cet himen que mon Roi voudroit bien
Entendre mon silence, & ne m'ordonner rien.

ALPHONSE.

Ne vous ordonner rien! à ce mot téméraire,
Je sens que je commande à peine à ma colere;
Et si je m'en croïois.... mais, Prince, ma bonté
Se dissimule encor votre témérité.
Ne croïez pas qu'ici je vous fasse une offense
De dérober votre ame au pouvoir de Constance,
D'oposer à ses yeux la farouche fierté
D'un cœur inaccessible aux traits de la beauté :
Mais vous figurez-vous que ces grands himenées
Qui des Enfans des Rois reglent les destinées,
Attendent le concert des vulgaires ardeurs,
Et, pour être achevez, veüillent l'aveu des cœurs?
Non, Prince, loin du trône un penser si bisarre;
C'est par d'autres ressorts que le Ciel les prépare.
Nous sommes affranchis de la commune loi;
L'interêt des Etats donne seul notre foi.
Laissons à nos Sujets cet égard populaire,
De n'aprouver d'himen que celui qui sçait plaire,
D'y chercher le raport des cœurs & des esprits :

Mais ce bonheur pour nous n'est pas d'assez haut prix ;
Il nous est glorieux qu'un himen politique
Assure à nos dépens la fortune publique.

DOM PEDRE.

C'est pousser un peu loin ces maximes d'Etat ;
Et je ne croirai point commettre un attentat,
De vous dire, Seigneur, que malgré ces maximes ;
La nature a ses droits plus saints, plus légitimes.
Le plus vil des mortels dispose de sa foi :
Ce droit n'est-il éteint que pour le Fils d'un Roi ;
Et l'honneur d'être né si près du rang suprême,
Me doit-il en esclave arracher à moi-même ?
Déja de mes discours frémit votre couroux :
Mais regardez, Seigneur, un Fils à vos genoux :
Prêtez à mes raisons une oreille de Pere.
Lorsque de Ferdinand vous obtîntes la mere,
Sans daigner consulter ni mes yeux ni mon cœur
Votre foi m'engagea, me promit à sa sœur.
Je sçai que les vertus, les traits de la Princesse
Ne vous ont pas laissé douter de ma tendresse :
Vous ne pouviez prévoir cet obstacle secret
Que le fonds de mon cœur vous opose à regret ;
Et cependant il faut que je vous le révele ;
Je sens trop que le Ciel ne m'a point fait pour elle ;
Qu'avec quelque beauté qu'il l'ait voulu former,
Mon destin pour jamais me défend de l'aimer.
Si mes jours vous sont chers ; si depuis mon enfance
Vous pouvez vous loüer de mon obéïssance ;
Si par quelques vertus & par d'heureux exploits,
Je me suis montré Fils du plus grand de nos Rois,
Laissez aux droits du sang ceder la politique.

Epargnez-moi de grace un ordre tiranique,
N'accablez point un cœur qui ne peut se trahir,
Du mortel desespoir de vous désobéïr.

ALPHONSE.

Je vous aime ; & déja d'un discours qui m'offense,
Vous auriez éprouvé la severe vengeance,
Si malgré mon couroux, ce cœur trop paternel
N'hésitoit à trouver en vous un criminel :
Mais ne vous flatez point de cet espoir frivole,
Que mon amour pour vous balance ma parole.
Ecouterois-je ici vos rebelles froideurs,
Tandis qu'à Ferdinand par ses Ambassadeurs,
Je viens de confirmer l'alliance jurée ?
Eh ! que devient des Rois la majesté sacrée,
Si leur foi ne peut pas rassurer les mortels :
Si leur trône n'est pur autant que les autels ;
Et si de leurs traitez l'engagement suprême
N'étoit pas à leurs yeux le decret de Dieu même !
Mais en rompant les nœuds qui vous ont engagé,
Voulez-vous que bien-tôt Ferdinand outragé,
Nous jurant déformais une guerre éternelle,
Accoure se venger d'un voisin infidelle ?
Que des fleuves de sang. . . .

DOM PEDRE.

Ah ! Seigneur, est-ce à vous
A craindre d'allumer un si foible couroux ?
Bravez des ennemis que vous pouvez abatre.
Quand on est sûr de vaincre, a-t-on peur de combatre ?
La victoire a toujours couronné vos combats ;
Et j'ai moi-même appris à vaincre sur vos pas.

Pourquoi ne pas faisir des palmes toutes prêtes ?
Embraffez un prétexte à de vastes conquêtes ;
Soumettez la Castille ; & que tous vos voisins
Subiffent l'afcendant de vos nobles destins.
Heureux, si je pouvois dans l'ardeur de vous plaire ;
Sceller de tout mon fang la gloire de mon Pere !

ALPHONSE.

Vos fureurs ne font pas une regle pour moi :
Vous parlez en Soldat, je dois agir en Roi.
Quel est donc l'héritier que je laiffe à l'Empire !
Un jeune audatieux dont le cœur ne refpire
Que les fanglants combats, les injuftes projets,
Prêt à compter pour rien le fang de fes Sujets.
Je plains le Portugal des maux que lui prépare
De ce cœur effrené l'ambition barbare.
Eft-ce pour conquerir que le Ciel fit les Rois ?
N'auroit-il donc rangé les Peuples fous nos loix
Qu'afin qu'à notre gré la folle tirannie,
Osât impunément fe joüer de leur vie ?
Ah ! jugez mieux du trône ; & connoiffez, mon Fils ;
A quel titre facré nous y fommes affis.
Du fang de nos Sujets fages dépofitaires,
Nous ne fommes pas tant leurs maîtres que leurs Pe-
 res ;
Au péril de nos jours il faut les rendre heureux ;
Ne conclure ni paix, ni guerre que pour eux ;
Ne connoître d'honneur que dans leur avantage :
Et quand dans fes excès notre aveugle courage
Pour une gloire injufte expofe leurs destins,
Nous nous montrons leurs Rois moins que leurs
 affaffins.

Songez-y : quand ma mort tous les jours plus pro-
chaine,
Aura mis en vos mains la grandeur Souveraine,
Rapelez ces devoirs & les accomplissez.
Aujourd'hui mon Sujet, Dom Pedre, obéïssez ;
Et sans plus me lasser de votre résistance,
Dégagez ma parole, en épousant Constance.
En un mot je le veux.

DOM PEDRE.

Seigneur, ce que je suis,
Ne me permet aussi qu'un mot ; je ne le puis.

SCENE III.

ALPHONSE, DOM PEDRE, LA REINE, INES.

ALPHONSE.

Madame, qui l'eût crû ! je rougis de le dire ;
Le rebelle résiste à ce que je desire ;
Et, malgré mes bontez, vient de me laisser voir
Cet infléxible orgueil que je n'osois prévoir.
Par l'affront solemnel qu'il fait à la Castille,
Il me couvre de honte, & vous & votre Fille ;
Et je ne comprens pas par quel enchantement
J'en puis suspendre encor le juste châtiment.
N'est-ce point qu'à ce crime un autre l'enhardisse ?
Si de sa résistance il a quelque complice....

LA REINE.

Sa complice, Seigneur; vous la voïez.

ALPHONSE.

Inés!

INE'S.

Moi!

LA REINE.

Le Prince séduit par ses foibles attraits,
Et plus sans doute encor par beaucoup d'artifice,
S'applaudit de lui faire un si grand sacrifice.
Il immole ma Fille à cet indigne amour.
J'en ai prévû l'obstacle; & depuis plus d'un jour,
Les regards de l'ingrat toujours fixez sur elle,
M'en avoient annoncé la funeste nouvelle.
Tantôt à la perfide exposant mes douleurs,
J'étudiois ses yeux que trahissoient les pleurs;
Et son trouble, perçant à travers son silence,
Me découvroit assez l'objet de ma vengeance.
A peine je sortois; tous deux ils se sont vûs,
Ils se sont en secret long-tems entretenus;
Et tous deux confirmant mes premieres allarmes,
Ne se sont séparez que baignez de leurs larmes.
Regardez même encor ce coupable embarras...

INE'S *au Roy.*

C'est en vain qu'on m'accuse; & vous ne croirez
   pas....

DOM PEDRE.

Ne désavouez point, Inés, que je vous aime.

M

Seigneur, loin d'en rougir, j'en fais gloire moi-
    même :
Mais, laissez sur moi seul tomber votre couroux.
Inés n'est point coupable ; & jamais. ...

ALPHONSE.

       Taisez-vous.

  A la Reine.

Madame, en attendant qu'elle se justifie,
Je veux qu'on la retienne, & je vous la confie.
Dans son apartement qu'on la fasse garder.

DOM PEDRE.

O Ciel ! en quelles mains l'allez-vous hasarder !
Vous exposez ses jours. ...

ALPHONSE.

     Sortez de ma présence,
Ingrat ; je mets encor un terme à ma vengeance :
Vous pouvez dans ce jour réparer vos refus ;
Mais ce jour expiré, je ne vous connois plus.
Sortez.

DOM PEDRE.

   Ah ! pour Inés tant de rigueur m'accable.
Je sors ; ...

  à part.

  Mais je crains bien de revenir coupable.

SCENE IV.

ALPHONSE, LA REINE, INE'S.

ALPHONSE.

C'En est donc fait ; l'ingrat se soustrait à ma loi.
Que vais-je devenir ! serai-je Pere ou Roi !
Comment sortir du trouble où son orgueil me livre !
Ciel, daigne m'inspirer le parti qu'il faut suivre.

SCENE V.

LA REINE, INE'S.

LA REINE.

Vous ne voïez ici que cœurs desesperez ;
Mais je vous tiens captive, & vous m'en répondrez.
Quand le Roi laisseroit désarmer sa colere,
Vous ne fléchirez point une jalouse mere ;
Et je vous jure ici que mon ressentiment
N'aura pas vû rougir ma Fille impunément.
Peut-être, si j'en crois la fureur qui me guide,
Sera-ce encor trop peu du sang d'une perfide ;
Et le Prince cruel qui nous ose outrager
Pourroit... vous pâlissez à ce nouveau danger.

M ij

Tremblez : plus de vos cœurs je vois l'intelligence,
Plus votre fraïeur même en hâte la vengeance.

SCENE VI.

LA REINE, INE'S, CONSTANCE.

LA REINE.

AH ma Fille !...

CONSTANCE.

De quoi m'allez-vous informer ?
Madame, tout ici conspire à m'allarmer.
J'ai vû sortir le Prince enflâmé de colere ;
Et la même fureur éclate au front du Pere.
De quels malheurs....

LA REINE.

Le Prince ose vous refuser.
Voilà, voilà l'objet qui vous fait méprifer.
Gardes, conduisez-la. Ma Fille est outragée :
Mais, dussai-je en périr, elle sera vengée.

CONSTANCE.

Ah ! ne vous chargez pas de ces barbares soins.
Quand je serai vengée, en souffrirai-je moins ?

Fin du second Acte.

ACTE III.

SCENE PREMIERE.

ALPHONSE, LA REINE.

ALPHONSE.

OUi, qu'elle vienne. Avant que mon cœur s'abandonne
Aux conseils violens que le couroux lui donne,
Il faut de la prudence empruntant le secours,
D'un trouble encor naissant interrompre le cours.
Voïons Inés ; suivons ce que le Ciel m'inspire ;
Dans le fond de son cœur je me promets de lire.
Madame, je l'attens, qu'on la fasse venir ;
Je vais voir si je dois pardonner ou punir.

LA REINE.

Eh ! peut-elle, Seigneur, n'être pas criminelle ?
L'amour seul qu'elle inspire est un crime pour elle :
Mais elle ne s'est pas bornée à le souffrir ;
Soigneuse de l'accroître, ardente à le nourrir,
Et plus superbe encor par l'himen qu'elle arrête,
Elle s'est tout permis, pour garder sa conquête.
Un des siens me le vient d'avoüer à regret:

Tous les jours auprès d'elle introduit en secret,
Le Prince ne suivant qu'un fol amour pour guide,
Va de ses entretiens goûter l'apas perfide.
Sans doute à la révolte elle ose l'enhardir.
La laisserez-vous donc encor s'en aplaudir ;
Au lieu d'intimider aux dépens de sa vie
Celles que séduiroit son audace impunie ?
De la séverité si vous craignez l'excès,
De la douceur aussi quel seroit le succès ?
Voulez-vous tous les jours qu'une fiere Sujete,
Des Enfans de ses Rois médite la défaite ;
Que profitant d'un âge ouvert aux vains desirs,
Où le cœur imprudent vole aux premiers plaisirs,
Elle usurpe sur eux un pouvoir qui nous brave,
Et dans ses Souverains se choisisse une Esclave ?
Délivrez vos Enfans de ce funeste écueil ;
De ces fieres beautez épouvantez l'orgueil ;
Et qu'Inés condamnée aprenne à ces rebelles
A respecter des cœurs trop élevez pour elles.

ALPHONSE.

Je voulois la punir ; & mon premier transport
Avec vos sentimens n'étoit que trop d'accord :
Mais je ne suis pas Roi pour ceder sans prudence
Aux premiers mouvemens d'une aveugle vengeance.
Il est d'autres moïens que je dois éprouver.
Ordonnez qu'elle vienne à l'instant me trouver.

SCENE II.

ALPHONSE.

O Ciel, tu vois l'horreur du sort qui me menace !
Je crains toujours qu'un Fils, consommant son
   audace,
Ne me réduise enfin à la nécessité
De punir malgré moi sa coupable fierté.
N'oppose point en moi le Monarque & le Pere ;
Chasse loin de mon Fils ce transport téméraire.
Je lui vais enlever l'objet de tous ses vœux ;
Fai qu'à ses feux éteints succedent d'autres feux ;
Qu'il perde son amour, en perdant l'esperance.
Protege, juste Ciel, daigne aider ma prudence.

SCENE III.

ALPHONSE, INE'S.

ALPHONSE.

Venez, venez, Inés. Peut-être attendez-vous
Un rigoureux Arrêt dicté par le couroux.
Vous jettez la discorde au sein de ma Famille ;
Contre le Portugal vous armez la Castille ;
Et vos yeux, seul obstacle à ce que j'ai promis,
M'allarment plus ici qu'un peuple d'ennemis.

Je veux bien cependant ne pas croire, Madame,
Que d'un Fils indiscret vous aprouviez la flâme ;
Ni qu'en entretenant ses transports furieux,
Votre cœur ait eu part au crime de vos yeux ;
Je ne punirai point des malheurs que peut-être,
Malgré votre vertu vos charmes ont fait naître :
Quoiqu'il en soit enfin, je veux bien l'ignorer.
Sans rien aprofondir, il faut tout réparer.

INE'S.

Je l'ai bien crû, Seigneur, d'un Monarque équitable,
Qu'il ne se plairoit pas à me croire coupable ;
Que lui-même plaignant l'état où je me vois,
Ne m'accableroit point....

ALPHONSE.

      Inés, écoutez moi.
De vos nobles Aïeux je garde la mémoire :
Du Sceptre que je porte ils ont accru la gloire :
Votre sang illustré par cent fameux exploits,
Ne le cede en ces lieux qu'à celui de vos Rois.
Sur tout à votre Aïeul, guide de mon enfance,
Je sçai ce que mon cœur doit de reconnoissance.
C'est ce sage Héros qui m'aprit à regner ;
Et par lui la vertu prit soin de m'enseigner
Comme on doit soutenir le poids d'une couronne,
Pour mériter les noms que l'Univers me donne.
D'un service si grand plus je vous peins l'éclat,
Plus vous voïez combien je craindrois d'être ingrat.
Recevez donc le prix de ce peu de sagesse
Que dès mes jeunes ans je dûs à sa vieillesse ;
Et vous-même jugez par d'illustres effets

Si je sçais au service égaler les bienfaits.
Rodrigue est de mon sang : il vous aime, Madame :
Il m'a souvent pressé de couronner sa flâme.
Je vous donne à ce Prince ; & par un si beau don
Alphonse ne craint point d'avilir sa maison.
Mes Peuples par le rang où ce choix vous appelle
Connoîtront de quel prix m'est un ami fidelle.
Je vais par vos honneurs apprendre au Portugal
Que qui forme les Rois, est presque leur égal.

INE'S.

Des services des miens vantez moins l'importance,
L'honneur de vous les rendre en fut la récompense :
S'ils ont versé leur sang, il étoit votre bien ;
Ils ont fait leur devoir ; vous ne leur devez rien.
Mais si trop généreux, votre bonté suprême
Vouloit en moi, Seigneur, païer leur devoir même,
Je vous demanderois pour unique faveur
De me laisser toujours maîtresse de mon cœur.
Rodrigue par ses feux ne sert qu'à me confondre ;
Je ne sens que l'ennui de n'y pouvoir répondre.
Eh ! que me serviroient les honneurs éclatans
D'un himen que jamais l'amour....

ALPHONSE.

       Je vous entens.
Superbe, ce discours confirme mes allarmes.
Je vois à quel excès va l'orgueil de vos charmes.
Quoi ! c'est donc pour mon Fils que vous vous réservez !
Et c'est contre son Roi, vous, qui le soulevez ?
Il vous tarde à tous deux qu'une mort desirée

Ne tranche de mes jours l'incommode durée.
Je gêne de vos feux l'ambitieuse ardeur.
Mon Fils doit avec vous partager sa grandeur ;
Et le rebelle en proïe à l'amour qui l'entraîne,
Ne brûle d'être Roi que pour vous faire Reine.
Que sçai-je même encor si plus impatient,
Au mépris de la loi, peut-être l'oubliant,
Votre amour n'auroit point reglé sa destinée,
Et bravé les dangers d'un secret himenée !

INES.

O Ciel ! que pensez-vous ?

ALPHONSE.

Si jamais vous l'osiez,
Si d'un nœud criminel je vous sçavois liez,
Téméraire, tremblez ; n'esperez point de grace ;
L'opprobre & le supplice expieroient votre audace.
C'est votre même Aïeul dont je vante la foi,
Qui pour l'honneur du trône en a dicté la loi ;
Et jusques sur son sang, s'il se trouvoit coupable,
Me força d'en jurer l'exemple inviolable.
Il sembloit qu'il prévît l'objet de mon courroux,
Et qu'il faudroit un jour le signaler sur vous.
Inés, si vous osiez justifier ses craintes,
C'est lui que j'en atteste, insensible à vos plaintes,
Et prompt à prévenir des exemples pareils,
Aux dépens de vos jours je suivrois ses conseils.

SCENE IV.
LA REINE, ALPHONSE, INE'S.

LA REINE.

AH! Seigneur, prévenez la derniere disgrace;
Le coupable Dom Pedre est déja dans la place,
La fureur dans les yeux, les armes à la main,
Suivi d'un Peuple prêt à servir son dessein.
De tous côtez s'éleve une clameur rebelle;
Chaque moment grossit la troupe criminelle;
Tous jurent de le suivre; & leurs cris aujourd'hui
Ne reconnoissent plus de Souverain que lui.
De ce Palais sans doute ils vont forcer la Garde.

ALPHONSE.

Ciel! à cet attentat faut-il qu'il se hasarde!
Malheur que je n'ai pû prévoir, ni prévenir!
C'en est fait. Allons donc me perdre ou le punir.

A la Reine.

Vous, retenez Inés.

SGENE V.

LA REINE, INE'S.

LA REINE.

Voilà donc votre ouvrage,
Perfide !

INE'S.

Epargnez-vous la menace & l'outrage.
Madame, puis-je craindre un impuissant couroux,
Quand je suis mille fois plus à plaindre que vous ?
Hélas ! d'Alphonse seul le sort vous inquiete.
Si Dom Pedre périt, vous êtes satisfaite.
L'un & l'autre péril accable mes esprits ;
Et je crains pour Alphonse autant que pour son Fils.
Quelque succès qu'il ait ; qu'il triomphe, ou qu'il
 meure,
Puisqu'il est criminel, il faut que je le pleure ;
Et c'est la même peine à ce cœur abatu
D'avoir à regreter sa vie, ou sa vertu.

LA REINE.

Osez-vous affecter ce chagrin magnanime,
Cruelle ; quand c'est vous qui le forcez au crime ;
Quand vous voïez l'effet d'un amour aplaudi,
Que du moins par l'espoir vous avez enhardi ?
Mais que fais-je ! Pourquoi perdre ici les paroles ?

La haine n'entre point dans ces détails frivoles;
Et que ce soit ou non l'ouvrage de vos soins,
On vous aime, il sufit; je ne vous haïs pas moins.
De Dom Pedre & de vous mes malheurs sont le crime,
Puissiez-vous l'un & l'autre en être la victime.
Quel bruit entens-je, ô Ciel! c'est l'Infant que je voi;
O desespoir! sçachons ce que devient le Roi.

SCENE VI.

DOM PEDRE, INÉS.

DOM PEDRE *l'Epée à la main.*

ENfin à la fureur d'une fiere ennemie
Je puis, ma chere Inés, dérober votre vie;
Venez....

INÉS.

Qu'avez-vous fait, Prince! & faut-il vous voir
Pour mes malheureux jours trahir votre devoir!
Quoi! Dom Pedre, l'objet d'une flâme si belle,
N'est plus qu'un Fils ingrat & qu'un Sujet rebelle!
Voilà donc tout le fruit d'un funeste lien?
Votre crime aujourd'hui m'éclaire sur le mien.
Mais qu'apperçois-je! ô Ciel! quel sang teint cette épée!
J'en frémis; dans quel sein l'auriez-vous donc trempée!

DOM PEDRE.

Par ces doutes affreux vous me glacez d'horreur.

Non, j'ai de ce péril affranchi ma fureur.
Aux portes du Palais dès que j'ai vû mon Pere
A nos premiers efforts opofer fa colere,
J'ai fuï de fa préfence, & quittant les mutins,
Je me fuis jufqu'à vous ouvert d'autres chemins ;
Et fur quelques Soldats laiffant tomber ma rage,
De qui m'a réfifté la mort m'a fait paffage.
Hâtez-vous, fuivez-moi.

INE'S.

Non, ne l'efperez pas.
Prince, je crains le crime & non point le trépas.
Dans ce défordre affreux, je ne puis vous entendre.
Allez à votre Pere, & courez le défendre.
Allez mettre à fes pieds ce fer féditieux ;
Méritez votre grace, ou mourez à fes yeux.
Je fouffrirai bien moins du deftin qui m'accable,
A vous perdre innocent, qu'à vous fauver coupable.

DOM PEDRE.

Laiffez-moi mettre au moins vos jours en fureté.
Je ne crains que pour vous un Monarque irrité.
Laiffez-moi remporter ce fruit de mon audace ;
Et je reviens alors lui demander ma grace.
J'écoute jufques-là l'infléxible couroux ;
Et ne puis rien fur moi, tant que je crains pour vous.

INE'S

Ah ! par tout ce qu'Inés eut fur vous de puiffance,
Reprenez, s'il fe peut, toute votre innocence.
Allez défavoüer de coupables tranfports ;
Pour prix de mon amour, donnez-moi vos remords.
Mais fi vous m'en croïez moins qu'une aveugle rage,
Je demeure en ces lieux, & j'y fuis votre ôtage.

DE CASTRO.

DOM PEDRE.
Quoi ! barbare, ofez-vous refufer mon fecours ?

SCENE VII.

CONSTANCE, DOM PEDRE, INE'S.

CONSTANCE.

AH ! Dom Pedre fuïez ; il y va de vos jours.
Vous allez voir Alphonfe ; & fa feule préfence
A des féditieux défarmé l'infolence.
Ils n'ont pû foûtenir fur fon front irrité
La fureur confonduë avec la majefté.
Tout eft paifible. Il vient ; & fa colere aigrie
S'il vous voit. . . .

DOM PEDRE.

Eft-ce à vous de trembler pour ma vie,
Généreufe Princeffe ? & par quelle bonté
Prendre un foin que Dom Pedre a fi peu mérité ?

CONSTANCE.

D'un vulgaire dépit j'étouffe le murmure ;
Je vois trop vos dangers pour fentir mon injure.
Ne perdez point de tems ; hâtez-vous & fuïez :
Je vous pardonne tout, pourvû que vous viviez.
Ne vous expofez point à la rigueur fatale. . . .
Fuïez, vous dis-je encor, fût-ce avec ma rivale.
O Ciel ! le Roi paroît.

SCENE VIII.

ALPHONSE, CONSTANCE, DOM PEDRE, INE'S, LA REINE.

ALPHONSE *sans voir Dom Pedre.*

Oui, trop coupable Fils,
De ta rebellion tu recevras le prix.
Rien ne peut te sauver... mais je vois le perfide.
Eh bien ! ton bras est-il tout prêt au parricide ?
Traître, rend ton épée, ou m'en perce le sein.
Choisi.

DOM PEDRE.

Ce mot, Seigneur, l'arrache de ma main.
En vous la remettant ma perte est infaillible ;
Je ne connois que trop votre cœur infléxible ;
Mais je ne puis, malgré le péril que je cours,
Balancer un moment mon devoir & mes jours.
Disposez-en, Seigneur : mais que votre vengeance
Sçache au moins discerner le crime & l'innocence.
C'est pour sauver Inés que je m'étois armé ;
J'en ai crû sans égard mon amour allarmé ;
Et je la dérobois au sort qui la menace,
Si sa vertu se fût prêtée à mon audace.
Je n'ai pû la fléchir ; & bravant mon effroi,
Elle veut en ces lieux vous répondre de moi.
Reconnoissez du moins ce courage héroïque.

Délivrez-la,

DE CASTRO.

Délivrez-la, * Seigneur, d'une main tirannique
Qui pourroit....

ALPHONSE.

Tu devrois t'occuper d'autres soins,
Tu la servirois mieux en la défendant moins.
Crains pour elle & pour toi....

DOM PEDRE.

S'il faut qu'elle périsse,
Hâtez-vous donc, Seigneur, d'ordonner mon suplice,
Songez, si vous n'usez d'une prompte rigueur,
Que tant que je respire, il lui reste un vengeur.
Vainement vous croïez la révolte calmée ;
Il ne faut qu'un instant pour la voir r'allumée ;
Le peuple malgré vous peut briser ma prison.
Je ne connoîtrois plus ni devoir ni raison ;
Par des torrens de sang, s'il falloit les répandre,
J'irois venger Inés, n'aïant pû la défendre ;
Dans mes transports cruels renverser tout l'Etat ;
Punir sur mille cœurs cet énorme attentat ;
Et du carnage alors ma fureur vengeresse
N'excepte que vos jours & ceux de la Princesse.

ALPHONSE.

Gardes, délivrez-moi de cet emportement ;
Et qu'il soit arrêté dans son appartement.
Fils ingrat & rebelle, où réduis-tu ton Pere ?
Faudra-t-il immoler une tête si chere !

A la Reine.

Rentrez avec Inés.

A Constance.

Ne suivez point mes pas.
Dans ces affreux momens je ne me connois pas.

* *Montrant la Reine.*

ACTE IV.

SCENE PREMIERE.

ALPHONSE à un Garde.

QU'on m'ameine mon Fils. Que mon ame est
  émûë !
Quel sera le succès d'une si triste vûë !
Si toujours inflexible il brave encor mes loix,
Je vais donc voir mon Fils pour la derniere fois.
N'ai-je par tant de vœux obtenu sa naissance,
N'ai-je avec tant de soins élevé son enfance,
Et formé sur mes pas au mépris du repos,
Ne l'ai-je vû si-tôt égaler les Héros,
Que pour avoir à perdre une tête plus chere !
N'étoit-il donc, ô Ciel, qu'un don de ta colere !
Seul, tu me consolois, mon Fils ; & sans chagrin,
Je sentois de mes jours le rapide déclin :
Dans un digne héritier je me voïois renaître :
Je croïois à mon Peuple élever un bon Maître ;
Et de ton regne heureux, présageant tout l'honneur,
D'avance je goûtois ta gloire & leur bonheur,
Que devient désormais cette douce esperance !
Tu n'es plus que l'objet d'une juste vengeance.
Ton Pere & tes Sujets vont te perdre à la fois :
Ta mort est aujourd'hui le bien que je leur dois.
Ta mort ! Et cet Arrêt sortiroit de ma bouche !

La nature frémit d'un devoir si farouche.
Je dois te condamner : mais mon cœur combatu
Ressent l'horreur du crime, en suivant la vertu.
Je ne sçais quelle voix crie au fonds de mon ame,
Te justifie encor par l'excès de ta flâme ;
Me dit, pour excuser tes attentats cruels,
Que les plus furieux sont les moins criminels.
J'ai du moins reconnu que malgré ton yvresse,
Tu n'as point pour ton pere étouffé ta tendresse :
J'ai vû qu'au desespoir de me désobéir,
Tu mourois de douleur, sans pouvoir me haïr.
Mais de quoi m'entretiens-je ? & que prétens-je faire ?
Au mépris de mon rang ne veux-je être que Pere ?
Ah ! ce nom doit ceder au nom sacré des Rois.
Quittons le diadême, ou vengeons-en les droits.
En pleurant le coupable, ordonnons le suplice :
Effraïons mes Sujets de toute ma justice ;
Et que nul ne s'expose à sa sévérité,
En voïant que mon Fils n'en n'est pas excepté.

SCENE II.

ALPHONSE, DOM PEDRE.

ALPHONSE.

LE Conseil est mandé, Prince ; je vais l'entendre.
Vous jugez de l'Arrêt que vous devez attendre ;
Et quand par vos fureurs vous m'avez offensé,
C'est vous-même, mon Fils, qui l'avez prononcé.
Vous pouvez cependant mériter votre grace.

L'obéïssance encor peut réparer l'audace.
Tout irrité qu'il est, ce cœur parle pour vous;
Et je sens que l'amour y suspend le couroux;
Achevez de le vaincre. Un repentir sincere
Peut me rendre mon Fils, & va vous rendre un Pere.
C'est moi qui vous en prie; & dans mon tendre effroi,
Je cherche à vous fléchir, moins pour vous que pour moi.
J'oublierai tout enfin : dégagez ma promesse.
Il faut aujourd'hui même épouser la Princesse;
Et si vous refusez ce nœud trop attendu,
J'en mourrai de douleur; mais vous êtes perdu.

DOM PEDRE.

Connoissez vôtre Fils, Seigneur : malgré son crime,
Il tient encor de vous un cœur trop magnanime.
Les plus affreux périls ne sçauroient m'ébranler.
Vous rougiriez pour moi, s'ils me faisoient trembler.
Je ne crains point la mort; & ce que n'a pû faire
L'amour & le respect que je porte à mon Pere,
Les suplices tout prêts ne peuvent m'y forcer.
Voilà mes sentimens; vous pouvez prononcer.

ALPHONSE.

Eh! pourquoi conserver, en méritant ma haine,
Ce reste de respect qui ne sert qu'à ma peine!
Laisse-moi plûtôt voir un Fils dénaturé,
Un ennemi mortel contre moi conjuré,
Tout prêt à me percer d'un poignard parricide,
R'affermi ma justice encore trop timide;
Et quand tu me réduis enfin à le vouloir,
Laisse-moi te punir au moins sans desespoir.

DOM PEDRE.

J'ai mérité la mort.

ALPHONSE.

Je t'offre encore la vie.

DOM PEDRE.

Que faut-il ?

ALPHONSE.

Obéïr.

DOM PEDRE.

Elle m'est donc ravie.
Je ne puis à ce prix joüir de vos bontez.

ALPHONSE *aux Gardes.*

Faites entrer les Grands ; & vous, Prince, sortez.

SCENE III.

ALPHONSE, RODRIGUE, HENRIQUE, *& les autres* GRANDS *du Conseil.*

ALPHONSE.

Que chacun prenne place. * Hélas ! à mes allarmes
Je vois que tous les yeux donnent déja des larmes.
D'un trouble égal au mien vous paroissez saisis :

* *Après qu'on s'est placé.*

INE'S

Vous femblez tous avoir à condamner un Fils.
Triomphons vous & moi d'une vaine tristesse.
Que la seule Justice ici soit la maîtresse.
Ceux que le Ciel choisit pour le Conseil des Rois,
N'ont plus rien à pleurer que le mépris des Loix.
Vous sçavez que l'Infant par un refus rebelle,
Des Traitez les plus saints rompt la foi solemnelle,
Qu'à la tête du peuple aujourd'hui l'inhumain,
A forcé ce Palais les armes à la main ;
Que content d'éviter l'horreur du Parricide,
Il me laissoit en proïe à ce Peuple perfide
Qui promettoit ma tête & mon trône à l'Ingrat,
Si je n'eusse opposé l'audace à l'attentat.
Vous avez à venger la Grandeur souveraine ;
Vous avez vû le crime ; ordonnez-en la peine.
Vous, Rodrigue, parlez.

RODRIGUE.

Le devrois-je, Seigneur ?
Je vous ai pour Inés fait connoître mon cœur.
Peut-être, sans l'amour dont elle est prévenuë,
De vous-même aujourd'hui je l'aurois obtenuë ;
L'Infant seul, de ma flâme est l'obstacle fatal ;
Et vous me commandez de juger mon rival !
Consultez seulement vôtre propre clémence.
Ce que vous ressentez vous dit ce que je pense,
Pour ce cher criminel tout doit vous attendrir.
Peut-on déliberer s'il doit vivre ou mourir ?
Pardonnez mes transports ; mais c'est mettre en ba-
  lance
La grandeur de l'Empire avec sa décadence :
C'est douter si du joug il faut nous dérober,

Et ſi vôtre grand nom doit s'accroître ou tomber.
Eh! quel autre après vous en ſoûtiendroit la gloire ?
Qui ſous nos Etendarts fixeroit la victoire ?
Vous ne l'avez point vû : mais vos regards ſurpris
Auroient à tous ſes coups reconnu votre Fils ;
Et ſur quelque attentat qu'il faille ici réſoudre,
Dans ſes moindres exploits, trouvé de quoi l'abſou-
dre.
Il oſe, dites-vous, violer les Traitez ;
Mais les Traitez des Rois ſont-ils des cruautez ?
Faut-il aux interêts, aux vœux de la Caſtille
Immoler ſans pitié vôtre propre famille ?
N'avez-vous pas, Seigneur, par vos empreſſemens
Avec aſſez d'éclat dégagé vos ſermens ?
Croïez que Ferdinand rougiroit ſi Conſtance
Ne tenoit un époux que de l'obéïſſance,
Tandis que l'amour peut la couronner ailleurs,
Et lui promet par tout des ſceptres & des cœurs.
Il force le Palais : je conviens de ſon crime :
Mais vous-même jugez du deſſein qui l'anime.
Il n'en veut point au trône ; il reſpecte vos jours ;
Au ſeul danger d'Inés il donne ſon ſecours.
Amant deſeſperé plûtôt que Fils rebelle,
Mérite-t-il la mort d'avoir tremblé pour elle !
Daignez lui rendre Inés ; vous retrouvez un Fils,
Touché de vos bontez, & d'autant plus ſoumis.
Je dirai plus encor : s'il le faut, qu'il l'épouſe.
Ce mot ſort à regret d'une bouche jalouſe ;
Mais, duſſai-je en mourir, ſauvez vôtre ſoutien ;
Sa vie eſt tout, Seigneur, & la mienne n'eſt rien.

ALPHONSE.

Je reconnois mon sang. Cet effort magnanime,
Même, en vous abusant, est bien digne d'estime.
Vôtre cœur à sa gloire immole son repos ;
Et vous prononcez moins en Juge qu'en Héros.
Mais écoutons Henrique.

HENRIQUE.

Hélas ! que puis-je dire ?
Dans le trouble où je suis, à peine je respire.
Oüi, Seigneur ; & vos yeux, s'ils voïoient mes dou-
   leurs,
Entre Dom Pedre & moi partageroient leurs pleurs.
Dans le dernier combat il m'a sauvé la vie ;
Par le fer Africain elle m'étoit ravie,
Si ce généreux Prince, ardent à mon secours,
Au coup prêt à tomber n'eût derobé mes jours.
C'est donc pour le juger que son bras me délivre !
A mon liberateur, Ciel, pourrois-je survivre !
Plus qu'à son Pere même il m'est cher aujourd'hui ;
Il tient de vous la vie, & je la tiens de lui.
Je sçais pourtant, Seigneur, que la reconnoissance
Du devoir d'un Sujet jamais ne nous dispense.
Ce sacré Tribunal ne m'offre que mon Roi :
Et je ne vois ici que ce que je vous doi.
C'est ma sincerité. Vous l'allez donc connoître.
Dans la peur d'être ingrat, je ne serai point traître.
Dom Pedre par son crime a mérité la mort ;
Et les Loix, malgré vous, décident de son sort.
La Majesté suprême une fois méprisée,
Sans le sang criminel ne peut être apaisée ;

DE CASTRO.

Et ces droits qu'aujourd'hui doivent venger vos coups,
Sont ceux de votre rang, & ne sont point à vous.
Quoique d'un tel Arrêt la rigueur vous confonde,
Vous en êtes comptable à tous les Rois du monde.
Je n'ose dire plus....

ALPHONSE.

Acheve.

HENRIQUE.

Je ne puis.

ALPHONSE.

Ne me déguise rien ; Tu le dois.

HENRIQUE.

J'obéis.
S'il faut qu'en sa faveur la pitié vous fléchisse,
Vous ne regnerez plus qu'au gré de son caprice.
Le peuple qui croira qu'il s'est fait redouter,
Sur ses moindres chagrins prêt à se révolter,
Et méprisant pour lui vos ordres inutiles,
Va livrer tout l'Etat aux discordes civiles.
Vous verriez tous les cœurs apuïer ses projets ;
Vous n'auriez qu'un vain trône, il auroit les Sujets.
Ma parole tremblante à chaque instant s'arrête.
Il a sauvé mes jours, & je proscris sa tête !
Mais je dois à mon Roi de sinceres avis.
Ma mort acquitera ce que je dois au Fils.

ALPHONSE.

De la foi d'un Sujet, ô prodige héroïque !

Alphonse en ce moment pourra-t-il moins qu'Henrique !
Je vois ce qu'il t'en coûte ; & tu m'apprens trop bien,
Qu'où la Justice parle, on doit n'écouter rien.
Oüi, oüi, de ta vertu l'autorité suprême
L'emporte dans mon cœur sur la nature même.

Aux autres Conseillers.

Je vois trop vos conseils. Ce silence, ces pleurs
M'annoncent mon devoir, en plaignant mes malheurs.
Je condamne mon Fils ; il va perdre la vie.
C'est à vous, chers Sujets, que je le sacrifie ;
Quelque crime où l'ingrat se soit abandonné,
Si je n'étois que pere, il seroit pardonné.
Consolez-vous. Songez que ma prompte vengeance
Délivre vos Enfans d'une injuste puissance ;
Qu'on doit tout redouter de qui trahit la Loi ;
Et qu'un Sujet rebelle est tiran, s'il est Roi.
L'Arrêt en est porté. Que chacun se retire ;
Et vous, de son destin, Mandoce, allez l'instruire.

SCENE IV.

ALPHONSE.

MAis quel sera le mien ! malheureux, qu'ai-je fait !
Devoir impitoïable, êtes-vous satisfait !
Je la puis donc goûter cette gloire inhumaine
Qu'a connuë avant moi la fermeté Romaine !

DE CASTRO.

Severe Manlius, infléxible Brutus,
N'ai-je pas égalé vos feroces vertus?
Je prononce un Arrêt que mon cœur défavouë.
Eh bien! que l'Univers avec horreur te louë,
Monarque infortuné! mais d'un si grand effort
Je ne souhaite plus d'autre prix que la mort.

SCENE V.

ALPHONSE, CONSTANCE, LA REINE.

CONSTANCE.

SEigneur, le croirons-nous ce jugement barbare?
Tout le Conseil en pleurs d'avec vous se sépare.
Nos malheurs sont écrits sur ce front éperdu.
Vous avez condamné vôtre Fils!

ALPHONSE.

      Je l'ai dû.

CONSTANCE.

Pouvez-vous l'avoüer? Ciel! & puis-je l'entendre!

LA REINE.

Quel suplice cruel pour un Pere si tendre!
Et faut-il que l'Infant par sa témerité
Vous ait réduit, Seigneur, à la nécessité
De....

ALPHONSE.

Pourquoi jugez-vous sa mort si nécessaire,
Madame ? quand j'ai fait ce que je devois faire,
Quand, malgré mon amour, j'ose le condamner,
C'est à vous de penser que j'ai dû pardonner.
Je vois trop qu'aujourd'hui mon Fils n'a plus de Mere.
Je vais le pleurer seul.

SCENE VI.

CONSTANCE, LA REINE.

CONSTANCE.

AH ! si je vous suis chere,
Madame, profitez de cet heureux moment ;
Redoublez par vos pleurs son attendrissement ;
Sauvez un malheureux du coup qui le menace ;
Allez ; parlez ; pressez ; vous obtiendrez sa grace.

LA REINE.

Je le suis. De mes soins attendez le succès ;

CONSTANCE.

Je remets en vos mains mes plus chers interêts.

SCENE VII.

CONSTANCE.

Garde, cherchez Inés ; qu'un moment on l'a
meine.
Je dois l'entretenir par l'ordre de la Reine.
Le Garde sort.
Il le faut ; pour sauver de si précieux jours,
De ma propre rivale implorons le secours,
Heureuse qu'il vécût, fust-ce pour elle-même,
Il n'importe à quel prix je sauve ce que j'aime.

SCENE VIII.

CONSTANCE, INE'S.

CONSTANCE.

Dom Pedre est condamné, Madame.

INE'S.
       O desespoir !
CONSTANCE.

Vous sçavez mon amour ; & vous avez pû voir
Que malgré ses refus, malgré ma jalousie,
Je ne connois encor d'autre bien que sa vie.

La Reine va tâcher de fléchir un Epoux ;
Moi-même je ne puis qu'embrasser ses genoux :
Mais quel foible secours contre un Roi si sévere !
Si pour le mieux servir, vôtre amour vous éclaire,
Vous sçavez quels amis peuvent s'unir pour lui,
Par quelle voïe il faut s'en assurer l'apui ;
Je suis prête à tenter, pour obtenir qu'il vive,
Tout ce que vous feriez, si vous n'étiez captive ;
Vos conseils sont des loix que vous m'allez dicter,
Et qu'au prix de mes jours je cours executer.

INE'S.

Dans un trouble si grand j'ai peine à vous répondre.
Mes fraïeurs, vos bontez, tout sert a me confondre.
Le Prince ne vous doit paroître qu'un ingrat ;
D'un outrage apparent vous avez vû l'éclat ;
Je ne suis à vos yeux qu'une indigne rivale ;
Cependant....

CONSTANCE.

Qu'aujourd'hui la vertu nous égale.
Le Prince nous est cher, songeons à le sauver,
Et sans autre interêt que de le conserver.

INE'S.

Ce discours généreux r'affermit ma constance.
Il me reste, Madame, encor une esperance.
Vous seule auprès du Roi, m'ouvrant un libre accès,
Pouvez de mes desseins préparer le succès.
La Reine arrêteroit ce que j'ose entreprendre.
Parlez vous-même au Roi ; qu'il consente à m'entendre.

DE CASTRO. 207

J'espere, en le voïant, désarmer son couroux.
Je sauverai le Prince ; & peut-être pour vous.

CONSTANCE.

Vous me feriez, Madame, une injure cruelle
De penser que ce mot pût redoubler mon zele.
Mon cœur brûle pour lui d'un feu plus généreux.
L'honneur de le sauver est tout ce que je veux.
Rentrez. Je vais au Roi faire parler mes larmes ;
Puisse aujourd'hui le Ciel vous prêter d'autres armes !
Qu'il redonne le Prince à nos vœux empressez ;
Il n'importe pour qui ; qu'il vive ; c'est assez.

Fin du quatriéme Acte.

ACTE V.

SCENE PREMIERE.

LA REINE, CONSTANCE.

LA REINE.

Qu'avez-vous obtenu ? vous êtes outragée,
Ma Fille ; & vous semblez craindre d'être vengée !
Quels sont donc vos desseins ? & pour quels interêts
Prétendez-vous qu'Alphonse écoute encor Ines ?
Pourquoi, loin de sentir une injure cruelle,
Mandier par vos pleurs une injure nouvelle ;
Vous exposer à voir deux Amans odieux
De vos maux & des miens triompher à nos yeux ?

CONSTANCE.

Ah ! sans me reprocher ma pitié généreuse,
Souffrez que la vertu du moins me rende heureuse.
C'est pour ne point rougir des afronts qu'on m'a faits,
Qu'il faut ne m'en venger que par mes seuls bienfaits.
Quand Lisbonne avec vous a reçû vôtre Fille,
Ses Peuples bénissoient les dons de la Castille ;
Leurs cris remplissoient l'air des plus tendres souhaits;
Ils croïoient avec moi voir arriver la paix.

Quelle

Quelle paix, juste Ciel ! quelle paix sanguinaire !
Je leur aportois donc la celeste colere !
Je venois diviser les cœurs les plus unis,
Et par la main du Pere assassiner le Fils !
Quoi ! leurs pleurs désormais accuseroient Constance
De la mort d'un Héros, leur unique esperance !
Hélas ! ce seul penser redouble mes terreurs.
Puisse l'heureuse Inés prévenir ces horreurs.
Je n'ose me flater du succès qu'elle espere ;
Mais, Madame, à ce prix qu'elle me seroit chere !

LA REINE.

Et moi dans les chagrins que tous deux m'ont donnez,
Je les hais d'autant plus que vous leur pardonnez.
Je ne puis voir trop-tôt expirer mes victimes ;
Vous avoir méprisée, est le plus grand des crimes.
Et comment d'un autre œil verrois-je l'inhumain,
Qui vous fait le joüet d'un farouche dédain ?
Dom Pedre a pû lui seul vous faire cet outrage ;
C'est un monstre odieux trop digne de ma rage.
Je sens pour vous l'affront que vous ne sentez pas ;
Et je voudrois païer sa mort de mon trépas.

CONSTANCE.

Vous voulez donc le mien ?

LA REINE.

L'aimeriez-vous encore ?

CONSTANCE.

Oüi : tout ingrat qu'il est, Madame, je l'adore.
Cachez-moi les transports d'une aveugle fureur ;

Ce sont autant de coups dont vous percez mon cœur.

LA REINE.

Il en est plus coupable. O Fille infortunée !
A quels affreux destins êtes-vous condamnée !
Je ne sçai ce qu'Inés peut attendre du Roi ;
Mais enfin son espoir m'a donné trop d'effroi.
S'il faut qu'à ses discours Alphonse s'attendrisse,
S'il pouvoit de l'ingrat révoquer le suplice,
Croïez que du succès qu'Inés ose tenter,
Son orgueil n'auroit pas long-tems à se flater.
Je ne dis rien de plus. La fureur qui m'anime
Vous laisse vos vertus & se charge du crime.

CONSTANCE.

Ah ! par pitié pour moi, sauvez ces malheureux.

LA REINE.

C'est par pitié pour vous que je m'arme contr'eux.

CONSTANCE.

Faut-il que vôtre amour aigrisse mes allarmes !

SCENE II.

ALPHONSE, LA REINE, CONSTANCE.

ALPHONSE.

PRinceſſe, je n'ai pû réſiſter à vos larmes,
Je vais entendre Inés ; on la conduit ici :
Mais elle eſpere en vain.... Laiſſez-moi ; la voici.

LA REINE.

Songez, en l'écoutant, qu'elle eſt la plus coupable.

CONSTANCE.

Seigneur, jettez ſur elle un regard favorable.

SCENE III.

ALPHONSE, INE'S, UN GARDE.

INE'S.

C'Eſt, je n'en doute point, pour la derniere fois
Que j'adreſſe à mon Prince une timide voix.
Mais avant tout, Seigneur, agréez que ce Garde
Que je viens d'informer d'un ſoin qui me regarde,
Aille dès ce moment....

ALPHONSE.

Il faut vous l'accorder.

Au Garde.

Faites ce qu'elle veut.

INE'S *au Garde.*

Revenez sans tarder.

SCENE IV.
ALPHONSE, INE'S.

INE'S.

Vous l'avez condamné, Seigneur, malgré vous-
  même,
Ce Fils que vous aimez, ce Héros qui vous aime ;
Et ce front tout couvert du plus affreux ennui,
Marque assez la pitié qui vous parle pour lui :
Vous ne l'écoutez point. L'inflexible Justice
De tous vos sentimens obtient le sacrifice.
Vous voulez, aux dépens des destins les plus chers,
D'une vertu si ferme étonner l'Univers.
Soïez juste : des Rois c'est le devoir suprême :
Mais le crime aparent n'est pas le crime même.
Un ingrat, un rebelle est digne du trépas.
A ces titres, Seigneur, vôtre Fils ne l'est pas.
Si, malgré les traitez, il refuse Constance,
Ce n'est point un effet de désobéïssance.
En forçant ce Palais, les armes à la main,

Il n'a point attenté contre son Souverain.
Il vous pouvoit d'un mot prouver son innocence ;
Mais il croit me devoir ce généreux silence ;
Et, pour lui dédaignant un facile secours,
Il aime mieux mourir que d'exposer mes jours.
C'est à moi d'éclairer la justice d'Alphonse.
Que sur la vérité votre bouche prononce.
Ces crimes qu'aujourd'hui poursuit vôtre couroux,
Le devoir les a faits ; le Prince est mon Epoux.

ALPHONSE.

Mon Fils est votre Epoux ! Ciel, que viens-je d'entendre !
Et sur quelle esperance osez-vous me l'aprendre ?
Quand vous voïez pour lui l'excès de ma rigueur,
Pensez-vous pour vous-même attendrir mieux mon cœur ?

INE'S.

Ah ! Seigneur, mon aveu ne cherche point de grace.
D'un plus heureux succès j'ai flaté mon audace ;
Et je ne prétens rien, en vous éclaircissant,
Que livrer la coupable, & sauver l'innocent.
Seule, j'ai violé cette loi redoutable
Que vous m'avez tantôt jurée inviolable ;
J'ai mérité la mort : mais, Seigneur, cette loi
N'engageoit point le Prince, & ne lioit que moi.
Je ne m'excuse point par l'amour le plus tendre,
Par le péril pressant dont il falloit défendre
Un Fils que vos yeux même ont vû prêt à périr ;
Que le don de ma foi pouvoit seul secourir.
A mes propres regards j'en suis moins criminelle ;

Mais aux vôtres, Seigneur, je suis une rebelle
Sur qui ne peut trop-tôt tomber votre couroux,
Trop flatée à ce prix de sauver mon Epoux.
En me donnant à lui, j'ai conservé sa vie ;
Pour le sauver encor, Inés se sacrifie :
Je me livre, sans crainte, aux plus severes loix ;
Heureuse, d'avoir pû vous le sauver deux foix !

ALPHONSE.

Non, non, quelque pitié qui cherche à me surprendre,
Même de vos vertus je sçaurai me défendre.
Rebelle, votre crime est tout ce que je vois ;
Et je satisferai mes sermens & les loix.

SCENE V.

ALPHONSE, INE'S,

Et ses deux ENFANS *amenez par une Gouvernante.*

INE'S.

EH bien, Seigneur, suivez vos barbares maximes ;
On vous ameine encor de nouvelles victimes.
Immolez sans remords, & pour nous punir mieux,
Ces gages d'un himen si coupable à vos yeux.
Ils ignorent le sang dont le Ciel les fit naître :
Par l'Arrêt de leur mort faites-les reconnoître :
Consommez votre ouvrage ; & que les mêmes coups
Rejoignent les Enfans, & la Femme & l'Epoux.

ALPHONSE.

Que vois-je ! & quels discours ! que d'horreurs j'envisage !

INE'S.

Seigneur, du desespoir pardonnez le langage.
Tous deux à votre trône ont des droits solemnels.
Embrassez, mes Enfans, ces genoux Paternels.
D'un œil compatissant, regardez l'un & l'autre ;
N'y voïez point mon sang, n'y voïez que le vôtre.
Pourriez vous refuser à leurs pleurs, à leurs cris
La grace d'un Héros, leur Pere & votre Fils.
Puisque la loi trahie exige une victime,
Mon sang est prêt, Seigneur, pour expier mon crime.
Epuisez sur moi seule un sévere couroux ;
Mais cachez quelque tems mon sort à mon époux ;
Il mourroit de douleur ; & je me flate encore,
De mériter de vous ce secret que j'implore.

ALPHONSE *au Garde*.

Allez chercher mon Fils. Qu'il sache qu'aujourd'hui
Son Pere lui fait grace, & qu'Inés est à lui.

INE'S.

Juste Ciel ! quel bonheur succede à ma misere !
Mon Juge en un instant est devenu mon Pere !
Qui l'eût jamais pensé, qu'à vos genoux, Seigneur,
Je mourrois de ma joie, & non de ma douleur !

ALPHONSE.

Ma Fille, levez-vous. Ces enfans que j'embrasse

Me font déja goûter les fruits de votre grace :
Ils me font trop sentir que le sang a des droits
Plus forts que les sermens, plus puissants que les loix.
Joüissez désormais de toute ma tendresse.
Aimez toujours ce Fils que mon amour vous laisse.

INES.

Quel trouble ! que deviens-je ! & qu'est-ce que je sens !
Des plus vives douleurs quels accès menaçans !
Mon Sang s'est tout à coup enflâmé dans mes veines.
Eloignez mes Enfans ; ils irritent mes peines.
Je succombe. J'ai peine à retenir mes cris.
Hélas ! Seigneur, voilà ce qu'a craint vôtre Fils.

ALPHONSE.

Ah ! je vois trop d'où part cet affreux sacrifice
Et la perfide main qu'il faut que j'en punisse.
Malheureux, où fuirai-je ! & de tant d'attentats...

SCENE VI.

ALPHONSE, INES, DOM PEDRE.

DOM PEDRE *sans voir Inés.*

Seigneur, à mes transports ne vous dérobez pas.

ALPHONSE.

Laissez-moi....

DOM PEDRE.

Permettez qu'à vos pieds je déploïe
Et ma reconnoiſſance & l'excès de ma joïe.
Vous me rendez Inés !

ALPHONSE.

Prince trop malheureux !
Je te la rends en vain, nous la perdons tous deux.
Tu la vois expirante.

DOM PEDRE *tombant entre les bras de Dom Fernand.*

Ah ! tout mon Sang ſe glace.

INE'S *à Dom Pedre.*

J'éprouve en même-tems mon ſuplice & ma grace ;
Cher Prince, je ne puis me plaindre de mon ſort,
Puiſqu'un moment du moins dans les bras de la mort,
Je me vois vôtre Epouſe avec l'aveu d'un Pere ;
Et que ma mort lui coûte une douleur ſincere.

DOM PEDRE.

Vôtre mort ! que deviens-je, à ces triſtes accens !
Quel affreux deſeſpoir a ranimé mes ſens !
Inés, ma chere Inés, pour jamais m'eſt ravie !
Ce fer * m'eſt donc rendu pour m'arracher la vie.

ALPHONSE.

Ah ! mon Fils, arrêtez.

* *Il veut ſe fraper.*

DOM PEDRE.

Pourquoi me secourir ?
Soïez encor mon Pere, en me laissant mourir.

Se jettant aux pieds d'Inés.

Que j'expire à vos pieds ; & qu'unis l'un à l'autre,
Mon ame se confonde encore avec la vôtre.

INE'S.

Non, cher Prince, vivez. Plus fort que vos malheurs,
D'un Pere qui vous plaint soulagez les douleurs.
Soufrez encor, soufrez qu'une Epouse expirante
Vous demande le prix des vertus de l'Infante.
Par ses soins généreux songez que vous vivez.
Puisse-t-elle joüir des jours qu'elle a sauvez !
Plus heureuse que moi. . . . consolez vôtre Pere !
Mais n'oubliez jamais combien je vous fus chere.
Aimez nos chers Enfans ; qu'ils soient dignes. . . . je
  meurs.
Qu'on m'emporte.

ALPHONSE.

Comment survivre à nos malheurs ?

Fin du cinquiéme & dernier Acte.

ŒDIPE,

TRAGEDIE.

Cette Piece a été interrompuë au milieu de son succès, pour la remettre l'hyver suivant : mais des obstacles qui ne méritent pas qu'on en instruise le Public, n'ont pas permis encore de la reprendre.

A
SON ALTESSE SERENISSIME

MADAME

LA DUCHESSE
DU MAINE.

ADAME;

Le suffrage de VOTRE ALTESSE SERENISSIME, me flate trop pour ne pas saisir l'occasion de m'en faire honneur,

EPISTRE.

en mettant cette Tragedie sous vos auspices. Vous lui avez aplaudi à la lecture ; & dès ce moment, MADAME, je joüi de l'approbation publique que me garentissoit la Vôtre. Pour faire de ma Tragedie une apologie triomphante, je n'aurois qu'à répeter les raisons dont vous vouliés bien apüier votre suffrage : mais qui peut dire les choses comme vous les dites ; & comment en conserver tout le prix ! Je ne parle pas seulement de ces graces qui vous sont propres, & qui suffiroient seules à la persuasion, je parle encore de ce raisonnement solide, dont la force, la justesse, & la précision ont un charme supériéur aux graces mêmes. Oüi, MADAME, je l'ai pensé toutes les fois que j'ai eû l'honneur de vous entendre, l'esprit & le génie sçavent faire de la langue commune une langue particuliere ; & Vous prétez tous les jours à la nôtre des beautez aussi naturelles qu'imprévûes, & qui semblent devoir s'offrir d'elles-mêmes, quoi-

EPISTRE.

qu'il soit si rare de les rencontrer. Qu'il m'est glorieux, MADAME, d'avoir pû contenter un goût aussi éclairé ! mais ce qui m'en flate le plus ; c'est l'occasion de Vous offrir avec quelque confiance l'hommage le plus sincere, & de vous assurer du profond respect avec lequel je suis,

MADAME,

DE VOTRE ALTESSE SERENISSIME,

Le très-humble, & très-obéïssant serviteur,
HOUDART DE LA MOTTE.

PERSONAGES.

OEDIPE.
JOCASTE.
ETEOCLE.
POLINICE.
DYMAS.
PHOEDIME.
POLEMON.
GARDES.

La Scene est dans le Palais des Rois de Thébes.

OEDIPE,

ŒDIPE,
TRAGEDIE.

ACTE PREMIER.
SCENE PREMIERE.

OEDIPE, DYMAS.

DYMAS.

Uels ordres! non Seigneur; ce seroit vous trahir.
Non; l'horreur que je sens me défend d'obéir.

OEDIPE.

Rassure-toi, Dymas. Touché de tes allarmes,
Ton Roi, je l'avoûrai, te sçait gré de tes larmes.

Tome II.   P

Mais quelque trouble ici qui puisse t'émouvoir,
Peut-il un seul instant balancer ton devoir ?
Va ; ne perds point de tems : averti le Grand-Prêtre
De l'effort que le Ciel exige de ton Maître :
Qu'il prépare les vœux & l'Autel & l'encens ;
Et qu'au Temple appellez, les Thébains gémissans
Viennent me voir calmer la céleste vengeance,
Et des jours de leur Roi païer leur délivrance.

DYMAS.

Ah ! ne m'accablez pas de cet ordre absolu.
Seigneur, ce dévoûment est-il donc résolu ?
Quel Dieu vous a parlé ? Par quelle loi suprême,
Etes-vous donc forcé. ...

OEDIPE.

      C'est Apollon lui-même ;
Je l'ai vû cette nuit de ses fléches armé,
Le front terrible, & l'œil, de courroux enflâmé,
Trois fois dans mes esprits répandre l'épouvante.
Je suis encor frappé de sa voix menaçante.
Ce n'étoit point un songe. A l'éclat qui m'a luy,
De mes yeux étonnez, le sommeil avoit fuy.
Je tombois à ses pieds. Mes soûpirs & mes larmes,
Pour mon Peuple imploroient la fin de nos allarmes.
Trois fois, il m'a redit, en dédaignant mes pleurs,
Que Thébe demeuroit en proie à ses fureurs,
Si, pour la dérober à ce fléau funeste,
Mon sang ne desarmoit la colere céleste.
Je ne balance point. Dissipe ton effroi.
Va. J'obéïs aux Dieux ; obéïs à ton Roi.

SCENE II.

OEDIPE, JOCASTE, DYMAS, PHOEDIME.

JOCASTE.

Où courez-vous, Seigneur ? Parlez ; & que je sçache
Quel important dessein de ces lieux vous arrache.

DYMAS.

Le Roi veut aujourd'hui mourir pour les Thébains,
Madame ; & son salut n'est plus qu'entre vos mains.
Prêt à donner aux Rois un si tragique exemple,
C'est pour tout préparer, qu'il m'envoïoit au Temple.

OEDIPE.

C'est trop me résister. Obéï-moi, Dymas.

DYMAS.

Quoi qu'il pût m'en coûter, je n'obéïrois pas,
Madame, si mon cœur, pour calmer ses allarmes,
Ne s'assuroit encor du pouvoir de vos larmes.

SCENE III.

OEDIPE, JOCASTE, PHOEDIME.

JOCASTE.

Oedipe veut mourir ! L'ai-je bien entendu !
Déja la voix me manque; & mon cœur éperdu...

OEDIPE.

J'attens de votre amour un autre témoignage,
Jocaste. Il faut ici respecter mon courage.
Songez que ce dessein, puisque je m'y résous,
Est digne d'un grand Roi, digne de vôtre époux;
Et que le nœud sacré qui nous joint l'un à l'autre,
Du devoir d'un époux fait aujourd'hui le vôtre.

JOCASTE.

Oedipe veut mourir ! Et quand j'en veux douter,
Votre bouche cruelle ose me l'attester.
Que vous ai-je donc fait pour m'arracher la vie ?

OEDIPE.

Par un ordre divin la mienne m'est ravie.
Les Dieux m'ont cette nuit prononcé leurs decrets.
J'obeïs. Vous pleurez ! mais pourquoi ces regrets ?
Songez depuis quel tems mon ame est accablée
Sous le fléau mortel dont Thébe est desolée ;
Que mon Peuple périt ; qu'ardent à son secours,
Dans les plus tristes soins je consume mes jours :

TRAGEDIE.

En vain je les confole ; en vain je les raffure ;
On méconnoît par tout l'amour, & la nature.
Plus de liens facrez & plus de cœurs unis.
Le Frere fuit le Frere ; & le Pere, le Fils.
Les femmes, au mépris des nœuds qui les attachent,
Des bras de leurs Epoux avec horreur s'arrachent.
L'effroi d'un prompt trépas & d'un affreux tourment
Eteint dans tous les cœurs tout autre fentiment.
Il faut pour mes Sujets, dans ce defordre extrême,
Que de tous les devoirs je me charge moi-même,
Sans pouvoir leur donner dans ce commun effroi,
D'autre foulagement que les pleurs de leur Roi.
Voilà de quelle horreur mon trépas me délivre.
Je fauve mes Sujets, quand je ceffe de vivre.
Ne voïez point ma mort ; n'en voïez que l'honneur.
Et je m'applaudirois même de mon bonheur,
Si d'un fi beau trépas la fortune jaloufe
Ne laiffoit dans les pleurs mes Fils & mon Epoufe.

JOCASTE.

D'horreur & de furprife accablée à la fois,
Je cherchois vainement l'ufage de ma voix :
L'excès du defefpoir doit enfin me le rendre.
Croïez-vous donc, malgré ce que je viens d'enten-
   dre,
Pouvoir, fans mon aveu, difpofer de vos jours ?
Songez-vous quel ferment m'en engage le cours ?
Et que du faint hymen l'autorité fuprême
Me donne autant de droit fur vos jours, qu'à vous-
   même ?
Que fert de m'annoncer l'ordre incertain des Dieux

Ah ! que ces Dieux cruels paroissent à mes yeux !
Que, la foudre à la main, condamnant l'un & l'autre,
Ils viennent demander & ma vie & la vôtre !
Alors, oüi, prête alors à me sacrifier,
J'obéis ; & mon sang coulera le premier.
Mais vous ne m'alleguez peut-être qu'un vain songe,
Funeste fruit des maux où le Destin nous plonge.
De l'erreur de vos sens vous faisant un devoir,
Vous ne comptez pour rien Jocaste au désespoir,
Jocaste, cette Epouse autrefois si chérie,
Qui vous donna sa main & son Trône & sa vie ;
Qui, s'il faut l'avouer, pour se donner à vous,
Brava, sans balancer, le céleste courroux
Dont je devois subir les fureurs vengeresses,
Si jamais de l'amour j'écoutois les foiblesses.
D'un crime fait pour vous, qu'il falloit prévenir,
C'est vous-même, vous seul qui voulez me punir.

OEDIPE.

De grace épargnez-moi de si rudes atteintes.
N'abusez point ici du pouvoir de vos plaintes.
Votre amour est en droit d'exiger tout. Eh bien,
C'est par ce même amour qui couronna le mien,
Par vos sermens, toujours présens à ma mémoire,
Qu'un époux vous invite à respecter sa gloire :
En apprenant mon sort, voïez ce que je dois.
Le Ciel ne m'a point fait naître du sang des Rois ;
Je vous l'ai déja dit. Mais il faut plus vous dire.
Mon obscure naissance auroit dû m'interdire
L'espoir ambitieux d'égaler les Héros.
Cependant, dès l'enfance indigné du repos,

TRAGEDIE.

Je ne sçais quel instinct, je ne sçais quelle audace,
Au mépris des périls, m'appelloit sur leur trace.
Ce superbe desir fut lui seul écouté.
Et des champs paternels fuïant l'oisiveté,
Résolu desormais de n'avoir de patrie
Que les lieux où la gloire illustreroit ma vie,
Aux Autels d'Apollon j'offris mes premiers vœux.
Quelle fut sa réponse ! où cours-tu, Malheureux,
Dit-il ? De quels honneurs conçois-tu l'espérance ?
Tu quittes pour jamais la paix & l'innocence.
Retourne : ou tu vas voir, si tu ne m'en crois pas,
Les malheurs & le crime attachez à tes pas.
Pour mon ambition ce fut un vain obstacle.
Tout mon cœur révolté démentit cet Oracle.
Je sentis du plaisir à braver le malheur ;
Et le crime parut impossible à mon cœur.
Je pris le nom d'Oedipe ; & de dangers avide,
Je cherchai les Brigands oubliez par Alcide ;
Et lorsque mon courage après quelques essais
Put se promettre à Thébe un plus noble succès ;
Quand j'appris que le Sphinx pouvoit combler ma
  gloire,
Et que le Trône étoit le prix de la victoire,
Mon espoir me servit de guide : & sur sa foi
Je partis, je volai, je me crûs déja Roi,
Je vainquis. J'osai plus ; je vous aimai, Madame.
Du don de votre main vous païâtes ma flâme ;
Et sans un don si cher, j'en atteste les Dieux,
Ce Trône tant cherché n'étoit rien à mes yeux.
De ces jours fortunez envisagez la suite.
Oedipe a sauvé Thébe, & les Dieux l'ont proscrite.

P iiij

Je vois, malgré mes soins, mon Peuple m'échaper.
D'un invisible foudre ils se sentent fraper ;
Et parmi ces horreurs dont l'aspect me déchire,
Je meurs autant de fois qu'un des Thébains expire.
Du côté des malheurs mon destin est rempli.
L'Oracle d'Apollon n'est que trop accompli.
Ce n'est plus qu'en mourant que je puis mettre obsta-
 cle
Au reste menaçant de ce fatal Oracle.
Plaignez-vous une mort honorable à jamais,
Où la vertu tiendra la place des forfaits ?
Soutenez donc, Madame, un malheur nécessaire.
C'en est fait. Je mourrai. Rien ne peut m'en dis-
 traire.
Déja par mon trépas j'aurois fléchi le sort ;
Mais, aux yeux des Thébains, je veux que cet effort
Soit de mes sentimens l'éclatant témoignage ;
Qu'il soit de mes Enfans l'exemple & l'héritage ;
Et qu'avant de regner, ils apprennent de moi
Que mourir pour son Peuple est la gloire d'un Roi.

JOCASTE.

Phœdime, allez ; qu'ici les deux Princes se rendent :
Les adieux de leur Pere & les miens les attendent.

SCENE IV.

OEDIPE, JOCASTE.

JOCASTE.

TRop inflexible Epoux, je ne vous survis pas :
Vous avez prononcé l'Arrêt de mon trépas.

OEDIPE.

Non, vous ne mourrez point. Domptez cette foi-
  blesse.
Vous vous devez encor aux Fils que je vous laisse.
A gouverner mon Peuple, instruisez-les tous deux :
Quand je l'aurai sauvé, qu'ils le rendent heureux :
Que vos sages conseils, qu'une tendre prudence
Fasse en ces cœurs aigris naître l'intelligence :
La haine trop long-tems a flétri leurs vertus ;
Qu'ils soient amis du moins, quand je ne serai plus :
Leur courage promet des Héros à la Terre :
Mais si vous n'étouffez cette fatale guerre
Que le courroux du Ciel semble allumer entr'eux,
Ne vous en promettez que des crimes fameux.
Vivez pour ces Enfans qu'un Pere vous confie :
Je leur donne ma mort ; donnez-leur votre vie :
Vivez pour ce dépôt commis à votre foi ;
Rendez-le digne enfin & de vous & de moi.

SCENE V.

OEDIPE, JOCASTE, ETE'OCLE, POLINICE.

JOCASTE.

Venez, & partagez les douleurs d'une Mere;
Le Roi veut s'immoler; vous n'avez plus de
  Pere :
Suivez ses pas ; il va vous conduire aux Autels.
Allez vous-même offrir son sang aux Immortels.
Apprenez aujourd'hui d'un exemple si rare,
Qu'un Souverain n'est plus qu'un cruel, qu'un bar-
  bare,
Qui sçait de la nature anéantir les loix ;
Et qu'Epouse & qu'Enfans sur lui n'ont plus de droits.

ETE'OCLE.
Est-il possible ? ô Ciel !

POLINICE.
     Que venons-nous d'entendre!

OEDIPE.
N'augmentez point mes maux ; mon cœur n'est que
  trop tendre.
Vous m'aimez : mais il faut me chérir en Héros,
Desirer mes vrais biens, & craindre mes vrais maux.
Les Dieux pour mes Sujets veulent que je périsse.
Si j'osois différer ce juste sacrifice,

TRAGEDIE. 235

Ce seroit desormais de mes cruelles mains
Que partiroient les coups qui frappent les Thébains.
Seul, je leur tiendrois lieu des noires Euménides;
Et mes moindres délais seroient des parricides.
Vous-même, humiliez de mon indigne effroi,
Vous rougiriez, mes Fils, d'être sortis de moi.

ETE'OCLE.

Non, non, quelques raisons que vous puissiez nous
 dire,
N'esperez pas, Seigneur, de nous y voir souscrire.

OEDIPE.

N'esperez pas non plus ébranler mon dessein.
Mais vos pleurs, mes Enfans, ne coulent point en
 vain.
De l'amour paternel, j'ai toutes les foiblesses;
Venez, & recevez mes dernieres tendresses.

ETE'OCLE.

Au comble des douleurs, nous abandonnez-vous?

POLINICE.

Nous verrez-vous, sans fruit, embrasser vos genoux?

JOCASTE.

Cruel, vous soûtenez un spectacle si tendre?

OEDIPE.

A peine ma vertu suffit à m'en défendre.
Levez-vous, mes Enfans. De la faveur des Dieux
Vous m'êtes, l'un & l'autre, un gage précieux:

Mais cette averſion dont ils vous font la proïe,
De leur propre bienfait, empoiſonne la joïe.

ETE'OCLE.

Ah ! du moins, dans l'amour que vous doivent vos
   Fils,
Mon Pere, vous voïez des Freres bien unis.
Vivez, pour triompher d'un coupable caprice,
Dont nous-mêmes, Seigneur, nous ſentons l'injuſtice,
Vivez, pour nous le voir ſacrifier toujours
A l'interêt ſacré du bonheur de vos jours.

POLINICE.

Pour lier à jamais le Frere avec le Frere,
Rendez-nous notre Roi ; rendez-nous notre Pere.
Quel autre frein, hélas ! pourroit nous retenir ?
Et, ſi nous vous perdons, qu'allons nous devenir ?

SCENE VI.

OEDIPE, JOCASTE, ETE'OCLE, POLINICE, DYMAS.

OEDIPE.

TOut eſt-il prêt, Dymas ? Eſt-il tems de me rendre....

DYMAS.

Je frémis des malheurs que je viens vous apprendre.
Mais, Seigneur, que vos Fils s'éloignent de ces lieux;

TRAGEDIE.

Je ne puis dévoiler ces malheurs à leurs yeux.

OEDIPE.

Laissez-nous, mes Enfans.

SCENE VII.

OEDIPE, JOCASTE, DYMAS.

OEDIPE à *Dymas*.

Toi, parle sans contrainte.

JOCASTE.

Dans l'état où je suis, d'où vient encor ma crainte ?

DYMAS.

J'ai trouvé le Pontife offrant au Ciel les vœux
De vieillards desolez & d'Enfans malheureux :
Il a sçu par ma voix vos volontez dernieres.
Bien-tôt interrompant les augustes prieres,
Du Dieu qu'il imploroit le Prêtre a paru plein :
Son visage alteré marque un transport soudain :
Sur son front effraïé ses cheveux se hérissent ;
De menaçans éclairs ses regards se remplissent :
Par tout, autour de lui, sa divine fureur
Répand dans les esprits une sainte terreur.
Tout tremble ; tout s'émeut à son aspect farouche :
Et cet Oracle enfin est sorti de sa bouche.

„ Peuple, vos tourmens vont finir.
„ D'une coupable main Laïus fut la victime;
„ Et le Ciel, indigné du crime,
„ S'arme aujourd'hui pour le punir.
„ Il attendoit qu'à sa justice
„ Thébe immolât le meurtrier;
„ Et lassé de l'attente, il veut, pour l'expier,
„ Qu'un Fils de Jocaste périsse.

JOCASTE.

Dieux! un Fils de Jocaste!

OEDIPE.

O Ciel! un de mes Fils!
De quels frémissemens tous mes sens sont saisis!
C'est donc ainsi, grands Dieux, qu'il falloit vous entendre ?
C'est ainsi qu'aux Autels mon sang doit se répandre ?
O fatales clartez! O jour rempli d'horreur!
Que ne me laissiez-vous joüir de mon erreur?
Loin de plaindre ma mort, je vous en rendois grace.
Tout est changé. Mon sang dans mes veines se glace.
Je ne me connois plus. Que devenir ? Rentrons;
Et voïons, s'il se peut, ce que nous résoudrons.

Fin du premier Acte.

ACTE II.

SCENE PREMIERE.

JOCASTE, PHOEDIME.

JOCASTE.

AU milieu des horreurs dont je suis poursuivie,
Phœdime, conçois-tu que je souffre la vie ?
Comment, sans expirer, soûtenir tant de coups ?
Le glaive suspendu menaçoit mon Epoux ;
Mais à peine ce glaive abandonne sa tête,
Sur celle de mes Fils je le vois qui s'arrête.
De toutes les douleurs tour-à-tour je gémis.
Je frémissois Epouse ; & Mere, je frémis.
C'est le prix d'un forfait que le Ciel nous revele.
Laïus reçut la mort d'une main criminelle :
Et contre Thébe entiere Apollon irrité,
De la mort de Laïus venge l'impunité.
A ces obscuritez que pourrois-je comprendre ?
Tu sçais de ce malheur ce que l'on vint m'apprendre :
Tu sçais que nul mortel n'eut de part à sa mort ;
Et mes larmes n'ont pû la reprocher qu'au sort.

PHOEDIME.

Contre tant de malheurs armez votre courage,

Madame ; & ne songez qu'à conjurer l'orage.

JOCASTE.

Je fais ce que je puis. Déja mon premier soin
De la mort de Laïus fait chercher le témoin.
On va de son desert m'amener Iphicrate.
S'il nous cachoit un crime, il faudra qu'il éclate :
Et si le criminel respiroit en ces lieux,
Son supplice, peut-être, appaiseroit les Dieux.
Du Palais cependant la Garde est avertie ;
Aux Princes on en doit défendre la sortie :
Ils ignorent l'Oracle ; & j'ai recommandé
Que ce secret fatal devant eux fût gardé.
Mais quel sera le fruit de ma vaine prudence ?
Si le coupable encor se cache à ma vengeance,
Les Thébains par leurs cris, du moins par leur douleur,
Vont demander ce sang qui doit sauver le leur.
Crois-tu que des Autels bravant le privilége,
Oedipe leur oppose un refus sacrilege ?
Non, il obéïra : moi-même, j'en frémis,
Il me faudra souscrire à la mort de mes Fils.

PHOEDIME.

Eh ! pourquoi prévenir ce barbare spectacle ?
Esperez mieux, Madame ; & songez qu'un Oracle,
Toujours aux yeux mortels d'un nuage couvert,
N'a jamais eu le sens qu'il a d'abord offert ;
Que les Dieux quelquefois, sous l'aspect des menaces,
Aux humains effraïez ont annoncé leurs graces ;
Et qu'enfin, quelque loi qu'ils paroissent dicter,

C'est

TRAGEDIE.

C'est l'évenement seul qui peut l'interpreter.

JOCASTE.

Phœdime, en quelle erreur ton amitié t'engage ?
De quoi me flattes-tu ? l'Oracle est sans nuage.
D'un des Fils de Jocaste, ils demandent le sang.
Est-ce un crime, grands Dieux, de sortir de mon
   flanc ?
La mort est-elle duë à qui me doit la vie ?
Au premier de mes Fils vos rigueurs l'ont ravie :
A peine il se formoit dans ce sein malheureux,
Vous l'avez menacé du sort le plus affreux.
Il m'est toujours présent cet Arrêt sanguinaire.
  „ Le Fils que tu vas mettre au jour,
„ Entrera dans ton lit, meurtrier de son Pere :
„ Si tu veux l'éviter, garde-toi de l'amour.
Il mourut, condamné des Dieux & de sa Mere,
Victime de ma crainte & de votre colere.
Ce parricide Arrêt par toi s'exécuta :
Et tu sçais seule aussi tout ce qu'il m'en coûta.
Ordonnerai-je encor les mêmes funerailles ?
Faudra-t-il de nouveau m'arracher les entrailles ?
Ciel ! de tous mes enfans le sang doit-il couler ?
Et ne les mets-je au jour que pour les immoler ?

Tome II.   Q

SCENE II.

JOCASTE, POLINICE, PHOEDIME.

POLINICE.

A qui m'adresserai-je ? Ah ! de grace, ma Mere,
De vos ordres daignez m'éclaircir le myſtere.
Pourquoi nous retient-on captifs en ce Palais ?
Pourquoi de nos ſecours prive-t-on vos ſujets ?
En vain je le demande à ce qui m'environne :
Chacun, en me fuïant, ſe confond & s'étonne.
Je parois exciter de nouvelles douleurs ;
Et mes empreſſemens n'obtiennent que des pleurs.
Eſt-ce donc qu'aujourd'hui le Roi ſe ſacrifie ?
Madame, a-t-on perdu tout eſpoir de ſa vie ?

JOCASTE.

Non, Polinice, non. Le ſort vient de changer.
Les jours de mon Epoux ne ſont plus en danger.

POLINICE.

Ses jours ſont aſſurez ! s'il faut que je le croïe,
Laiſſez donc dans vos yeux éclater quelque joïe.
Si l'on ne tremble plus pour ſes jours précieux,
De quels gémiſſemens retentiſſent ces lieux !

TRAGEDIE. 243
JOCASTE.

Le Roi ne mourra point. Croïez-en votre Mere.
POLINICE.
Hélas! en m'assurant du salut de mon Pere,
Ces regards douloureux me sont de sûrs témoins,
Que, malgré ce bonheur, vous n'en souffrez pas
 moins.

SCENE III.
JOCASTE, ETEOCLE, POLI-
NICE, PHOEDIME.

ETE'OCLE.

ENfin je sçais mon sort ; & je viens de surprendre
Ce secret tant caché qu'on craignoit de m'appren-
 dre.
JOCASTE.
Quoi, mon Fils ?
E'TEOCLE.
   Le Pontife, en entrant chez le Roi,
Partout à son aspect a redoublé l'effroi.
J'ai couru. J'ai voulu le suivre chez mon Pere :
L'accez m'en est fermé par son ordre sévere,
Quand un des miens s'approche. Où voulez-vous en-
 trer ?

Q ij

A vos Juges, dit-il, courez-vous vous livrer ?
Fuïez, fuïez plûtôt la mort presque certaine.
Les Dieux veulent le sang d'un des Fils de la Reine.
Vous m'avez soupçonné d'une lâche terreur,
Madame : mais, du moins réparez-en l'erreur.
Ne fermez plus le Temple au zele qui m'anime.
Les Thébains n'ont que trop attendu leur Victime.

JOCASTE.

Que deviens-je !

POLINICE.

Calmez ce zele injurieux,
Qui vous fait pour vous seul prendre le choix des
 . . Dieux.
Votre orgüeil jusques-là méconnoît-il un Frere ?
Ne puis-je prendre ici la place de mon Pere ?
Sortis du même sang, quoi donc, me croïez-vous
Indigne d'appaiser le celeste courroux ?

ETE'OCLE.

Je ne m'emporte pas jusqu'a cette injustice.
Mais, sans vouloir juger du cœur de Polinice,
Et, sans qu'ici la haine aigrisse nos débats,
Songez, puisque les Dieux ne vous désignent pas,
Songez que c'est moi seul que leur choix interesse,
Et qu'une gloire unique est düe au droit d'aînesse.

POLINICE.

Quelle aînesse, Etéocle ? En est-il entre nous ?
Le jour ne m'a-t-il pas aussi-tôt luy qu'à vous ?
Et d'un rapide instant la vaine différence,
Fonde-t-elle entre nous la moindre préférence ?

TRAGEDIE.
JOCASTE.

Quoi, barbares, la haine anime ce transport ?
Soïez Freres du moins, en disputant la mort.

POLINICE.

Loin de vous disputer les droits du Diadême,
Je vous fais mon aîné pour le pouvoir suprême.
En victime aux Autels je ne veux que m'offrir.
Regnez, regnez, mon Frere, & laissez-moi mourir.

SCENE IV.

OEDIPE, JOCASTE, ETE'OCLE, POLINICE, PHOEDIME.

JOCASTE.

Goûtez, Seigneur, goûtez les fruits de votre
 exemple.
Vos Fils, dignes de vous, brûlent d'aller au Temple.
L'un & l'autre, égalant le Héros dont il sort,
Brave mon desespoir & dispute la mort.

E'TEOCLE.

Oüi, mon Pere, à nos Dieux Etéocle rend grace
De pouvoir, en mourant, prendre ici votre place.
Aux Thébains désolez votre héroïque amour
N'eut, en vous immolant, conservé que le jour ;
Mais, pour ces malheureux ma mort plus salutaire,

Leur conserve à la fois & la vie & leur Pere.
En finissant leurs maux, vous leur ôtiez leur Roi ;
Ils vont tout regagner, sans perdre rien en moi.

POLINICE.

Vous ne permettrez pas, Seigneur, que son courage
Ne me laisse à vos yeux que l'opprobre en partage.
De Polinice en pleurs vous comblerez les vœux.
Si vous me refusez, vous nous perdez tous deux.

OEDIPE.

O courage ! ô vertu, qu'en frémissant j'admire !
Je l'avois bien prévû : cependant j'en soûpire.
Princes, il n'est pas tems d'écouter ce transport.
C'est à votre Roi seul de regler votre sort.
Je sçaurai, s'il le faut, cruel & magnanime,
Marquer le sacrifice & nommer la victime.
Mais le nouveau dessein que j'ose concevoir,
De vous sauver tous deux me laisse encor l'espoir.
Oüi ; déja j'entrevois que les Dieux se fléchissent.

ETE'OCLE.

Vous balancez, Seigneur ; & vos Sujets périssent !

OEDIPE.

Le Prêtre en ce moment m'a lui-même annoncé
L'Oracle qu'à l'Autel sa bouche a prononcé.
J'ignorois jusqu'ici ce meurtre détestable.
Laïus perdit le jour par une main coupable :
Et les fléaux du Ciel sur Thébe descendus,
Vengent l'impunité de la mort de Laïus.
Il faut qu'en Souverain je cherche, & je punisse

Le perfide échapé trop long-tems au supplice.
A ce juste délai le Pontife souscrit.
J'espere vous sauver, si l'assassin périt.
Allez. Laissez-moi seul entretenir la Reine.
C'est d'elle que j'attens ce qu'il faut que j'apprenne.
Allez. Priez les Dieux de devenir plus doux ;
Et qu'un Pere n'ait point à choisir entre vous.

SCENE V.

OEDIPE, JOCASTE.

OEDIPE.

MAdame, pardonnez à mes premieres plaintes.
J'ose vous reprocher & nos maux, & nos craintes.
Un si triste langage est bien nouveau pour moi.
Mais vous m'avez trompé sur le destin du Roi ;
Vous m'avez de sa mort déguisé l'avanture.

JOCASTE.

Seigneur de ce reproche épargnez-moi l'injure.
Je vous ai raconté tout ce qu'on m'en apprit.
C'est par le hazard seul que mon Epoux périt.
Et Thébe à qui sa mort a causé tant d'allarmes,
N'a pû, non plus que moi, lui donner que ses larmes.

OEDIPE.

Le Ciel parle pourtant du coupable échapé :

Q iiij

Et sans doute avec vous le Peuple fut trompé.
Qui donc de cette mort apporta la nouvelle ?

JOCASTE.

Du malheureux Laïus un serviteur fidelle,
Iphicrate, qui seul témoin de son trépas,
M'en a fait le rapport que vous n'ignorez pas.

OEDIPE.

Oüi, vous m'avez instruit de ce qu'il vous fit croire,
Ce récit est encor présent à ma mémoire.
Laïus suivoit d'un Bois le sentier ténébreux,
Quand d'un antre prochain sort un Lion affreux,
Monstrueux ennemi dont l'indomptable rage,
Des deux qui précedoient fit un cruel carnage.
Laïus malgré les ans, volant à leur secours,
Par la même fureur vit terminer ses jours.
Voilà depuis long-tems ce que Thébe publie.

JOCASTE.

Iphicrate au péril déroba seul sa vie.
Il vint me rapporter, pour témoins assurez,
Les vêtemens du Roi sanglans & déchirez,
Me demandant pardon d'oser encor paroître,
Accablé du malheur de survivre à son Maître.

OEDIPE.

Que devint Iphicrate ?

JOCASTE.

     Il quitta ce séjour.
Ne pouvant plus souffrir l'aspect de cette Cour

Qui d'un Maître si cher à son obéïssance,
Sembloit à tout moment lui reprocher l'absence.
Il ne me demanda pour grace qu'un exil.
Oublié des mortels, il alloit, disoit-il,
Pleurer le sort du Roi qu'il n'avoit pû défendre,
Et nourrir sa douleur d'un souvenir si tendre.

OEDIPE.

Respire-t-il encor ?

JOCASTE.

Oüi, Seigneur.

OEDIPE.

En quels lieux ?

JOCASTE.

Seigneur, je ne perds point des instans précieux.
Vous brûlez de le voir ; & mon impatience
A déja de vos soins prévenu la prudence.
Il va bien-tôt paroître.

OEDIPE,

Il va nous éclairer.
Un raïon d'espérance en mon cœur vient d'entrer.
Nous allons, grace aux Dieux, découvrir le coupable.

JOCASTE.

Que ce pressentiment puisse être véritable !

SCENE VI.

OEDIPE, JOCASTE, DYMAS.

JOCASTE.

Iphicrate vient-il ? qui te fait soupirer ?

DYMAS.

Iphicrate n'est plus.

OEDIPE.

Ciel !

DYMAS.

Il vient d'expirer.
Un vieillard que les ans laissent marcher à peine,
Me suit, chargé par lui d'un secret pour la Reine.
Il ne tardera pas.

OEDIPE.

Il faut donc l'écouter,
Madame. Mais de quoi puis-je encor me flater ?
Que vais-je devenir ? O Ciel ! Si ta justice
S'obstine à demander qu'un de mes Fils périsse,
Pren ta victime ; frappe, & vien la consumer :
Mais ne m'impose pas l'horreur de la nommer.
Je souscris à tes Loix, souveraine colere ;
Mais pour Ministre au moins ne choisis pas un Pere.

Fin du second Acte.

ACTE III.
SCENE PREMIERE.
ETE'OCLE, POLINICE.

ETE'OCLE.

IL ne vient point ! qu'il tarde à mon impatience !
Puisse le Ciel fléchi, nous..... Mais quelqu'un s'avance.

SCENE II.
ETE'OCLE, POLINICE, POLE'MON, GARDES.

ETE'OCLE.

Vous êtes ce vieillard qu'a devancé Dymas ?

POLE'MON.

Oüi ; la lenteur de l'âge a retardé mes pas.

OEDIPE,

ETEO'CLE *aux Gardes.*

Avertissez la Reine : elle va vous entendre.
Mais de cet entretien que devons-nous attendre ?
Thébe va-t-elle voir relever son destin ?
Venez-vous de Laïus nous nommer l'assassin ?

POLE'MON.

J'attens ici la Reine : & pour tout autre qu'elle,
Iphicrate m'impose un silence fidelle.

ETEO'CLE.

C'est trop de défiance, en parlant à ses Fils.

POLE'MON.

Vous, ses Fils ! vous, Seigneurs ! mes sens sont interdits.
Ah ! de grace excusez la rustique ignorance
Qui de mes Souverains me cachoit la présence.
Méprisable habitant d'un champêtre séjour,
C'est la premiere fois que je vois une Cour.

POLINICE.

Eh, comment un Sujet peut-il nous méconnoître ?

POLE'MON.

J'habite vos Etats ; ils ne m'ont point vû naître :
J'y fus par mes malheurs dès long-tems amené,
Iphicrate, attendri pour un infortuné,
Daigna, dans son desert m'accordant un azile,
M'y soulager des maux d'une course inutile.

TRAGEDIE.
ETEOCLE.
Puiſſiez-vous aujourd'hui faire tarir nos pleurs !
Nous ſçaurions mieux que lui réparer vos malheurs ;
Ce Palais déſormais ſeroit vôtre Patrie.

POLEMON.
Non, rien ne me rendra la douceur de ma vie.

POLINICE.
Quels ſont donc vos regrets ?

POLEMON.
       La fortune & les Dieux
Avoient mis dans mes bras un enfant précieux.
De l'amour paternel, toute la violence
M'intereſſa pour lui dès ſa plus tendre enfance.
Je fus bien-tôt ſurpris de ſes nobles deſirs.
Le ſeul nom des Héros lui coûtoit des ſoupirs.
Du vil ſoin des troupeaux dédaignant la baſſeſſe ;
Pour une vie illuſtre il ſoupiroit ſans ceſſe.
Mais que dis-je, Seigneurs ? Où vais-je m'engager ?
Que vous importe, hélas, la douleur d'un Berger !

POLINICE.
Nous plaignons vos malheurs ; & la rigueur des nôtres
Ne nous apprend que trop à plaindre ceux des autres.
Nous eſpérons pourtant que le deſtin plus doux
Ne vous a point en vain amené parmi nous,
Et qu'il ne vous a fait quitter votre Patrie....

POLE'MON.

Hélas ! qu'avec plaisir je quitterois la vie,
Si le Ciel m'accordoit de sauver vos Etats,
De retrouver ce Fils, & mourir dans ses bras !

POLINICE.

Que les Dieux soient touchez du desir qui vous presse !

POLE'MON.

La gloire l'enleva trop-tôt à ma tendresse ;
Et le cruel, hélas, plaignit même à mes yeux
Le douloureux plaisir de ses derniers adieux !
De quels coups je sentis mon ame pénétrée !
Je l'ai cherché depuis de contrée en contrée :
Je le reconnoissois au bruit de ses combats :
Mais j'ai toujours perdu la trace de ses pas.
Enfin, sans aucun fruit de ma persévérance,
De le revoir jamais perdant toute espérance,
Je vins chez Iphicrate ; & le Ciel le toucha :
Ma profonde tristesse à mon sort l'attacha.
Les cœurs infortunez cherchent ceux qui soupirent ;
Et nos communs chagrins à jamais nous unirent.

ETE'OCLE.

Dans vôtre sein sans doute il versoit ses secrets ?
Eh bien, si j'ai paru sensible à vos regrets,
Daignez m'en accorder quelque reconnoissance.
Cessez de m'opposer un injuste silence.
Sur la mort de Laïus que vous a-t-il appris ?
Parlez. Souvenez-vous de qui nous sommes Fils.

TRAGEDIE.

POLE'MON.
Je ne dois m'expliquer, Seigneur, qu'à vôtre Mere.
ETE'OCLE.
Par de nouveaux refus voulez-vous me déplaire ?

SCENE III.
JOCASTE, ETE'OCLE, POLINICE, POLE'MON.

JOCASTE.
Est-ce-là ce Vieillard ?
POLINICE.
Oüi, Madame.
JOCASTE *aux Princes.*
Sortez.

SCENE IV.

JOCASTE, POLE'MON.

JOCASTE.

Ciel, laisse à tes rigueurs succeder tes bontez!
à Polémon.
Parlez ; nous sommes seuls : & je brûle d'entendre
Les importans secrets que vous venez m'apprendre.

POLE'MON.

Iphicrate, Madame, est mort entre mes bras,
Frappé de ce fleau tombé sur vos Etats.
Dès qu'il en ressentit les brûlantes atteintes,
Son esprit fut troublé de remords & de craintes.
Ses yeux épouvantez se forgeant mille horreurs,
Nous-mêmes nous faisoient trembler de ses terreurs,
Aux Juges des Enfers tantôt demandant grace,
Tantôt voulant fléchir Laïus qui le menace ;
Il croit voir quelquefois un effroïable amas
De spectres menaçans, armez pour son trépas.
C'est ainsi que son ame étoit encor émuë,
Lorsque de vôtre part Dymas s'offre à sa vûë.
A peine est-il instruit de l'Oracle rendu,
Son desordre à l'instant a paru suspendu.
Un long torrent de pleurs inonde son visage;
De sa triste raison il retrouve l'usage.
Près de son lit alors il me fait appeler.

TRAGEDIE.

Un moment sans témoin demande à me parler.
Ce fleau, me dit-il, dont Thebe est la victime,
Je n'en puis plus douter, est le fruit de mon crime.
A la Reine, aux Thébains indignement déçûs
Mon mensonge a caché le destin de Laïus.
J'ai dit qu'un monstre affreux, malgré tout son cou-
 rage,
L'avoit fait à mes yeux expirer sous sa rage :
Mais, ami, ce malheur n'est qu'un fait inventé,
Dont je voulus alors couvrir ma lâcheté.

JOCASTE.

Achevez ; car sans doute il vous a fait entendre
L'événement fatal qu'il craignit de m'apprendre ?

POLE'MON.

Du malheureux Laïus connoi donc le destin,
Poursuit-il. Un jeune homme, en cet étroit chemin
Qui sépare les champs de Thébe & de Corinthe,
D'un invincible bras lui fit sentir l'atteinte :
Et Laïus & les siens, tout en fut terrassé.

JOCASTE.

Juste Ciel !

POLE'MON.

De terreur Iphicrate glacé,
Ne songeant qu'à chercher son salut dans la fuite,
Vit de loin succomber & Laïus & sa suite.
Il ne put se résoudre à l'opprobre éternel
D'annoncer sans blessure un malheur si cruel ;
Et la honte lui fit cacher sous une fable,

De sa lâche terreur, le crime impardonnable.

JOCASTE.

N'a-t-il rien dit de plus sur cet événement ?

POLEMON.

Non. Je n'apporte point d'autre éclaircissement.
D'un indice si foible Iphicrate lui-même
Sentoit, en expirant, une douleur extrême.
Va, m'a-t-il dit, je meurs, & l'ai bien mérité :
Mais à la Reine au moins je dois la vérité.
Qu'elle apprenne de toi ce que je puis lui dire.
J'espere cependant, & le Ciel me l'inspire,
Que, tout leger qu'il est, cet indice confus
Va l'aider à venger le meurtre de Laïus.
Pour lui faire oublier mon parjure artifice,
Di-lui bien quels remords ont été mon supplice.
Il expire à ces mots.

JOCASTE.

C'est assez. Laissez-moi.
Gardez bien ces secrets commis à votre foi.
Demeurez chez Dymas.

SCENE V.

JOCASTE, *seule.*

Que faut-il que j'espere !
Où nous conduiras-tu trop obscure lumiere !

SCENE VI.

OEDIPE, JOCASTE.

OEDIPE.

Madame, ce vieillard enfin vous a parlé.
Quel est donc le secret qu'il vous a revelé ?

JOCASTE.

Il venoit seulement démentir la nouvelle,
Que m'osa rapporter une bouche infidelle.
L'Oracle nous déclare un malheur trop certain.
Laïus reçut la mort d'une coupable main.

OEDIPE.

Avez-vous de ce meurtre appris les circonstances ?

JOCASTE.

Ah ! Seigneur, tout confond nos vaines espérances.

Le Ciel montre le meurtre, & cache l'aſſaſſin.
On ne m'en a donné qu'un indice trop vain.

OEDIPE.

Parlez ; un foible jour peut nous ſervir de guide.

JOCASTE.

Jugez donc ſi ce trait nomme le parricide.
Mon Epoux, abbatu par un jeune guerrier,
Périt avec ſa ſuite en un étroit ſentier ;
Et la Terre, Seigneur, qui de ſon ſang fut teinte,
Partage les Etats de Thébe & de Corinthe.

OEDIPE à part.

Entre Thébe & Corinthe ! un ſeul guerrier ! Grands
    Dieux !
Quels funeſtes rapports viennent luire à mes yeux !
A ces premiers ſoupçons que devient mon courage !
Malheureux ! oſerai-je en ſçavoir davantage !

JOCASTE.

Vous m'effraïez. Quel trouble a ſaiſi vos eſprits ?
Oedipe, qu'ai-je dit dont vos maux ſoient aigris ?
Pourquoi me dérober ces ſoupirs & ces plaintes ?
Ah ! de grace, Seigneur, n'augmentez pas mes
    craintes.

OEDIPE.

Je n'ai point oublié ce que je ſçûs de vous.
Un an avoit ſuivi la mort de vôtre Epoux,
Quand, païant à la fois ma flâme & mon courage,
Du Trône des Thébains vous fîtes mon partage.

TRAGEDIE.

JOCASTE.

Oüi, Seigneur, c'est le tems où je perdis Laïus.

OEDIPE.

O terribles soupçons, à chaque instant accrus !
Tout ce que je demande & tout ce que je pense,
De mon trouble secret aigrit la violence.

JOCASTE.

Que me cachez-vous donc ? ne pourrai-je, Seigneur,
Sçavoir ce qui se passe au fonds de vôtre cœur ?

OEDIPE.

Eh bien, Madame, eh bien, soïez donc éclaircie
D'un triste évenement, qui menaça ma vie.
Je tremble du rapport & des tems & des lieux.
Je ne lirai que trop mon destin dans vos yeux.
J'entrois dans ce chemin par qui sont séparées,
Des champs Corinthiens nos fatales contrées.
Au devant de mes pas deux hommes s'arrêtant,
M'attaquerent d'abord d'un dédain insultant :
Insolens, ils vouloient que, tournant en arriere,
Au char qui les suivoit j'ouvrisse la carriere.
C'est peu que le mépris éclatât sur leur front,
Un coup audacieux mit le comble à l'affront.
Furieux dans l'instant, & brûlant de vengeance,
Je voulus dans leur sang effacer cette offence.
Un des deux prend la fuite ; & l'autre à mon cour-
    roux,
Oppose un ennemi plus digne de mes coups.
Déja son sang qui coule, affoiblit son courage ;

R iij

Quand le Maître du char, malgré le poids de l'âge,
Se précipite à terre, & son guide avec lui.
Tous deux, au malheureux, ils prêtent leur appui.
Mais quoi ! De ce Vieillard l'image vous accable ?
Vous frémissez, Madame ? Ah ! serois-je coupable ?

JOCASTE.

Achevez, achevez, Seigneur, de m'éclairer.
Dans ces doutes cruels, je ne puis respirer.

OEDIPE.

Ce nouvel ennemi me devint respectable.
La majesté brilloit sur son front vénérable.
A son bras généreux content de résister,
Ma main paroit ses coups, & n'osoit en porter.
D'un mouvement secret mon ame pénétrée,
Rendoit, à ma fureur, sa personne sacrée.
Malgré cette pitié, le destin inhumain,
Au fer qui le fuïoit, vint exposer son sein.
Avec ses défenseurs, il tomba ma victime.
Mon cœur alors sembla me reprocher un crime.
Mais loin que ce Héros m'imputât son malheur,
Lui-même, en expirant, applaudit ma valeur,
Priant même les Dieux d'en soutenir la gloire,
Et de ne me punir jamais de ma victoire.
Je vois qu'à chaque instant s'irritent vos douleurs.
Vos yeux sont inondez d'un déluge de pleurs.
Resteroit-il encor quelque doute en vôtre ame ?
Peindrai-je ce Héros, dont j'ai tranché la trame ?
Sa taille étoit superbe, & ses regards perçans :
Sur son dos descendoient ses cheveux blanchissans :
Les rides qu'à son front imprimoit la vieillesse,

TRAGEDIE.

N'en avoient point banni l'ardeur de la jeuneſſe.
Une robe de pourpre.....

JOCASTE.

                    Ah ! ne m'accablez plus.
Je ne connois que trop le malheureux Laïus.

OEDIPE.

Je l'ai donc dévoilé ce terrible miſtere !
La haine de Jocaſte eſt déja mon ſalaire.
Que deviens-je à vos yeux ! & quel objet pour vous
Qu'un Epoux tout ſoüillé du ſang de votre Epoux !
Vous ne me voïez plus que comme un parricide,
Comme un monſtre cruel, ſacrilege, perfide....

JOCASTE.

Seigneur, ces noms affreux ne ſont dûs qu'aux for-
    faits.
Reſpectez vos vertus : reſpectez mes regrets.
Tout accablé qu'il eſt du malheur qui l'opprime,
Mon cœur ſçait en gémir, ſans vous en faire un crime.
Je vois toujours en vous ce Héros adoré,
A qui ſeul pour jamais tout ce cœur fut livré.
Je n'impute qu'au ſort mes mortelles allarmes ;
Et je vous dois toujours mon amour & mes larmes.

OEDIPE.

Et moi, quand vôtre cœur craint de me condamner,
Le mien deſeſperé ne peut ſe pardonner.
Je ſçais qu'en ce combat je ne fus point coupable ;
Mais je ſuis de vos maux la ſource déplorable :

Et malgré ma raison, mon trouble plus puissant
Me défend en secret de me croire innocent.
J'entens déja Laïus : & je crois voir son ombre
Sortir, pour se venger, de la demeure sombre,
Me venir demander un sang que je lui doi,
Et retracter les vœux qu'il avoit faits pour moi.

JOCASTE.

Vous le deshonorez par ce triste présage.
Non, non, calmez, Oedipe, un trouble qui m'outrage.
Le sort impitoïable a seul conduit vos coups ;
J'en accuse les Dieux ; & j'en pleure avec vous.

OEDIPE.

Mais, Madame, malgré ce pardon magnanime,
Le Ciel toujours armé demande sa victime.
Voilà ce criminel, ce cœur qu'il faut frapper,
Et que Thébe a laissé trop long-tems échaper.

JOCASTE.

Seigneur, s'il faut des Dieux appaiser la colere,
Attendons, en tremblant, que leur voix nous éclaire.
D'un des Fils de Jocaste ils veulent le trépas.
Peut-être votre mort ne les sauveroit pas.
Allons encor au Temple implorer leur clémence :
Nous les desarmerons ; j'en crois votre innocence :
Mais si rien ne fléchit leur barbare courroux,
Je ne m'y soumettrai qu'en mourant avec vous.

TRAGEDIE.
OEDIPE.

Jocaste, épargnez-moi cette horrible menace.
Mais, j'y consens, aux Dieux venez demander grace,
Tandis qu'impatient de sauver mes Etats,
Je vais les conjurer d'accepter mon trépas.

Fin du troisiéme Acte.

ACTE IV.
SCENE PREMIERE.
JOCASTE, PHOEDIME,

JOCASTE.

LA colere du Ciel ne s'est point ralentie :
Sur nous encor sa main demeure appesantie :
Le Pontife avec nous l'a sans fruit imploré,
Lui-même, en frémissant, il nous a déclaré
Qu'en vain je conservois la plus foible espérance
Que le Ciel desarmé retractât sa vengeance ;
Que bien-tôt ce vieillard, arrivé dans ces lieux,
Alloit être pour nous l'interprete des Dieux :
Et ce jour, a-t-il dit, vainqueur de tout obstacle,
N'accomplira que trop l'irrévocable Oracle.

PHOEDIME.

Hélas ! quelle réponse ! en quel état cruel....

JOCASTE.

Phœdime, c'en est fait. J'attens le coup mortel.
Sur quelque infortuné qu'ici la foudre tombe,
Je le sçais, il faudra que Jocaste y succombe.
Mais, je te l'avourai, dans cette extremité,
Je sens, du desespoir, naître ma fermeté.

Un raïon d'eſperance entretenoit mon trouble.
Oüi, puiſqu'à chaque inſtant vôtre fureur redouble,
Grands Dieux ! au coup fatal je ſçai me préſenter,
Et le braver du moins, s'il ne peut s'éviter.
Te dirai-je encor plus ? j'y ſuis preſque inſenſible,
Quand j'oſe rappeller le ſouvenir terrible
De ces deſtins jadis évitez par mes ſoins.
Auprès de ces horreurs, mes maux me péſent moins.
Mon Fils n'eſt point entré dans le lit de ſa Mere :
Mon Fils ne ſera point l'aſſaſſin de ſon Pere.
Je vous ai démentis, grands Dieux ! & vos rigueurs
N'ont plus, pour s'en venger, que de moindres horreurs.
Ah ! que je m'applaudis, ma fidelle Phœdime,
De t'avoir confié le ſort de la victime !
Peut-être que toute autre eût trompé mes deſſeins.
Le ſalut de ta Reine étoit ſûr dans tes mains.
C'eſt par toi que des ours ce Fils devint la proïe,
Ce Fils encor pleuré, quand ſa mort fait ma joïe.
Toi-méme, en l'expoſant, tu le vis expirer.
C'eſt ainſi que mon cœur cherche à ſe raſſurer,
Réduite à rappeller à quel malheur j'échape,
Pour tomber ſans regret ſous le coup qui me frappe.

PHOEDIME.

Que devez-vous, hélas, à ma fidelité !
Quand par d'autres fraïeurs votre eſprit agité. . . .

JOCASTE.

Eh ! pourquoi, malheureuſe, ai-je eu moins de courage,
Pour me ſauver du piége, où mon amour m'engage !

Cet Oracle à mon Fils m'a fait ravir le jour.
Pourquoi l'ai-je moins crû contre un fatal amour !
Pourquoi ce jeune Oedipe, annoncé par la gloire,
Remportant à mes yeux cette illustre victoire,
Si long-tems échapée à tant d'autres Héros,
Par son amour encor troubla-t-il mon repos !
Voilà de nos malheurs la source déplorable.
Ici tout est puni. Je suis seule coupable.
Peuples, Epoux, Enfans, j'ai tout mis en danger.
Sans mon amour, les Dieux n'auroient rien à venger.
Foiblesse pardonnable autant qu'involontaire !
En me la reprochant, je sens qu'elle m'est chere.
Et malgré tous mes maux, Phœdime, ce soupir
Echape à mon amour, plus qu'à mon repentir.

PHŒDIME.

Faites-vous quelque effort, le Roi paroît, Madame;
Cachez-lui, s'il se peut, le trouble de votre ame.

SCENE II.

OEDIPE, JOCASTE, PHŒDIME.

OEDIPE.

ON me l'amene ici; je vais l'interroger :
Vous l'avez déja vû ce fatal étranger.
Comment la verité vous est-elle échapée ?
Me trompiez-vous, Jocaste ? ou vous a-t-il trompée ?

TRAGEDIE.

JOCASTE.

Je vous ai tout appris ; & de cet entretien,
Je ne fçaurois prévoir, & n'ose esperer rien.

OEDIPE.

O foiblesse des Rois ! près du pouvoir suprême,
Combien s'anéantit l'orgueil du Diadême !
De ses decrets profonds joüets infortunez,
De supplice en supplice, en esclaves traînez,
Nous voilà devenus, tristes Rois que nous sommes,
Des objets de pitié pour les derniers des hommes !
Raffermissons pourtant notre cœur abbatu.
Cés Dieux ne peuvent rien du moins sur la vertu.
Qu'importe qu'à leur gré nous soïons misérables,
S'il ne dépend pas d'eux de nous rendre coupables.

JOCASTE.

Vous voïez l'étranger.

OEDIPE.

O terrible moment !

SCENE III.

OEDIPE, JOCASTE, PHOE-DIME, POLE'MON.

POLE'MON.

Faites graces, Seigneur, à mon saisissement.
Devant ce Trône auguste étonné de paroître,
J'ai peine à soutenir l'approche de mon maître.
De crainte & de respect je me sens accabler.

OEDIPE.

Venez, rassurez-vous. C'est à nous de trembler.
Si le Prêtre des Dieux n'a voulu nous séduire,
Vous seul, de leurs decrets vous pouvez nous instruire.

POLE'MON.

Cet étrange discours s'adresse-t-il à moi ?
Vous augmentez, Seigneur, mon trouble & mon effroi.

OEDIPE.

Qu'entens-je ? quelle voix ! que mon ame est émuë !
Et quels traits ce vieillard offre-t-il à ma veuë !
A la Reine tantôt qu'avez-vous revelé ?
Vôtre récit sincere a-t-il tout dévoilé ?

POLE'MON.

Oüi, Seigneur ; elle a sçu de ma bouche fidelle,
Ce qu'un ami mourant m'a déposé pour elle.

OEDIPE.

Chaque mot me pénétre ; & tous mes sens troublez...
Je ne me trompe point, c'est lui-même. Parlez ;
Où viviez-vous jadis ? quelle est vôtre Patrie ?

POLE'MON.

Le destin m'a fait naître & vivre en Thessalie.

OEDIPE.

Et quel est votre état ?

POLE'MON.

Pasteur.

OEDIPE.

Et votre nom ?
Dites, ne craignez rien ; votre nom ?

POLE'MON.

Polémon.

OEDIPE.

Ah ! mon Pere, c'est vous ! ô Ciel, je te rens grace :
Mes maux sont suspendus, puisque je vous embrasse.
Qu'il m'est doux ce bonheur que je n'esperois plus.
Mes soins pour vous chercher ont été superflus.
Vous aviés dès long-tems quitté la Thessalie.
Vous vivez ; je n'ai plus de regret à la vie.

POLE'MON.

Eh quoi ? ce seroit vous, qu'après tant de regrets...
Oüi ; je n'en doute plus ; je rappelle vos traits.
Vous êtes cet enfant, l'objet de ma tristesse,
Elevé dans mon sein avec tant de tendresse.
Eh ! d'où pouvoit jamais me naître cet espoir,
Que sur le Trône un jour je dusse vous revoir ?

JOCASTE.

De ces évenemens que faut-il que je pense !

OEDIPE.

Oüi, Madame, voilà l'auteur de ma naissance.
Faites tréve, un moment, à vos tristes soupirs :
Interrompez vos pleurs : partagez mes plaisirs.
Que l'Epouse d'Oedipe, à ses jours s'interesse :
Daignez ne pas rougir enfin de sa bassesse.

JOCASTE.

Moi, Seigneur, en rougir ? l'avez-vous pû penser ?
Mon Epoux à ce point ose-t-il m'offenser ?
Qui, moi, je rougirois, Seigneur, de votre Pere,
Lorsque votre vertu me transporte & m'éclaire,
Lorsque vous me rendez par de si nobles traits
Mon Epoux plus auguste, & plus grand que jamais ?

OEDIPE.

Fortune, qu'à ton gré ta fureur se déploïe !
Accablé sous tes coups, je goûte encor la joïe.

POLE'MON.

POLE'MON.

D'un trouble trop preſſant, je me ſens agiter.
La verité, Seigneur, doit enfin éclater.
Je ne puis ſoutenir le poids de tant de gloire.

OEDIPE.

De ces nouveaux diſcours, ô Ciel, que dois-je croire!
Mon Pere, oubliez-vous que je ſuis votre Fils ?

POLE'MON.

Seigneur, ces noms ſi doux ne me ſont plus permis.
C'eſt des Rois où des Dieux que le Ciel vous fit naître.
Je me croirois, Seigneur, un ſacrilége, un traître,
Si, plus long-tems rebelle à mes ſecrets remords,
J'oſois de votre erreur adopter les tranſports.

OEDIPE.

Quoi! ce n'eſt point de vous que je tiens la naiſſance ?
De mon deſtin du moins vous avez connoiſſance ?

POLE'MON.

Vous êtes un Enfant aux ours abandonné,
Et dès vôtre naiſſance à la mort condamné.
En dérobant vos jours à cet Arrêt ſévéré,
Je me trouvai pour vous des entrailles de Pere.
Et je ſentis depuis, de momens en momens,
Par mes propres ſecours, croître mes ſentimens.
On vous a crû mon Fils ; & je l'ai laiſſé croire :
Je pouvois bien alors m'en permettre la gloire :
J'élevois vôtre enfance ; & je croïois du moins,
Ce prix, tout grand qu'il eſt, bien acquis à mes ſoins.

Tome II.   S

Mais dans le rang augufte où je vous vois paroître,
Vous n'êtes plus mon Fils ; vous n'êtes que mon Maître.
En efclave foumis, traitez-moi deformais.
Ce feroit à mes yeux le plus noir des forfaits,
De vous laiffer penfer qu'une ame fi divine,
Du fang le plus abject, tirât fon origine.
Vos grands deftins, un jour, vous feront revelez;
Vous êtes né des Dieux à qui vous reffemblez.

OEDIPE.

Vertueux Polémon, vous n'êtes point mon Pere ?
J'admire avec douleur un aveu fi fincere.
N'importe. Trop de foins, avec vous, m'ont lié.
Je perds le nom de Fils ; j'en garde l'amitié.

JOCASTE.

Quels penfers effraïans viennent faifir mon ame !
Un Enfant expofé. ... fe pourroit-il. ...

OEDIPE.

          Madame,
Je vois fur votre front de nouvelles terreurs ;
Et vos yeux égarez fe rempliffent de pleurs.

JOCASTE.

Je ne veux point, Seigneur, diffimuler mon trouble :
Plus j'y veux réfifter, plus je fens qu'il redouble.
Laiffez-nous, un moment. Dans l'état où je fuis,
Polémon peut lui feul foulager mes ennuis.
Souffrez. ...

OEDIPE.

Quoi ! devant moi ne peut-il vous instruire...?

JOCASTE.

Non, Seigneur ; respectez ce que le Ciel m'inspire :
Jocaste a ses raisons pour vous le demander :
Si vous plaignez mes maux, daignez me l'accorder.

SCENE IV.

OEDIPE, JOCASTE, PHOEDIME, POLE'MON, DYMAS.

DYMAS.

AH ! Seigneur, de ces lieux, on assiege l'entrée.
Au dernier desespoir, Thébe entiere est livrée.
Un Peuple de Mourans, autour de ce Palais,
De vôtre obéïssance accuse les délais.
Ils redemandent tous à vos soins tutelaires,
Les Peres, leurs Enfans ; & les Enfans, leurs Peres.
Les yeux sur ce Palais, & les bras vers les Cieux,
Ils reclament les noms & d'Oedipe & des Dieux.
Révolte étrange, hélas ! qui n'a, pour toutes armes,
Que des cris languissans, des soupirs & des larmes !

OEDIPE.

Que ces gémissemens coûtent à mon amour !
Je cours les assurer qu'avant la fin du jour,

Ils connoîtront qu'Oedipe eſt encore leur Pere.
à Jocaſte.
Et vous, de nos deſtins pénétrez le myſtere.
Ecoutez Polémon. A tout ce que je vois,
J'eſpere que le Ciel va parler par ſa voix.

SCENE V.

JOCASTE, PHOEDIME, POLE'MON.

JOCASTE.

J'Exige, Polémon, que, ſur ce qui me touche,
L'exacte vérité ſorte de vôtre bouche.
Après le noble aveu qui vous eſt échapé,
L'eſpoir que j'en conçois, ne ſera point trompé.
D'Oedipe abandonné, vous ſçavez l'avanture;
Et des ours, dites-vous, il étoit la pâture,
Si vous n'aviez fléchi ſes deſtins ennemis.
En quels lieux cet enfant vous fut-il donc remis?

POLE'MON.

Aux pieds du Cythéron, contre toute eſpérance,
D'une cruelle mort je ſauvai ſon enfance.

JOCASTE.

Aux pieds du Cythéron! juſte Ciel! en quel tems?

POLE'MON.

De ſept luſtres, depuis j'ai vû croître mes ans.

TRAGEDIE.

JOCASTE.

Qu'entens-je ? à chaque mot, quelle horreur me pé-
nétre !
Et fût-ce le hazard qui vint vous le remettre ?
Etoit-il exposé, lorsque votre pitié. ...

POLE'MON.

Non ; c'est une autre main qui me l'a confié.

JOCASTE.

Grands Dieux ! puis-je suffire à l'effroi qui m'agite !
Tracez-moi de ce fait une fidelle suite.

POLE'MON.

Chaque parole, hélas, vous arrache des pleurs !
Je n'ose plus parler.

JOCASTE.

Achevez, ou je meurs.

POLE'MON.

Je revenois de Delphe où par l'ordre d'un Maître,
J'avois sur son destin consulté le Grand-Prêtre.
Triste, je repassois par le Mont Cythéron.
L'aurore à peine encor éclairoit l'horizon,
Une femme paroît (jugez de mes allarmes)
Exposant un Enfant tout baigné de ses larmes.
Ce barbare dessein épouventa mon cœur ;
Et cette femme même en frémissoit d'horreur.
Je cours lui demander grace pour la victime.
Long-tems elle s'obstine à consommer son crime :

S iij

Mais quand elle eut appris que loin de ces Etats,
Aux champs Tessaliens j'allois porter mes pas,
Elle permit enfin, sensible à ma priere,
Qu'à cet Enfant mon soin conservât la lumiere.
J'ai tenu lieu depuis à cet infortuné
De ses parens cruels qui l'ont abandonné.

JOCASTE.

Je ne me connois plus; & tout mon sang se glace.
Faut-il m'assurer mieux du coup qui me menace!
Osons tout éclaircir. Vous, Phœdime, approchez.
à Polémon.
Que sur elle vos yeux demeurent attachez.
Voïez, examinez les traits de cette femme.
En avez-vous reçû cet Enfant?

POLEMON.

Oüi, Madame.
Il faut vous l'avoüer, je reconnois ses traits.

JOCASTE.

Vous la reconnoissez! ô comble des forfaits!
à Phœdime.
Perfide, en quel abîme as-tu jetté ta Reine!

PHOEDIME.

Oüi, de tous vos malheurs je dois porter la peine:
Mais j'ose encor, Madame, embrasser vos genoux.
Songez, en m'accablant de tout vôtre courroux,
Que d'un crime odieux je ne fus point capable,
Que la seule pitié m'a pu rendre coupable.
Je pensois qu'aux malheurs par le Ciel annoncez,

TRAGEDIE.

La distance des lieux vous déroboit assez.

JOCASTE.

Eh ! pourquoi de sa mort m'apporter la nouvelle ?

PHOEDIME.

Il falloit vous sauver une crainte éternelle.

JOCASTE.

Eh bien, de ta pitié, goûte l'affreux succès !
à Polémon.
Vous, allez ; de mes maux dissimulez l'excès.
Vous seul, de ce secret vous avez connoissance ;
Qu'il soit anéanti dans un profond silence.

SCENE VI.

JOCASTE, PHOEDIME.

JOCASTE.

Toi, fatale furie, ôte-toi de mes yeux.
Epargne-moi l'horreur d'un aspect odieux.
Laisse-moi sans témoin subir la violence
Des maux que tu m'as faits, & qu'aigrit ta présence.

PHOEDIME.

Je ne vous quitte point. Ordonnez de mon sort.
Je ne demande plus de grace que la mort.

Fin du quatriéme Acte.

S iiij

ACTE V.

SCENE PREMIERE.

OEDIPE, JOCASTE.

OEDIPE.

O Ciel ! en quel état, vous trouvai-je, Madame ?
Quel trouble Polémon a-t-il mis dans vôtre ame ?
Vous l'entretenez seule ; & trompant mon espoir,
Dans vôtre apartement vous rentrez, sans me voir.
Lorsque je vous y cherche avec impatience,
Soudain avec horreur vous fuïez ma présence.
Vôtre bouche est muette ; & plein d'un sombre effroi,
Vos regards égarez n'osent tomber sur moi.

JOCASTE.

Ah ! Seigneur, laissez-moi me livrer à mon trouble :
Je le nierois en vain, vôtre aspect le redouble.
Jugez, par cet aveu, du desordre où je suis.

OEDIPE.

Qu'entens-je ? ma présence irrite vos ennuis ?
Quoi, je serois l'horreur de vos yeux ? moi, Madame ?

TRAGEDIE.

Oedipe ? cet Epoux, l'objet de tant de flâme ?

JOCASTE.

Oedipe ! mon Epoux ! vous me faites frémir.
Quoi donc en liberté ne pourrai-je gémir ?
Si pour les malheureux quelque pitié vous reste,
Laissez-moi respirer.

OEDIPE.

    O changement funeste !
Le voilà donc, hélas, ce malheur que j'ai craint !
Vôtre amour pour Oedipe à jamais est éteint !

JOCASTE.

O trop fatal amour !

OEDIPE.

    Vôtre ame, à ma présence,
De la mort de Laïus respire la vengeance.
Que vous a-t-on pû dire ? expliquez-vous enfin.
Pourquoi me traitez-vous comme un lâche assassin ?

JOCASTE.

Un lâche assassin ! non, vous n'êtes point coupable ;
Mais Jocaste, Seigneur, n'est pas moins misérable.

OEDIPE.

Si je suis innocent, pourquoi donc, à ce point,
Vôtre haine pour moi. ...

JOCASTE.

    Non, je ne vous hais point.

OEDIPE.
Croirai-je....

JOCASTE.

Non, mon cœur ne vous hait point, vous dis-je.
Vous ne m'êtes, hélas, que trop cher !

OEDIPE.

O prodige !
Qui peut rien concevoir à cet égarement ?
Ce que vous prononcez, tout en vous le dément.
Il semble, à cette voix, à ce maintien farouche,
Que la haine & l'horreur sortent de vôtre bouche.
Rappellez vos esprits. Songez à m'écouter.
Oedipe est devant vous.

JOCASTE.

Laissez-moi l'éviter.

OEDIPE.

Non, non, n'esperez pas que je vous abandonne :
Vôtre trouble, le mien autrement en ordonne.
Vous avez des secrets que vous m'osez cacher ;
Mais je suis résolu de vous les arracher.
C'est tenir trop long-tems mon ame suspenduë.
Parlez ; ou dans l'instant je meurs à vôtre vuë.

JOCASTE.

Laissez-moi m'épargner de trop sensibles coups.
Et croïez-moi, Seigneur, c'est par amour pour vous ;
(Dieux, pardonnez ce mot, du moins, à la nature)
C'est par amour pour vous, que je vous en conjure.

TRAGEDIE.
OEDIPE.

Inutiles efforts! je ne me rends à rien.
Ouvrez-moi votre cœur, pour soulager le mien.
C'est trop, c'est trop garder un barbare silence.

JOCASTE.

Vous sçavez de mon cœur l'inflexible constance.
Oedipe, c'en est fait, si de votre amitié,
Je n'obtiens cet égard que me doit la pitié.
Fidele à ce secret que ma douleur vous cache,
Je mourrai mille fois plûtôt qu'on me l'arrache :
Mais si vous accordez cette grace à mes pleurs,
J'en atteste les Dieux, du parjure vengeurs,
La triste vérité remplira vôtre attente.

OEDIPE.

Eh bien, je l'attends donc.

SCENE II.
OEDIPE.

Promesse menaçante !
De tout ce que j'entends, de tout ce que je voi,
Je ne recüeille ici que l'horreur & l'effroi.
Thébains, vous périssez ; & de votre ruïne
J'ignore si je suis la fatale origine :
Mais dans quelques terreurs que vous soïez plongez,
Par les miennes du moins vous êtes bien vengez.

Hélas ! que n'ai-je pû vous immoler ma vie !
D'un immortel honneur, ma mort feroit suivie.
A de plus grands efforts, connoissez mon amour.
Je fais bien plus pour vous, en supportant le jour.
Je respire ; & j'attens ce que le Ciel demande,
Tout prêt, si sa rigueur en exige l'offrande,
De vous livrer mes Fils, d'en ordonner la mort,
Et d'expirer moi-même, après ce triste effort.

SCENE III.

OEDIPE, ETEOCLE.

ETEOCLE.

Où sera notre azile ? où fuirai-je ? Ah mon Pere !

OEDIPE.

Ciel ! de quel coup nouveau me frappe ta colere !

ETEOCLE.

Jocaste nous repousse en mortels ennemis.
Nous n'avons plus de Mere : elle n'a plus de Fils.
Comme elle, pénétrez de ses vives allarmes,
Nous tombions à ses pieds, tout baignez de nos lar-
  mes.
Par nos embrassemens sa douleur s'aigrissoit.
Nous sentions qu'en nos bras tout son corps frémissoit.
Elle nous a priez par le doux nom de Mere,
Il semble qu'à regret sa bouche le profere,

TRAGEDIE.

De la laisser au moins respirer un moment.
Nous avons respecté ce dur commandement.
Mais, des bras de ses Fils à peine délivrée,
Elle arme avec fureur sa main desespérée,
Et nous a menacez, le poignard à la main,
Si nous ne la laissions, de s'en percer le sein.
Phœdime est auprès d'elle; & dans un trouble extrême,
Semble à ce desespoir applaudir elle-même.
Nous ne lui pouvions plus donner d'autres secours;
Et nous sommes sortis, pour conserver ses jours.

OEDIPE.

Allons ; c'est trop souffrir qu'en proïe à sa furie....

SCENE IV.

OEDIPE, ETEOCLE, POLINICE.

POLINICE.

Il n'est plus tems, Seigneur, & Jocaste est sans vie.

OEDIPE.

Jocaste ne vit plus !

POLINICE.

Par son ordre écarté,
A sa porte, Seigneur, je m'étois arrêté.
Je n'ai plus entendu de soupirs ni de plaintes :
Mais ce silence même a redoublé mes craintes,

OEDIPE,

Quand Phœdime soudain jette un cri douloureux.
Ce cri m'a fait rentrer. Ciel! quel spectacle affreux!
La Reine défaillante & dans son sang noïée.
Sur moi jettant à peine une veuë effraïée,
Tenez, m'a-t-elle dit, en ce dernier instant,
Allez porter au Roi le secret qu'il attend.
Cet écrit tout sanglant dégage ma promesse :
J'emporte chez les morts l'horreur que je lui laisse.

OEDIPE.

Il lit.

Sçachez ce qu'un Oracle autrefois me prédit.
J'eus un Fils de Laïus à qui le sort contraire
Reservoit le malheur d'assassiner son Pere,
   Et l'horreur d'entrer dans mon lit.
   En l'exposant dès sa naissance,
   Je crus prévenir ces horreurs.
Phœdime à Polémon a remis son enfance ;
     Ce Fils vit encor; & je meurs.

Il respire ! & tu meurs ! ô Reine malheureuse !
Ces mots m'ont pénétré d'une lumiere affreuse.
Voilà donc les horreurs où j'étois entraîné !
Je suis, oüi, je le suis, ce Fils abandonné.
Je suis Fils de Jocaste ; & je connois mon crime.
Grands Dieux, ne tonnez plus ; prenez votre victime.
                             Il se frape.

ETE'OCLE.

O comble des malheurs !

POLINICE.

              O desespoir cruel !

TRAGEDIE.

OEDIPE.

Princes, le Ciel eſt juſte, & j'étois criminel.
Puiſque j'ai pû des Dieux mépriſer les menaces,
J'en dois ſubir la peine ; & je leur en rends graces.

ETE'OCLE.

O Ciel !

OEDIPE.

De mon exemple effraïez à jamais,
Puiſſiez-vous éviter le moindre des forfaits,
Trop inſtruits que le Ciel en meſure la peine
Aux malheurs qu'à ſa ſuite un premier crime en-
traîne.

SCENE VI.

OEDIPE, ETE'OCLE, POLINICE, DYMAS.

DYMAS.

DE nos malheurs enfin le cours eſt achevé,
Seigneur ; Thébe reſpire, & le Peuple eſt ſauvé;
Portant dans tous les cœurs la joïe & l'aſſurance,
Le Prêtre d'Apollon garantit ſa clémence.
Déja de toutes parts.... Mais que vois-je ?

OEDIPE.

Pourſui.

DYMAS.

Ah, Seigneur, à quel prix vivons-nous aujourd'hui!
Que sert que de nos jours la trame se renoüe!

OEDIPE.

Heureux fruit de ma mort! justes Dieux, je vous loüe;
Mon sang vous a fléchi; Thébe ne souffre plus;
Vous paiez à la fois mon crime & mes vertus.

Fin du cinquiéme & dernier Acte.

LE
TALISMAN,
COMÉDIE.

PERSONAGES.

Madame FIORELLY, Mere d'Angélique.

ANGÉLIQUE.

VALENTINE, Suivante de Madame Fiorelly.

ALONZO, Fiancé avec Angélique.

RENAUD D'AST, Amant d'Angélique.

SCAPIN, Valet de Renaud d'Ast.

Un Laquais de Madame Fiorelly.

Un Laquais d'Alonzo.

La Scene est dans la maison de Madame Fiorelly.

LE TALISMAN,
COMEDIE.

SCENE PREMIERE.

LA MERE, ANGELIQUE.

LA MERE.

JE suis surprise, ma Fille, que le Seigneur Alonzo ne soit pas encore ici. Il me semble qu'il ne devroit pas avoir aujourd'hui d'affaire plus importante que le Contrat qui va l'unir avec vous. Le Notaire est arrivé depuis long-tems; le souper est tout prêt; la Musique est venuë; il se fait tard; & la négligence me paroît un peu étrange.

ANGE'LIQUE.

Mais aussi, ma Mere, il n'est pas si tard.

LA MERE.

Comment, il n'est point si tard ? je l'attendois à huit heures ; il en est plus de neuf à la Pendule.

ANGE'LIQUE.

Elle avance, ma Mere.

LA MERE.

Je vois trop ce que c'est, ma Fille ; le tems vous dure moins qu'à moi. Vous ne sentez pas assez l'importance de l'établissement que je vous ai ménagé. Seroit-il bien possible qu'il vous fût indifférent de le perdre !

ANGE'LIQUE.

Je vous avourai plus, ma Mere : je me croirois la plus heureuse Fille du monde, s'il pouvoit m'échaper. Que ne tient-il à moi d'inspirer à Alonzo des réflexions qui le dégoûtent de ce mariage ? que n'est-il avare ? que n'est-il allarmé d'épouser une Fille sans dot ? que ne craint-il la disproportion de mon âge & du sien ? que n'a-t'il même de mauvaises idées de mon caractere ? je ne sçai ce que je ne lui pardonnerois pas pourvû qu'il ne m'aimât point.

LA MERE.

Ne vous verrai-je jamais raisonnable, ma chere Angélique ?

COMÉDIE.

ANGÉLIQUE.

Et comment voulez-vous que je le fois, ma Mere, avec la passion que j'ai dans le cœur ? j'aimois Renaud d'Ast avec la plus vive tendresse : il m'aimoit avec la plus vive ardeur : vous-même vous avez laissé croître nôtre amour : vous avez trouvé bon que je lui donnasse mon portrait pour gage de mes sentimens : & quand nous nous promettions plus que jamais d'être l'un à l'autre, vous m'avez forcée de le quitter. Vous m'avez caché en quels lieux vous me conduisiez, de peur que je ne pusse l'en avertir. Pour comble, vous m'avez conjuré de l'oublier. Il y a un an que je tâche de vous obéïr, mais j'y perds tous mes efforts : je ne l'ai jamais tant aimé qu'au moment que vous me forcez de me donner à un autre.

LA MERE.

Ingrate ! faut-il me justifier de n'être occupée que de vous ? j'ai souffert les poursuites de Renaud d'Ast, tant que j'ai esperé que vôtre famille, vôtre beauté, vôtre vertu vous feroient agréer à ses Parens ; mais quand je les ai vûs inflexibles, & résolus obstinément à le deshériter, s'il osoit vous épouser, il a bien fallu vous sauver du péril, où vous exposoit vôtre passion & la sienne. Ma propre expérience m'a rendu prudente sur vos interêts. J'ai été folle comme vous, ma chere enfant ; & je n'avois point de Mere sage pour me gouverner. Vous êtes la Fille d'un homme deshérité, qui m'aima plus que sa fortune, & que la misere en fit trop-tôt repentir. Je n'ai pas dû vous laisser tomber dans ce malheur : je suis consolée du mien, puisqu'il m'enseigne à prévenir le vôtre. J'ai compté que vôtre jeunesse, & vos charmes vous attireroient par tout des Amans, que j'en pourrois choisir quelqu'un, maître de sa fortune & prêt à vous la sacrifier. Je l'ai fait. Le Seigneur Alonzo est riche & puissant ; il est le Juge de cette Ville : il vous épouse : soïez heureuse : profitez de mon imprudence ; & oubliez un Amant qui, sans doute, vous a oublié lui-même.

ANGE'LIQUE.

Eh ! pourquoi en penser si mal, ma Mere ? vous l'aimiez tant ! je ne puis m'en détacher ; & je sens bien qu'on ne profite point de l'imprudence des autres.

LA MERE.

Un peu d'effort, ma chere Enfant, je vous le demande en grace. Songez avec quel soin, avec quelle attention, je vous ai assuré la fortune qui vous attend. Depuis que le Seigneur Alonzo vient ici, vous avez toujours été d'une humeur à vous faire haïr, s'il étoit possible. Il a fallu réparer vos caprices, vos tristesses, vos imprudences ; donner à tout un tour de timidité, & de pudeur ; faire passer vôtre répugnance pour une crainte d'engagement ; vous rendre aimable enfin, malgré que vous en eussiez. J'y ai réüssi ; je vous ai préparé un bonheur solide : goûtez-le, du moins par reconnoissance : je ne vous en demande pas d'autre.

SCENE II.

LA MERE, ANGE'LIQUE, VALENTINE.

VALENTINE.

Madame, il s'offre une bonne action à faire ; ne la laissez point perdre.

LA MERE.

Qu'y-a-t-il, Valentine ?

VALENTINE.

Je viens d'entendre au pied des murs, tout auprès de nôtre petite porte, deux pauvres malheureux qui vont passer la nuit dans la neige, si vous n'avez pitié d'eux. Ils sont presque nuds, si j'en crois leurs plaintes. Jugez ce qu'ils deviendroient par le vent & le froid qu'il fait. L'un insulte à l'autre, lui reproche de lui avoir promis un bon gîte ; & l'autre se vante encore de lui tenir parole. Le plaintif donne au diable le plaisant : mais si vous me le permettiez, Madame, le plaisant auroit pourtant raison : je leur ouvrirois la petite porte ; il y a dequoi les loger ; & les vivres ne nous manqueront point aujourd'hui.

LA MERE.

J'y consens de bon cœur, va les secourir.

ANGE'LIQUE.

Qu'il ne leur manque rien, Valentine.

VALENTINE.

Laissez-moi faire. C'est bien avisé à vous d'être si pitoïable. On vous marie ce soir : l'hospitalité vous portera bonheur.

SCENE III.

LA MERE, ANGE'LIQUE.

ANGE'LIQUE.

Vous êtes si sensible à la pitié, ma Mere ; & cependant vous ne vous rendez pas à mes larmes.

LA MERE.

Ah ! de grace, ne me desesperez plus par de pareils discours. Hélas ! si vous aviez manqué cette occasion de vous affranchir de la misere, peut-être, n'en renaîtroit-il point d'autre. La beauté ne trouve pas toujours des ressources innocentes.

ANGE'LIQUE.

Je me rends, ma Mere. Ce dernier mot rappelle un peu ma raison. Vous m'aimez ; je me laisse conduire. Ma passion ne me meneroit qu'à me laisser mourir de douleur ; & puisque vous voulez que je vive, je m'abandonne à vôtre prudence.

COMÉDIE.

LA MERE.

Sortons. J'entens Valentine avec ces pauvres gens. Ils ne font point en état d'être vûs ; laiſſons-les ſe réchauffer ici. Je vais envoïer chez le Seigneur Alonzo. Préparez-vous à lui faire un viſage, qui lui annonce tout le bonheur qu'il s'eſt promis de vôtre mariage.

SCENE IV.

RENAUD D'AST, SCAPIN, VALENTINE.

RENAUD.

OUi, ſoïez ſûre que je n'oublirai jamais ce ſecours.

VALENTINE.

Soïez donc les bien-venus : vous, Monſieur, qu'à votre mine je crois le Maître, & toi, qui es le Valet, ſi je ne me trompe.

SCAPIN.

Tu es bien pénétrante, mon enfant.

VALENTINE.

Voilà du feu, voilà le buffet ; remettez-vous un peu de vos fatigues. Je vais chercher dequoi vous habiller.

SCAPIN.

Ah! de grâce, arrêtez un moment, ma Libératrice, ma Déesse, mon Ange tutelaire, toi que je reconnois pour la Servante du logis, souffre que je t'embrasse cent fois pour le service que tu nous as rendu.

VALENTINE.

Tout beau, tout beau, modere un peu ta reconnoissance.

SCAPIN.

Non, non, s'il te plaît; il y auroit de l'ingratitude à se retenir.

VALENTINE *lui présentant un verre de vin.*

Tien, boi un coup, cela vaudra mieux.

SCAPIN.

A ta santé, mon Ange. Je vous la porte, Monsieur, malgré les maux que votre maudit Talisman m'a fait essuïer.

RENAUD.

Tu prends mal ton tems pour t'en plaindre, mon pauvre Scapin. Tu vois que le Talisman opere. Ceci est un commencement de bonne fortune.

SCAPIN.

Bon! je ne lui dois encore qu'un verre de vin. Voilà bien dequoi réparer les fraïeurs mortelles & les trois heures de gelée qu'il m'a fait souffrir. Je t'en fais juge, mon enfant.

COMÉDIE.
VALENTINE.

Quelle est donc votre avanture ? expédie, que je vous aille chercher au plus vîte ce qu'il vous faut.

SCAPIN.

Cela sera bien-tôt fait.

Monsieur, qui est mon Maître, puisque tu l'as si finement deviné, s'est mis en tête de voïager, en dépit du tems & de la saison. J'ai eu beau lui représenter les incommoditez & les périls du voïage, il m'a toujours bridé le nez d'un maudit Talisman, d'un diable de sortilége que tu lui vois au doigt & qui nous assuroit tous les jours, disoit-il, bonne fortune & bon gîte. Je me suis mis en chemin sur sa parole. Nous avons couru presque toute la journée sans mauvaise rencontre : mais sur le soir, cinq ou six Cavaliers, tant bonne que mauvaise mine, se sont joints à nous. Civilitez de part & d'autre. On marche ensemble. On converse. Mon Maître, déja tout fier, me faisoit signe du petit doigt & mettoit sur le compte du Talisman la bonne compagnie. Après quelques discours que j'égaïois sans reproche autant que personne ; où allez-vous loger ce soir, demande gaïement mon Maître à ces Messieurs ? où le hazard nous conduira, dit une voix grêle de la Brigade. Mauvaise caution que le hazard, reprend mon Maître ! pour moi, je suis sûr d'un bon gîte ; & j'ai un secret, qui ne me laisse point là-dessus d'inquiétude. On pourroit aussi avoir quelque secret qui n'en céderoit rien au vôtre, répond un begue de la compagnie. Ah ! parbleu, insiste mon Maître, le Talisman que vous voïez ne m'a jamais manqué ; je doute que vous aïez d'aussi bon garand. Oh ! par-la-sambleu, je parie donc contre votre Talisman, dit une voix de tonnerre qui m'a fait trembler ; & sur ce signal, ces Messieurs ne mettant chacun qu'un pistolet au jeu, ont forcé impitoïablement mon Maître de parier habit, valise, argent, cheval. Ils m'ont mis aussi du pari, moi qui n'y avois que faire. Tu juges bien qu'ils gagnoient à mesure qu'ils parioient. Ils ont disparu avec les enjeux, en nous souhaitant encore un bon gîte ; & nous n'avons sauvé que ce maudit Talisman qu'ils nous ont laissé par bravade. Pour comble, nous avons trouvé les portes de la Ville fermées ; & nous serions morts de froid cette nuit, si tu n'avois eu pitié des perdans. Voi en conscience s'il y a là compensation.

VALENTINE.

Votre malheur est plaisant, je l'avouë : tu m'as presque fait rire, & pleurer.

RENAUD.

Tu as beau dire, Scapin : le Talisman est en train de se justifier. Prenons toujours ce qu'il nous envoïe.

VALENTINE.

C'est bien dit. Vous êtes en bonne maison. On se marie ici. Il y a Bal après souper : quelques amis ont envoïé des habits pour se déguiser : je vais prendre ceux qui me viendront sous la main ; je vous les apporte ; & vous vous habillerez dans ce cabinet, quand vous vous serez assez réchauffez.

SCAPIN.

Adieu, ma Déesse, je t'adore. Si j'avois le bonheur de te plaire autant que tu me plais, je n'aurois plus rien à dire au Talisman.

VALENTINE.

Cela ne va pas si vite, mon garçon. Mais que sçait-on ? je n'aurois pas le courage de parier.

SCENE V.

RENAUD D'AST, SCAPIN.

SCAPIN, *tenant une bouteille, & un verre.*

OH ça, Monsieur, que prétendez-vous devenir ?

RENAUD.

Et toi, que prétends-tu faire de ce verre, & de ce flacon ?

SCAPIN *buvant un coup.*

Me mettre en état, Monsieur, de vous donner de bons conseils ; parlez, je vous écoute.

RENAUD.

J'ai beau me forcer à quelque gaïeté, mon pauvre Scapin, je suis le plus malheureux de tous les hommes. Tu n'es avec moi que depuis trois mois, & tu n'as jamais vû cette charmante Angélique que j'ai perduë depuis un an. Je n'ai point de repos sans elle : je la chercherai sans relâche par toute l'Italie, par toute l'Europe. J'irois jusqu'au bout du monde pour la revoir un moment.

SCAPIN, *buvant un coup.*

Diable, Monsieur, il faut des forces pour aller jusques-là.

RENAUD.

Ah ! si tu sçavois quelle félicité j'ai perduë ! jamais on n'a vû des Amans si unis. C'étoit la passion la plus vive & la plus sincere. Nous nous voïions tous les jours, & nous ne nous voïions jamais qu'avec la surprise & le charme de la premiere veuë.

SCAPIN, *buvant un coup.*

A une si belle union, Monsieur.

RENAUD.

Elle n'avoit point de bien. Mon Pere me desheritoit si je l'épousois. N'importe. Je passois par dessus tout. Angélique ne s'embarassoit pas de fortune plus que moi : & il ne nous paroissoit pas possible d'être jamais malheureux avec tant d'amour. Au fort de cette passion, j'apprends tout à coup qu'elle est disparuë. Personne ne sçauroit m'en donner la moindre nouvelle. Je deviens furieux. J'allois la chercher sans sçavoir où. Mais mon Pere prévient mon dessein. Il ne s'en fie ni aux conseils, ni aux menaces. Il m'enferme pour plus de sareté ; & c'est dans ce desespoir que j'ai passé neuf mois entiers.

COMÉDIE. 303
SCAPIN.

En vérité, Monsieur, vous m'arrachez des larmes ; il faut un peu se raffermir le cœur.
Il boit.

RENAUD.

Mon Pere meurt enfin. Je sors de ma prison. J'hérite de grands biens. Je me vois dans une fortune brillante. Je te prens alors à mon service.

SCAPIN.

Attendez, attendez, Monsieur, ceci est réjoüissant. Fêtons un peu la succession.
Il boit.

RENAUD.

Tu sçais depuis combien on m'a jetté de partis à la tête. J'ai méprisé vingt filles riches, & qui pourroient être aimables pour qui n'auroit point vû Angélique : mais sa seule idée m'enlaidit tout. Je ne me suis donné que le tems d'arranger mes affaires. J'étois enfin en chemin pour l'aller chercher. Faut-il que ces maudits Voleurs me mettent dans l'embarras de ne sçavoir comment continuer mes courses ?

SCAPIN.

Tenez, Monsieur, avec ce secours je sens que je deviens tout-à-fait sensé. Profitez d'un bon conseil. Retournez chez vous le plus promptement qu'il vous sera possible. La perte que vous avez faite est legere, en comparaison des biens qui vous restent. Allez vous faire une vie tranquille & fortunée. Partagez, s'il le faut, vôtre fortune avec quelque belle ; car il en est encore, n'en déplaise à votre Angélique.

RENAUD.

Tai-toi, mon enfant. Tu es déja yvre. Si je retourne chez moi, c'est pour refaire de l'argent & continuer ma quête. J'ai peu de regret aux Diamans & aux lettres de change que les Brigands m'ont pris. Je ne suis desesperé que du Portrait d'Angélique. C'étoit toute ma consolation, tout mon bonheur : il m'auroit même aidé à la retrouver ; car où des traits comme les siens ne seroient-ils point remarquez ? oüi, je donnerois tout mon bien pour le ravoir.

SCAPIN.

Tout franc, Monsieur, vous avez le cerveau un peu vuide. Vous me laissez regagner toute ma raison ; & vous ne daignez pas rappeller la vôtre le moins du monde. Croïez-moi, buvez un coup ; nous nous entendrons mieux.

RENAUD.

Laisse-moi. Je n'aime point tes plaisanteries.

SCAPIN, *buvant un coup.*

Ce n'est point plaisanterie, Monsieur ; & je vous conseillois comme pour moi-même.

SCENE

SCENE VI.

RENAUD, SCAPIN, VALENTINE.

VALENTINE.

Tenez, Monsieur; voilà deux habits que j'ai trouvez. Je n'ai rien à vous donner de mieux. Entrez dans ce cabinet, & habillez-vous.

RENAUD.

Je te remercie de tes soins, ma bonne enfant.

SCAPIN.

Soupera-t-on bien-tôt, mon adorable ?

VALENTINE.

Il me semble déja que tu n'en as pas trop besoin.

SCENE VII.

VALENTINE, *seule*.

Ma foi, ce grand garçon me plaît assez. Je ne sçai si c'est que l'idée de nôces m'échauffe l'imagination; mais je ne serois pas trop fâchée de me pourvoir aussi-bien que ma Maîtresse.

SCENE VIII.

ANGE'LIQUE, VALENTINE.

ANGELIQUE.

EH bien, Valentine, qu'eſt-ce que c'eſt que nos Hôtes ?

VALENTINE.

C'eſt un Gentilhomme & ſon Valet qui ont été volez ce ſoir. Le Valet me plaît à moi : & je crois que le Maître vous plaira, à vous, car c'eſt bien la meilleure mine d'homme que j'aïe jamais vûë. Je doute que votre Renaud d'Aſt, dont vous m'avez tant étourdie, en approchât ſeulement.

ANGE'LIQUE.

Te moques-tu, Valentine ? Renaud d'Aſt eſt bien autre choſe. Mais n'en parlons plus. J'ai pris mon parti d'obéïr à ma Mere : & pour peu que je ſongeaſ-ſe à Renaud d'Aſt, je n'aurois pas le courage de ſigner mon Contrat.

VALENTINE.

Briſons donc là-deſſus, Mademoiſelle ; car je ſuis pour votre Mere contre vous. Vous êtes trop heu-reuſe qu'elle vous ait épargné la folie que vous vou-liez faire. Il eſt bien doux de s'aimer, je l'avouë ; mais il eſt encore plus important de vivre : & deux

Amans sont bien-tôt laids aux yeux l'un de l'autre, quand ils ont à se reprocher tous deux de s'être rendus misérables.

ANGE'LIQUE.

Mais aussi, Valentine, un Mari qu'on n'aime point, doit bien effraïer une fille qui a résolu d'être sage.

VALENTINE.

Tenez, Mademoiselle ; dans l'abondance, on a le choix de l'être, ou de ne l'être pas. Cela met à l'aise : mais dans la misere on n'a pas quelquefois le loisir de déliberer. D'ailleurs, que trouvez-vous tant à redire au Seigneur Alonzo ? Entre nous, il n'est point vieux.

ANGE'LIQUE.

Entre nous, il n'est point jeune.

VALENTINE.

Il est gay.

ANGE'LIQUE.

En est-il plus réjoüissant ?

VALENTINE.

Il est amoureux.

ANGE'LIQUE.

Il n'en est pas plus aimable.

VALENTINE.

Il vous laissera vivre à vôtre goût.

ANGE'LIQUE.

Qu'importe, si lui-même n'y est pas.

VALENTINE.

Vos réponses sont furieusement précises. Il n'y a pourtant pas moïen de reculer, Mademoiselle.

ANGE'LIQUE.

C'est ce qui me desespere. Mais que veux-tu ? je me sacrifie aux volontez & au bonheur de ma Mere. Il faut bien me marier pour elle, puisque je ne sçaurois me marier pour moi.

LA MERE, *derriere le Théatre.*

Angélique ? Valentine ?

VALENTINE.

Madame nous appelle.

ANGE'LIQUE.

Voïons ce qu'on nous veut.

SCENE IX.

RENAUD D'AST, *habillé en Astrologue, sa barbe à la main,* SCAPIN.

RENAUD.

AH! Scapin, quel nom ai-je entendu? & que viens-je de voir? on a appellé Angélique : & c'est elle-même que je viens de reconnoître à travers la porte de ce cabinet.

SCAPIN.

Angélique, Monsieur, seroit-il bien possible? votre diable de Talisman iroit-il jusques-là? quoi, retrouver vôtre Maîtresse aujourd'hui même?

RENAUD.

Oüi, c'est elle, je n'en doute point; je l'ai vûë; je suis le plus heureux des hommes. Mais que dis-je! on se marie ici, nous a-t-on dit? Ciel! seroit-ce Angélique qui se mariroit? l'affaire n'est-elle point déja faite? Ah! je suis au desespoir.

SCAPIN.

Doucement, Monsieur, doucement. Comme vous allez! vous êtes charmé, & au desespoir en un clin d'œil.

RENAUD.

Je ne me possede pas, entrons. Il faut sçavoir dans le moment ce qui en est.

SCAPIN.

Patience, vous dis-je. Songez à ce que vous faites. Si l'affaire est déja concluë, ce que je ne crois pas, voulez-vous aller jetter le trouble dans un mariage, que vous ne pourriez plus empêcher, vous déclarer scandaleusement l'Amant de la Mariée, & avertir le Mari de griller à jamais sa femme, pour la dérober à vos poursuites?

RENAUD.

Ah, Ciel, Scapin!

SCAPIN.

Ne vaudroit-il pas mieux ne faire semblant de rien? tâcher de parler sans bruit à Angélique; la toucher d'un peu de pitié pour vous, & gagner du moins les droits d'ami de la maison, puisqu'il n'y auroit pas moïen de mieux faire?

RENAUD.

Attens, attens, je vois un Valet qui passe.

SCENE X.

RENAUD D'AST, SCAPIN,
un Valet.

RENAUD.

Eh, mon Ami ?

LE VALET.

Monsieur ?

RENAUD.

Mademoiselle Angélique est-elle déja mariée ?

LE VALET.

Non, vraiment, Monsieur. L'Amant n'est point encore ici ; & le Contrat ne se doit signer qu'après souper.

RENAUD.

Où soupera-t-on ?

LE VALET.

Ici.

RENAUD.

C'est assez ; je te suis obligé.

SCAPIN.

Encor un mot, mon ami. Valentine est-elle fille

LE VALET.

On le croit comme ça.

SCAPIN.

Je te remercie de l'opinion.

LE VALET.

Voilà des gens bien curieux.

SCENE XI.

RENAUD, SCAPIN.

RENAUD.

ME voilà donc au comble de la joïe; puisque le mariage n'est point fait, je l'empêcherai sûrement, je n'ai qu'à parler. La fortune que j'ai à offrir à Angélique ne me laisse aucune inquiétude. Mais quoi! si elle m'avoit oublié, si elle se marioit par inclination, que deviendrois-je? ah! cette seule idée me tuë.

SCAPIN.

Vous voilà encore retombé dans vos frénésies. Est-ce que le Talisman ne vous répond pas du cœur d'Angélique?

RENAUD.

Dès qu'il s'agit d'Angélique, je ne me fie plus à rien. Je n'aurai point de repos, qu'elle ne m'ait rassuré elle-même. Attens. L'habit qui m'est échu m'inspire une pensée. J'ai tout l'air d'un Astrologue : il faut que je parle sous ce déguisement à Angélique, & que sous prétexte de lui reveler sa destinée, je pénétre ses sentimens sans me découvrir. Selon ce que j'en apprendrai, je mourrai de joïe ou de douleur.

SCAPIN.

Vous êtes homme à mourir des deux à la fois. J'entends du bruit. On vient. Mettez vîte vôtre barbe, & joüez bien vôtre personnage.

SCENE XII.

LA MERE, ANGE'LIQUE, RENAUD, SCAPIN, VALENTINE.

LA MERE.

OUi, ma Fille, le Seigneur Alonzo, en m'envoïant les présens que vous venez de voir, m'a fait dire qu'une affaire importante l'avoit retenu; mais qu'il seroit ici dans un moment. Ne vois-je pas nos Hôtes, Valentine ?

VALENTINE.

Oüi, Madame : je n'ai pû que leur donner des habits de masque : il n'y en a pas d'autres ici. Tenez, voilà le Gentilhomme, à qui vous pouvez vous adresser ; celui-ci n'est que le Valet.

SCAPIN.

Tant mieux, mon enfant; je t'en conviens davantage.

RENAUD.

Je suis déja consolé, Madame, du malheur qui m'est arrivé, puisqu'il me procure l'heureuse occasion de vous connoître : & ce qui m'est encore plus précieux, le droit de m'attacher à vous par une éternelle reconnoissance.

LA MERE.

Je voudrois bien, Monsieur, n'avoir qu'à me féliciter de ma bonne fortune, sans avoir à vous plaindre de la vôtre. Mais permettez-moi de vous le dire, je suis un peu étonnée, malgré la politesse de votre compliment, que vous ne me laissiez pas voir plus au naturel une personne, à qui j'ai le bonheur d'être utile.

RENAUD.

Je vous en demande mille pardons, Madame : mais j'ai des raisons importantes de ne me laisser pas mieux connoître. Et d'ailleurs, le déguisement où je parois par hazard devant vous, n'en est presque pas un. On me prendroit dans cet équipage pour un Astrologue; on ne s'y tromperoit point. Je le suis en effet. J'ai fait profession d'étudier les Astres toute ma vie : & je puis me vanter d'y lire assez couramment les fortunes des hommes.

COMÉDIE.

ANGÉLIQUE.

Quoi, Monsieur, vous êtes Astrologue ? vous sçavez ce qui doit arriver aux Gens ?

RENAUD.

Oüi, Mademoiselle ; & sans avoir recours aux Etoiles, je puis déja vous promettre sur votre seule physionomie toutes sortes de prospéritez.

ANGÉLIQUE.

Vous êtes galant, Monsieur. Mais sérieusement, devinez-vous tout ce qui doit arriver ?

RENAUD.

Rien n'est plus vrai, Mademoiselle : & je voudrois que vôtre curiosité me mît en état de m'acquitter un peu du secours que je reçois ici.

ANGÉLIQUE.

Voïons, Monsieur, vous me ferez plaisir.

LA MERE.

Laissez, laissez, ma fille. Il ne faut point se remplir l'esprit d'espérances & de craintes frivoles. Car Monsieur me permettra de n'avoir pas grande foi à un Art dont il ne se vante peut-être lui-même qu'en badinant.

RENAUD.

Je ne badine pas, Madame. Mes connoissances sont très-réelles & très-sûres. Tenez, Scapin peut vous dire que tout à l'heure, malgré les portes de la Ville fermées, au milieu de la neige, & presque nud, j'osois lui promettre encore un bon gîte, & cela sur la foi du Talisman que vous voïez.

VALENTINE.

Rien n'est plus vrai, Madame ; je l'ai entendu de mes deux oreilles.

SCAPIN.

J'ai été incrédule comme vous, Madame : mais il a bien fallu se rendre. A peine se vantoit-il de me tenir parole, votre porte s'est ouverte.

ANGE'LIQUE.

Eh bien, Monsieur, dites-moi donc quelque chose de ce qui me regarde.

RENAUD.

Ne voudriez-vous point, Mademoiselle, que pour donner plus de crédit à ce que j'ai à vous dire sur l'avenir, je commençasse à deviner quelque chose du passé ?

ANGE'LIQUE.

Volontiers. Si vous ne rencontrez point, nous n'irons pas plus loin.

RENAUD.

Donnez-moi donc, s'il vous plaît, vôtre main.

LA MERE.

Laissez, laissez, ma Fille : à quoi tout cela est-il bon ?

ANGE'LIQUE.

Eh ! laiſſez-le dire, ma Mere ; je vous demande en grace cette complaiſance.

RENAUD, *regardant dans la main d'Angélique.*

Comment, Mademoiſelle, à vôtre âge.... je n'oſe preſque vous le dire ; je ne ſçai pas juſqu'où vous voulez que je pénétre vôtre cœur.

ANGE'LIQUE.

Ne craignez rien.

RENAUD.

Ce ſeroit peu de vous dire que vous avez aimé ; c'eſt une choſe trop ordinaire : mais ce qu'il y a de particulier, Mademoiſelle, c'eſt que je n'ai jamais vû de paſſion ſi violente que la vôtre.

ANGE'LIQUE.

Vous me faites rougir, Monſieur ; mais cela eſt vrai.

LA MERE.

Oh ! finiſſez, Monſieur, je vous prie.

ANGE'LIQUE.

Souffrez qu'il acheve, ma Mere ; ſi vous voulez que je vous obéïſſe.

LA MERE.

Il faut bien vouloir ce qu'il vous plaît.

RENAUD.

Ne rougiffez point de vôtre paffion, Mademoifelle; Madame vôtre Mere l'approuvoit : & d'ailleurs, vous étiez si tendrement aimée de Renaud d'Aft....

ANGE'LIQUE.

Comment? vous fçavez fon nom?

RENAUD.

Et je fçai de plus, Mademoifelle, que l'excès de fon amour a prévenu le vôtre, & le juftifioit de refte.

ANGE'LIQUE.

Et me diriez-vous bien, Monfieur, ce qu'il eft devenu?

RENAUD.

Imaginez-le, Mademoifelle, mourant de douleur, à la nouvelle de votre départ, réfolu de vous aller chercher par tout, aux dépens de fa vie ; mais prévenu malheureufement par fon Pere, & enfermé dans une étroite prifon, où il a langui neuf mois entiers, dans le defefpoir de n'entendre pas feulement prononcer vôtre nom.

Vous pleurez, Mademoifelle?

ANGE'LIQUE.

Vous ne vous étonnez point de mes larmes après ce que vous m'avez dit.

RENAUD.

Ah! ne le plaignez point, Mademoifelle. L'état de

sa fortune a bien changé. Son Pere est mort. Il a hérité d'un bien considérable. Il est, à l'heure qu'il est, au comble des plaisirs, auprès de la plus belle personne du monde, le plus amoureux des hommes, & peut-être le plus aimé : & s'il faut tout vous dire, son mariage se conclura tout aussi-tôt que le vôtre.

ANGE'LIQUE.

Ah ! le perfide ! qui l'eût jamais crû ? ma Mere, je n'en veux pas sçavoir davantage. Je ne vous obéïssois qu'avec répugnance ; mais c'en est fait, vous serez contente. J'oublie pour jamais l'infidele ; & je suis impatiente d'épouser, d'aimer même le Seigneur Alonzo.

SCAPIN, à Renaud.

N'êtes-vous pas effraïé de la résolution, Monsieur ?

RENAUD.

Je suis toujours aimé, je ne me sens pas de joïe.

SCENE XIII.

LA MERE, ANGE'LIQUE, RENAUD, SCAPIN, VALENTINE, un Valet D'ALONZO.

LE VALET.

Voilà le Seigneur Alonzo qui arrive, Madame.

SCAPIN, à Renaud.

Qu'attendez-vous pour vous découvrir ?

RENAUD.

J'ai bien de la peine à me retenir ; mais j'ai bien du plaifir à joüir du trouble d'Angélique. Voïons un peu ce que c'eft que mon Rival.

SCENE XIV.

LA MERE, ANGE'LIQUE, RENAUD,
ALONZO, SCAPIN, VALENTINE.

VALENTINE.

AH ! Madame, quelle métamorphose ! voïez donc comme notre Magistrat est galand !

SCAPIN *à Renaud.*

Comment, Monsieur, c'est votre habit ! seroit-ce un de nos Voleurs !

RENAUD.

Ne comprends-tu pas que c'est le Juge ? nos Voleurs sont pris ; tout ira bien.

ALONZO.

Mon ajustement vous surprend, Mesdames, je gage ? Mademoiselle ne me soupçonnoit pas un air si cavalier : mais à la faveur du Bal, j'ai voulu lui faire voir qu'on auroit pû figurer dans l'épée.

LA MERE.

Vous êtes sûr de plaire, Monsieur, sous quelque forme que vous paroissiez.

ALONZO.

Vous me comptez toujours quelque fleurette, ma

bonne maman : mais pour Angélique, elle me plaint furieusement les paroles. Patience, patience, le mariage amenera tout.

ANGE'LIQUE.

Tout est dit, Monsieur, puisque je vais vous épouser.

VALENTINE.

Elle a raison, Monsieur ; c'est bien au-delà du compliment.

ALONZO.

Mais qu'est-ce que ces gens-ci ?

LA MERE.

C'est un Gentilhomme qui a trouvé les portes de la Ville fermées, & que nous avons recüeilli par la porte du Rempart.

VALENTINE.

C'est un grand Astrologue, Monsieur. Il vous dira, si vous voulez, vôtre bonne avanture.

ALONZO.

Qu'il me prédise un petit Alonzo dans neuf mois, je lui ferai dire vrai, sur ma parole.

RENAUD.

Je pourrois vous dire des choses un peu plus certaines.

ALONZO.

Par exemple ?

COMÉDIE.

RENAUD.

Que vous avez été occupé tout ce soir à interroger des Voleurs, chargez d'un assez bon butin; qu'à la faveur du Bal, & contre toutes les regles, vous avez emprunté ce déguisement au Greffe; & qu'il ne tiendroit qu'à vous de faire à Mademoiselle la galanterie de lui présenter son Portrait.

ALONZO.

Vous n'êtes qu'un demi Astrologue, Monsieur; les Voleurs sont vrais; mais je n'entens rien au Portrait.

RENAUD, *prenant le Portait dans l'endroit où il est caché.*

Vous n'entendez rien au Portrait? tenez, le voilà; regardez.

ALONZO.

Que vois-je? ce l'est en effet. Quoi, Mademoiselle, vous auriez déja eu des inclinations assez vives pour faire de pareils présens?

ANGÉLIQUE.

Je vous avourai que....

LA MERE.

Ne vous perdez pas, ma Fille. Laissez-moi parler, de grace.

ALONZO.

Il faut se lever de bon matin pour avoir les prémices du cœur de ces Filles.

LA MERE.

Je vous avourai, Monsieur, que je fis faire le Portrait de ma Fille, pour l'envoïer à Rome, à un de mes parens qui me le demandoit, & qui, sur sa beauté, se flattoit de ménager quelque bon parti pour Angélique.

ALONZO.

Qu'importe. Qu'importe. Je ne vetille pas, moi. Je fais grace du passé, pourvû qu'on me réponde de l'avenir.

RENAUD.

L'avenir ne sera pas meilleur pour vous, je vous en avertis.

ALONZO.

Comment donc ? que voulez-vous dire ?

RENAUD.

Que vous prétendez épouser Angélique, mais que les Astres s'y opposent, & qu'il n'en sera rien.

LA MERE.

Ceci passe la raillerie, Monsieur l'Astrologue. Je commence à me mettre en colere.

RENAUD.

Ne vous emportez point, Madame. Il faut aussi céder à l'Etoille ; & c'est vous-même qui congédirez le Seigneur Alonzo.

COMÉDIE.

LA MERE.
à Alonzo.

Pardon, Monsieur, je ne croïois pas avoir recueilli un extravagant.

RENAUD.

Oüi, vous le congédirez, vous dis-je ; & pour ce grand miracle, il ne me faut qu'un instant.
Il ôte sa barbe.

ANGÉLIQUE.

Que vois-je ? juste Ciel !

LA MERE.

C'est Renaud d'Ast !

RENAUD.

Oüi c'est lui-même, Madame. J'ai été volé ce soir par ceux que Monsieur tient en sa puissance. Mon Pere est mort. Je suis maître d'un bien considérable. Vous voïez qu'Angélique m'aime encore ; je l'adore plus que jamais ; & je mets toute ma fortune à vos pieds, trop heureux d'obtenir Angélique de vôtre main.

LA MERE *à Alonzo.*

Vous entendez, Monsieur ; c'est à vous de vous faire justice.

ALONZO.

Je me la fais, Madame. Monsieur peut compter de retrouver tout ce qu'il a perdu.

X iij

LE TALISMAN,

SCAPIN.

Vive le Talisman ! nous aurons bon gîte, nôtre Maîtresse, & nos nippes. Mais, Monsieur, de grace, le Talisman ne dit-il rien pour Valentine & pour moi ?

RENAUD.

C'est à elle à te répondre.

VALENTINE.

Je sens qu'oüi, mon enfant. Il ne sera pas dit que le Talisman manque sur nous.

RENAUD.

Pardonnez, ma chere Angélique, la petite inquiétude que je vous ai causée.

ANGE'LIQUE.

Ah ! mon cher Renaud d'Ast, je ne me souviens pas seulement d'avoir souffert.

LE BAL COMMENCE.

Après avoir dansé on chante ces couplets.

CE monde-ci n'est qu'un grand Bal ;
Chacun s'y masque bien ou mal
  D'une vaine parade.
   Et bon bon bon
   S'y méprend-t-on !
  Ce n'est que mascarade.

※

Fillette à l'innocent maintien,
Jure de n'aimer jamais rien ;
  Son cœur est bien malade.
Et bon bon, &c.

※

Ce Juge affecte au Tribunal
Un air grave & demi-brutal ;
  En secret il gambade.
Et bon bon, &c.

※

Blondin, tout fier de ses appas,
Fait de cent faveurs qu'il n'a pas

LE TALISMAN,
Mainte fanfaronade.
Et bon bon, &c.

※

Cloris, en grondant son Médor,
En le chassant, l'attire encor
   Par une douce œillade.
Et bon bon, &c.

※

Jasmin, aux Fermes transplanté,
Prend tous les airs de qualité,
   Il fut mon camarade.
Et bon bon, &c.

※

Fillette doit fuïr les garçons,
Me dit ma sœur dans ses leçons,
   En attendant Moncade.
Et bon bon, &c.

※

On reprend la danse & on finit par ces couplets.

Sans recourir à la Magie,
Ni chercher son sort dans les Cieux,
L'Amour a son astrologie,
Et ses astres sont deux beaux yeux.

※

Ces Astres, contre tout obstacle,
Peuvent rassurer nos desirs :
Un regard tendre est un oracle
Qui promet & fait les plaisirs.

Pour surmonter l'indifférence,
Les Belles ont plus d'un aiman.
Faut-il que, contre l'inconstance,
L'Amour n'ait point de Talisman !

Pour bon gîte & bonne avanture
Faut-il des anneaux & des sorts ?
Soïez aimable, & je vous jure,
Vous ne coucherez pas dehors.

Le Talisman de la Coquette,
Pour faire regner ses attraits,
C'est que sans cesse elle promette
Et qu'elle ne donne jamais.

Quand on a vieilli près des Belles,
Qu'on n'attire plus leurs regards,
L'or fléchit encor les Cruelles ;
C'est le Talisman des Vieillards.

Pour rendre vos femmes fidelles,
Voudriez-vous un Talisman ?
Qu'aucun homme n'approche d'elles,
C'est le Talisman du Sultan.

※

J'espere un jour comme ma Mere,
Avoir une foule d'Amans,
On dit que quinze ans pour en faire,
Est le meilleur des Talismans.

FIN.

LA MATRONE D'EPHESE.

COMEDIE.

PERSONAGES.

EUPHEMIE.

FROSINE, Suivante d'Euphemie.

SOSTRATE.

STRATON, Valet de Sostrate.

CHRISANTE, Pere de Sostrate.

LICAS, Valet de Chrisante.

UN CUISINIER.

La Scene est près d'Ephese.

LA MATRONE D'EPHESE,
COMEDIE.

SCENE PREMIERE.

LICAS, FROSINE.

FROSINE.

IENÇA, Licas. Tandis que ton Maître se tuë à résoudre ma Maîtresse à vivre, respirons ici un peu de bon air.

LICAS.

C'est bian dit, Madame Frosine : ce tombeau me

chagreine l'imagination ; il me semble morgué que je fis plus en vie ici que là dedans.

FROSINE.

Pour moi, c'est à peu près la même chose : je meurs de faim ; n'as-tu rien, Licas ?

LICAS.

Si fait, j'ons quelque biscuit, & d'assez bon vin ; voilà la bouteille, vous n'avez qu'à dire.

FROSINE *prenant un verre.*

Hélas ! depuis trois jours que je suis ici avec Euphemie, je n'ai encore eu de secours, que celui que tu m'aportas hier *incognito* ; je te dois la vie, mon pauvre Licas.

LICAS.

Vous vous moquez, Madame Frosine ; il ne tient qu'à vous que je ne vous sois plus secourable.

FROSINE.

Mais motus au moins. Ma Maîtresse croit que je ne bois ni ne mange non plus qu'elle ; dans les premiers mouvemens de la douleur, nous nouâmes la partie de mourir ensemble, & j'étois de bonne foi ; car je perds presque un époux moi, dans celui de Madame.

LICAS.

Oüi da ?

FROSINE.

Je serois bien aise de soutenir la gageure, au moins

COMÉDIE. 335

en aparence, jufqu'à ce que je lui aïe fermé les yeux ; verfe, Licas, verfe.

LICAS *après avoir verfé*.

O tatiguene ! beuvez fans fcrupule ; j'ons de la difcrétion de refte ; n'y a qu'à lui bailler de l'exercice : tenez, il m'eft prefque auffi aifié de garder un fecret que de boire un vare de vin.

FROSINE *après avoir bû*.

Ah ! ma Maîtreffe en devroit bien faire autant !

LICAS *verfe & boit une feconde fois*.

Courage, Madame Frofine ; encore un petit coup. Là point de méfiance : fi j'en parle, que cela me farve de poifon.

FROSINE *boit encore*.

Cela me reffufcite, mon pauvre Licas.

LICAS.

Tant mieux, ce feroit un meurtre da, de vous laiffer mourir ; vous n'êtes encore qu'un jeune abre ; & ce feroit morguié bien du fruit de pardu.

FROSINE.

Il eft vrai que la vie fied bien à vingt ans ; & je ne fçais comment ma Maîtreffe peut fe réfoudre à la quitter fi-tôt.

LICAS.

Alle a franchement grand tort de s'obftiner à ça ; alle ne l'aura pas plûtôt perduë qu'alle en fera fâchée :

alle n'eſt encore comme vous, que dans la primeur de ſon âge; & la vie eſt morgué bonne juſqu'à la lie.

FROSINE.

Ton Maître fait tout ce qu'il peut pour l'en perſuader; il ſoupire, il gémit à merveille; il lui dit les meilleures raiſons du monde : c'eſt grand domage qu'il ſoit ſi vieux.

LICAS.

Bon, bon, grand domage! hé jarniguoi, Madame Froſine! un vieux vivant ne vaut-il pas encore mieux qu'un jeune défunt ?

FROSINE.

Je connois Euphemie ; la jeuneſſe & la bonne mine la mettroient cent fois mieux à la raiſon, que les plus beaux diſcours du monde : tien il y a deux ans qu'elle voulut s'engager parmi les Prêtreſſes de Diane ; toutes les inſtances, toutes les larmes de ſa famille ne firent qu'opiniâtrer ſa petite ferveur ; & elle commençoit enfin ſon ſerment à la Déeſſe, lorſqu'elle aperçut un jeune homme qui d'un clin d'œil, lui coupa la parole ; les vapeurs la prirent ; elle ſentit qu'elle n'étoit point faite pour Diane ; il falut la marier huit jours après ; & le jeune homme enfin devint l'Epoux qu'on pleure aujourd'hui.

LICAS.

Alle va comme ça du blanc au noir ? oh tatiguié ! qu'alle eſt femme cette femme là ! mais à propos du défunt,

COMÉDIE. 337

défunt, c'étoit un brave homme! à sa santé, je vous la porte. *Licas verse & boit encore.*

FROSINE *après avoir bû aussi.*

Ah!

LICAS.

Vous vous plaignez? m'est avis pourtant que le vin n'est pas mauvais?

FROSINE.

Ce n'est point le vin, Licas, c'est le défunt que je plains.

LICAS.

Bon pour cela. Il y a un an que je le connoissions mon Maître & moi : quand ils venioient chez nous lui & Madame Euphemie, ils batifolioient sans cesse ensemble ; ils étioient morgué si afolez l'un de l'autre, qu'on ne les eût jamais pris pour mari & femme.

FROSINE.

Hélas! le pauvre homme s'est tué à aimer ma Maîtresse!

LICAS.

Je le croi ma foi bian, Madame Frosine; ç'a usé terriblement un jeune homme : encore un petit varre de consolation.

FROSINE *fait remplir son verre & le rend aussi-tôt à Licas.*

Oüi da, Licas.... mais j'entens du bruit? c'est ton Maître... non Licas, vous avez beau me presser, je

Tome II. Y

ne prendrai pas le moindre soulagement que ma chere Maîtresse ne m'en donne l'exemple.

LICAS *en beuvant le vin qu'il a versé à Frosine.*

Vous me refusez, Madame Frosine ? Et bien ! c'est un affront qu'il faut boire.

SCENE II.

FROSINE, LICAS, CHRISANTE.

CHRISANTE.

Ah ma pauvre Frosine ! ha mon pauvre Licas !

FROSINE, & LICAS.

Hé bien ?

CHRISANTE.

Il n'y a pas moïen de la fléchir ; mes prieres & mes larmes aigrissent encore son desespoir ; & pour tout prix de mes soupirs, la cruelle me conjure de la laisser mourir en repos.

FROSINE.

Adieu donc, Monsieur. Je m'en vais lui tenir compagnie.

LICAS *à part.*

Alle n'a morgué garde.

CHRISANTE.

Va, ma pauvre enfant : mais di-lui bien encore que sa resolution m'assassine ; & qu'elle devroit vivre au moins par pitié pour moi.

FROSINE.

Franchement, Monsieur, ce seroit s'y prendre un peu tard ; les Dieux sçavent ce que nous avons mangé depuis trois jours !

LICAS *à part.*

Et moi aussi.

CHRISANTE *embrasse Frosine.*

Adieu ma pauvre Frosine. Que je crains bien de ne plus revoir Euphemie !

SCENE III.

CHRISANTE ET LICAS.

LICAS.

Allons Monsieur, venez vous reposer ; il est morgué heure induë de consoler des veuves.

CHRISANTE.

J'ai toutes les peines du monde à me soutenir ; je me meurs de douleur & d'amour.

LICAS.

Et de soixante & dix ans, Monsieur: c'est vôtre grande maladie. Eh morgué n'est-il pas honteux d'entreprendre, à vôtre âge, de ressusciter une veuve de vingt ans ?

CHRISANTE.

Hélas, hélas !

LICAS.

Avec vos hélas, vous ne bougez; détalons, vous dis-je : il est tems de ceder la place aux hiboux.

CHRISANTE.

Je ne sçaurois m'éloigner d'Euphemie.

LICAS.

Que je voudrois bian que ceux qui veillont à la garde de ce fripon de qualité qu'on brancha hier, nous prissent pour gens qui cherchons à le débrancher. J'iriens morgué coucher malgré vous ; mais en prison, & vous le mériteriez bian.

CHRISANTE.

Ne crains rien, Licas ; c'est mon Fils qu'on a posté là avec sa troupe ; & je craindrois bien plûtôt qu'il ne découvrît ma passion pour Euphemie.

LICAS.

Quoi, vôtre Fils ! je suis impatient de le connoître ; depuis trois ans qu'il est en campagne, je ne sçavois

COMÉDIE.

pas tant seulement qu'il fût de retour ; mais ce n'est pas là un emploi pour ly ?

CHRISANTE.

Il est depuis trois jours à Ephese ; & comme la justice qu'on fit hier importe tout-à-fait à l'Etat, j'ai appris qu'on l'avoit choisi extraordinairement pour empêcher qu'on n'enlevât le criminel, & qu'on ne frustrât le peuple de cet exemple-là.

LICAS.

N'importe, Monsieur, retirons-nous. Il ne fait point bon aux environs de ces soldats : ce sont des brutaux qui vous cherchent querelle, & qui vous obligeont souvent à troquer vôtre bourse contre des gourmades.

SCENE IV.

CHRISANTE & LICAS *d'un côté*, STRATON & LE CUISINIER *de l'autre*.

STRATON.

Notre lumiere est éteinte ; je meurs de peur : la nuit est terriblement noire !

LICAS à *Chrisante*.

On parle autour de nous, Monsieur ; éloignons-nous de grace : je devrions être déja bien loin.

STRATON au Cuisinier.

J'entens quelqu'un. On en veut peut-être à nôtre souper. Je tremble ! mais, *élevant la voix*, n'importe, il faut intimider les autres. Qu'on marche en bon ordre, & faites-moi sauter la cervelle à tout ce qui vous sera suspect.

CHRISANTE à *Licas*.

Ce sont ces brutaux de soldats. Ils n'en veulent pas à moins qu'à la cervelle.

LICAS.

N'aïez pas peur ; je vais fermer ma lanterne ; & je tâcherons d'échaper dans l'obscurité.

Chrisante prend la main de Licas qui rencontre rudement le Cuisinier & le fait tomber avec tout le souper dont il est chargé.

LE CUISINIER en *tombant*.

Miséricorde !

STRATON *tombant aussi*.

Ah, je suis blessé !

LICAS à *Chrisante*.

Suivez-moi.

SCENE V.

STRATON ET LE CUISINIER.

LE CUISINIER.

Monsieur Straton ?

STRATON.

Eh bien ?

LE CUISINIER.

Tout le souper est renversé !

STRATON.

Ah, je suis mort ! comment faire ?

LE CUISINIER.

Ma foi, vous ferez comme vous l'entendrez ; j'ai la tête tout en sang ; je m'en vais me faire panser.

SCENE VI.

STRATON *seul*.

O Ciel ! je ne reviens point de ma fraïeur ! est-il possible que depuis que je sers un homme de guerre, je n'aïe pû encore attraper un brin de courage ? il faut que la nature soit bien obstinée ! il n'y a plus personne, je pense ? si fait ! non, je me trompe, je croïois sentir le vent d'une épée. Que vais-je devenir, malheureux ! mon Maître se sera impatienté ; j'ai perdu du tems à goûter le vin ; s'il faut avec cela, que je retourne sans le souper, mon Maître ne jeûnera point impunément ; je serai roué de coups de bâton : le moïen aussi de rien ramasser sans lumiere !

SCENE VII.

SOSTRATE, STRATON.

SOSTRATE.

Mon coquin de Valet se sera enyvré quelque part !

STRATON *effraïé.*

Ah, Monsieur ! quartier ! sauvez-moi la vie.

SOSTRATE.

C'est donc vous, Monsieur le maraud ?

STRATON.

Quoi, ce n'est que vous Monsieur ? ah, je tremble encore ! je vous ai crû un de ces fripons qui viennent de renverser vôtre souper.

SOSTRATE.

Comment donc ? que parle-tu de souper renversé ?

COMEDIE.

STRATON.

Hélas, Monsieur, je vous en demande pardon! ils étoient plus d'une douzaine qui viennent de fondre sur celui qui le portoit : Le pauvre garçon en a été blessé ; j'ai crû l'être moi! & je ne sçais ce qui sera réchapé du souper.

SOSTRATE.

Maudit poltron! voilà comme tu me sers! tu mériterois que je te fisse mourir sous le bâton?

STRATON.

Eh Monsieur? le courage ne cede-t-il pas toujours à la force?

SOSTRATE.

Tien, double lâche, prend la lumiere; & cherche ce qu'on nous aura laissé.

STRATON *cherchant avec la lanterne.*

Bon, bon, Monsieur! il n'y a que demi mal : voilà déja le pain & le vin!

SOSTRATE.

Encore est-ce quelque chose.

STRATON.

Vivat, voilà encore le pâté tout entier!

SOSTRATE.

Il faut donc se consoler du reste.

LA MATRONE D'EPHESE,

STRATON.

Ma foi, vous n'aurez pas grande peine ; voilà encore le rost en assez bon état : *Mettant un poulet dans sa poche,* il n'y manque qu'un poulet, Monsieur.

SOSTRATE.

Ce n'est qu'une bagatelle ; releve tout cela ; & sui-moi.

SCENE VIII.

SOSTRATE, STRATON & EUPHEMIE
derriere le Théatre.

EUPHEMIE.

Helas !

SOSTRATE.

Mais qu'entens-je ?

STRATON.

Quoi, Monsieur ?

SOSTRATE.

On se plaint ici quelque part ?

EUPHEMIE.

Hélas !

SOSTRATE.

Je ne me trompe point; c'est de ce côté-là : aproche.

STRATON.

Hélas, Monsieur, qu'allez-vous chercher ?

SOSTRATE.

Voilà un tombeau magnifique !

STRATON.

Croïez-moi, Monsieur; ne troublons point le repos des morts : allons nous-en.

EUPHEMIE.

Hélas ! hélas !

SOSTRATE.

Les soupirs redoublent ; quelqu'un est enfermé là dedans : va voir.

STRATON.

Moi, Monsieur ? je ne suis point curieux.

SOSTRATE.

Va voir, te dis-je, ou....

STRATON.

J'enrage !

SOSTRATE.

Hé bien ?

STRATON *revenant effrayé*.

Ah, Monsieur, je suis perdu !

SOSTRATE.

Quoi donc! qu'as-tu vû?

STRATON.

Deux lutins, Monsieur, deux fantômes effroïables!

SOSTRATE.

Insensé!

STRATON.

Non, Monsieur, il n'y a rien de si vrai : cela n'étoit pas d'abord plus haut que çà ; mais dès que cela m'a vû, cela s'est hauffé tout d'un coup, de douze pieds au moins ; & j'ai vû l'heure que cela me tordoit le cou!

SOSTRATE.

Tu me ferois perdre patience, avec tes visions!

STRATON.

Je vous dis, Monsieur, qu'il n'y a rien de si affreux! cela est tout noir des pieds jusqu'à la tête : cela a par deriere une queuë à perte de vûë ; & il me semble avoir vû par devant, des griffes longues de cela!

EUPHEMIE.

Hélas! hélas!

STRATON *effrayé*.

Prenez garde, Monsieur! prenez garde!

COMEDIE.

SOSTRATE.

Je suis las de t'entendre ; laisse-moi : je veux voir moi-même.

STRATON.

Ah, Monsieur, que dites-vous-là ! voulez-vous vous perdre ? Vous sçavez quel risque vous courez à abandonner si long-tems vôtre poste. Il y va de la vie ! & si ce que les Magistrats ont craint arrivoit, vous sçavez qu'il n'y a point de grace à attendre. Hélas, Monsieur, ne m'exposez point à vous perdre !

SOSTRATE.

Tai toi, poltron ! tous mes gens ne te ressemblent pas, grace aux Dieux ; & je puis me reposer sur leur courage : mais je vois quelqu'un : ce sont-des femmes ?

STRATON.

Vous vous trompez, Monsieur ; ce sont deux lutins, sur ma parole.

SOSTRATE.

Regarde donc, lâche !

STRATON.

Ah, Monsieur ! ce n'est pas cela que j'ai vû ! vous verrez que les lutins auront pris cette forme là pour vous attirer sous leurs griffes !

SCENE IX.

SOSTRATE, STRATON *d'un côté*, EUPHEMIE & FROSINE *de l'autre*.

FROSINE à *Euphemie*.

DE grace, Madame, éloignez-vous un moment de ce funeste objet : donnez quelque tréve à vôtre desespoir, & plaignez-vous du moins sans vous arracher les cheveux, & sans vous meurtrir de vos propres mains.

EUPHEMIE.

Ah, ma chere Frosine, que la mort est lente ! & que j'ai d'impatience d'embrasser l'ombre de mon Époux !

SOSTRATE à *Straton*.

Je vois ce que c'est, Straton : voilà sans doute cette Euphemie, dont la beauté & la douleur sont si célébres dans Ephese ?

STRATON.

Cela pourroit bien être, Monsieur ; je commence à me rassurer : on dit qu'elle s'est enfermée dans le tombeau de son mari, pour s'y laisser mourir de douleur ; il seroit beau voir cela, Monsieur, pour la rareté du fait !

COMÉDIE.
SOSTRATE.

Le récit m'en avoit déja attendri ; mais la présence de cette Dame me cause encore tout une autre émotion !

FROSINE à *Euphemie*.

Je vous avoürai, Madame, que de moment en moment, vôtre résolution de mourir me paroît moins raisonnable : je trouvois beau d'abord que vous portassiez l'amour conjugal à un excès qui fît parler de vous ; mais je trouve à présent que c'est une foiblesse, & qu'au bout du compte, tout cet honneur-là ne vaut pas la vie : le bon homme Monsieur Chrisante devroit bien vous en avoir persuadée !

EUPHEMIE.

Ah, Frosine, ne m'en parle point, je le déteste ! il m'aime, il a osé me le dire, on ne pouvoit m'outrager plus vivement dans l'état où je suis !

FROSINE.

Hé bien, Madame, oubliez Chrisante ; mais rapellez ses raisons : quel dommage, comme il vous disoit si bien, de vous enterrer toute vive à vingt ans ! La nature vous a-t-elle prodigué tant de charmes, pour en priver si-tôt le monde ? & jeune & belle comme vous êtes, croïez-vous vous être aquitée envers elle, en faisant le bon-heur d'un seul homme ?

EUPHEMIE.

Hélas, ma chere Frosine, je ne veux pas seulement me souvenir qu'il y en ait d'autres sur la terre! tous les hommes qui vivent me font horreur! je trouve les Dieux injustes de leur laisser un bien qu'ils ravissent à mon Epoux! faut-il, hélas que les plus dignes de la vie, en joüissent toujours le moins!

SOSTRATE à Straton.

Je ne me possede plus, Straton! il faut que je lui parle; & je veux tout tenter pour la sauver.

STRATON à part.

Voïons un peu comme il s'en tirera!

SCENE X.

EUPHEMIE, FROSINE, SOSTRATE, STRATON.

SOSTRATE en abordant Euphemie.

NE me regardez point, Madame, comme un importun qui vienne ici condamner vôtre douleur, & la redoubler peut-être, en la combattant : elle ne sçauroit être injuste, puisque vous vous y abandonnez; & vous sçaurez sans doute lui donner des bornes, dès que la raison l'exigera.

STRATON à part.

Bien débuté, ma foi!

SOSTRATE.

COMÉDIE.

SOSTRATE.

Qu'il me soit seulement permis, Madame, de recüeillir ici des larmes si précieuses, & d'envier toute ma vie le sort de celui pour qui on les verse.

EUPHEMIE *bas à Frosine.*

O Ciel, ma chere Frosine ! que vois-je, & qu'entens-je ?

FROSINE *bas à Euphemie.*

Un jeune homme & un compliment, Madame ; tous deux assez insinuans, ce me semble.

SOSTRATE.

Le hazard vient de me conduire ici ; mais ce n'est plus lui qui m'y arrête : je sens que je m'interesse à vôtre douleur ; l'excés de vôtre attachement pour un Époux m'en inspire un pour vous que je sens naître avec plaisir : non il n'est point ailleurs d'ame faite comme la vôtre ; & quand vous ne seriez pas la plus belle personne du monde, comme vous l'êtes, vous ne laisseriez pas d'être encore la plus adorable.

EUPHEMIE *bas à Frosine.*

Que me dit-on, Frosine ! quoi la douleur & la défaillance ne m'auroient pas encore renduë affreuse ?

FROSINE *bas à Euphemie.*

Non, vraïment, Madame : il est vrai que vos charmes tirent à la fin ; mais vous serez belle jusqu'au dernier soupir.

SOSTRATE.

Quoi, Madame ! vous ne daignez pas répondre à mon zele ? vôtre esprit est tout occupé de ce que vous avez perdu ? & vous n'honorez pas de la moindre attention la part & l'interêt qu'on prend à vôtre perte ? encore une fois, Madame, ne craignez rien ; je ne veux point vous distraire de vôtre douleur : épanchez seulement avec moi des sentimens que je respecte ; laissez-moi voir ces yeux noïez de larmes que j'admire : il n'appartient qu'à des veuves moins sinceres de cacher des yeux qui les servent mal.

EUPHEMIE.

Hélas, Monsieur ! quels yeux voulez-vous voir ? les larmes les ont éteints, & la mort va bien-tôt les fermer !

SOSTRATE.

La mort va bien-tôt les fermer ? ô Ciel ! que dites-vous ?

EUPHEMIE.

Oüi, Monsieur, le parti en est pris ; j'aurai bien-tôt la consolation de rejoindre mon cher époux !

SOSTRATE.

Vous mourriez ? vous, Madame, vous mourriez ? non, l'estime que j'ai conçuë pour vous ne me laisse pas la liberté de vous en croire : vôtre ame est capable de douleur ; mais elle ne sçauroit l'être de desespoir.

FROSINE.

Il y a pourtant trois jours que nous n'avons mangé !

SOSTRATE.

Trois jours ! ô Ciel, trois jours ! que vous m'allarmez ! trois jours, Madame, & vous vivez encore! trois jours, mon pauvre Straton !

STRATON.

Ce n'est pas ma faute.

SOSTRATE.

Ne perdez point de tems, Madame ; il faut réparer tout à l'heure la défaillance où vous vous êtes réduite : ô Ciel, trois jours ! il me semble que vous allez expirer à tout moment !

EUPHEMIE *bas à Frosine.*

Qu'il est pressant, ma chere Frosine ! ne trouves-tu pas qu'il a quelque chose du défunt ?

FROSINE *bas à Euphemie.*

Oüi, Madame ; le don de vous plaire, si je ne me trompe.

SOSTRATE.

Straton, cherche vîte dequoi faire une table ; couvre-là de ce que nous avons : il faut que Madame prenne du soulagement tout à l'heure.

FROSINE.

Je l'aiderai plûtôt ; il n'y a rien que je ne fasse

pour sauver la vie à ma Maîtresse.

STRATON *à part.*

Ah, mon pauvre souper ! vous allez être englouti !

Straton & Frosine vont chercher de quoi faire une table.

SCENE XI.

EUPHEMIE, SOSTRATE.

EUPHEMIE.

Non, Monsieur, rien ne peut me résoudre à vivre ! après l'Epoux que j'ai perdu, il n'y a plus de consolation pour moi !

SOSTRATE.

Eh quoi, Madame ! n'est-ce pas offenser cet Epoux même que vous pleurez, que de lui vouloir servir de victime ? croïez-vous que son ombre en veüille à vos jours ? eh, quel tigre seroit plus cruel que lui, si ce sacrifice pouvoit lui plaire ?

EUPHEMIE.

Hélas, Monsieur ! le Ciel nous avoit faits pour être toujours unis l'un à l'autre ; je ne fais que suivre ma destinée : je sentis cette fatalité dès la premiere fois qu'il s'offrit à ma vûë ; & depuis cet heureux moment, je n'en sache point où je n'aïe été uniquement

COMÉDIE.

occupée de lui : si j'ai à me reprocher quelque distraction, ce n'est que depuis que vous me parlez ! ah, ah, ah !

SOSTRATE.

Madame....

EUPHEMIE.

C'étoit, Monsieur, la jeunesse & la douceur même : quelle complaisance, quel amour n'avoit-il pas pour moi ! sa passion ne s'est jamais rallentie d'un instant : il me protestoit sans cesse qu'il m'aimeroit toute sa vie ; & son dernier soupir étoit encore un soupir d'amour ! ah, ah, ah !

SOSTRATE.

Hé bien, Madame, j'y consens, rapellez tous les plaisirs que vous avez goûtez dans cette union ; c'est pour ces plaisirs mêmes que vous devez vivre : l'amour peut vous réserver un nouvel amant aussi digne que le premier de toute vôtre tendresse, & peut-être encore plus épris de vos charmes.

EUPHEMIE.

Oh pour cela, non, Monsieur ; on ne sçauroit m'aimer plus tendrement que le défunt m'aimoit.

SOSTRATE.

On ne sçauroit aussi vous aimer moins, Madame ; l'amour n'est point un sentiment dont vous deviez tenir aucun compte : on le sent, malgré soi, dès qu'on a le bon-heur de vous voir ; & s'il ne tenoit qu'à vous adorer, pour mériter quelque chose auprès de vous,

je sens trop que j'aurois droit à toutes vos bontez.
Il lui baise la main.

EUPHEMIE.

Vous abusez de ma douleur; je n'ai pas la force de résister.

SCENE XII.

EUPHEMIE, SOSTRATE, FROSINE, STRATON.

Frosine & Straton aportent une table, & la dressent ensemble.

SOSTRATE *à Straton.*

Avez-vous fait, Monsieur, Straton?

STRATON.

Bien-tôt, Monsieur Sostrate.

EUPHEMIE *à Sostrate.*

Non, vous dis-je, ne croïez pas me réduire à ce que vous voulez; j'ai même à présent plus d'une raison pour mourir : je ne veux plus vous entendre ; j'ai honte de vous avoir entendu : laissez-moi mourir ; & laissez-moi mourir fidelle.

COMEDIE.

SOSTRATE.

Qu'entens-je ! & que dois-je penser ?

EUPHEMIE.

Laissez-moi, vous dis-je ; & cessez de tenter ma constance.

SOSTRATE.

Je ne vous quitte point, *à Straton*, acheve.

SCENE XIII.

FROSINE & STRATON *mettant le couvert.*

STRATON.

IL me semble, mon enfant, que ta Maîtresse commence à plier ?

FROSINE.

Mon enfant ! ta Maîtresse ! nous sommes déja bien familiers, Monsieur Straton ?

STRATON.

Eh oüi, vraiment ; tu es suivante, je suis valet, nous nous connoissons de reste : ne veux-tu pas que je débute : ne me regardez point, Madame, comme un importun qui. . . . je t'en répons ; c'est la langue des Maîtres : je te parle la mienne.

Z iiij

FROSINE.

Eh là, là, ne te fâche point; sans façon, mon enfant, puisque c'est ta maniere.

STRATON.

Entre nous donc, le desespoir de ta Maîtresse commence à se battre en retraite ? il devroit être à moitié rendu de famine ?

FROSINE.

Ton Maître ne lui fait point de quartier.

STRATON.

Tu manquois de vivres aussi, toi ? il eût fait bon t'assiéger ? tu n'aurois gueres tenu ?

FROSINE.

Si fait, si fait, je ne me serois renduë, ma foi, qu'à bonnes enseignes.

STRATON.

Il est vrai que tu n'as point un visage à avoir jeûné trois jours.

FROSINE.

Il n'y a pourtant gueres moins.

STRATON.

C'est donc le someil qui t'engraisse?

FROSINE.

A peu près.

COMÉDIE.

STRATON.

Un mari ne te vaudroit rien ? cela troubleroit ton repos ?

FROSINE.

On s'accoûtume à tout.

STRATON.

Tu n'en as donc jamais eu de mari ?

FROSINE.

Non pas, que je sache.

STRATON.

Ma foi, je ne sache point non plus avoir eu de femme ; sur ces deux prétenduës causes d'ignorance là, nous pourrions bien faire affaire ensemble ?

FROSINE.

Je n'aurois jamais le courage de conclure : tu vois ce que coûte un mari, quand on vient à le perdre ?

STRATON *aprochant du tombeau.*

Bon, bon, tu te mocques ! il n'y a rien de si doux à pleurer qu'un mari. Tien, regarde, le siége n'avance pas mal ? voilà déja mon Maître au pied du rempart ! Courage, on ne tient plus ; la victoire est à nous, on capitule !

FROSINE.

Les Dieux veüillent que ce soit à de bonnes conditions !

SCENE XIV.

EUPHEMIE, SOSTRATE, FROSINE, STRATON.

STRATON *à Euphemie qui sort du tombeau avec Sostrate.*

On a servi, Madame.

EUPHEMIE.

Ah, Sostrate ! à quoi sçavez-vous me réduire ? Par quel enchantement puis-je consentir à vivre, & à vivre pour vous ?

SOSTRATE.

Achevez, Madame ; & ne négligez rien pour conserver une vie dont tout le bonheur de la mienne va dépendre.

STRATON *présentant un verre à Euphemie.*

Goûtez au vin, Madame.

SOSTRATE.

Mettons-nous à table.

EUPHEMIE *à Frosine.*

Tu me vois rougir, ma chere Frosine ; mais si tu sçavois tout ce que Sostrate m'a dit.

FROSINE.

Oh, je le suppose à merveilles : vous êtes justifiée de reste ; & le défunt n'y sçauroit trouver à redire.

EUPHEMIE.

C'est par les mêmes sentimens qui m'avoient touchée dans mon Epoux, que Sostrate vient de m'attendrir encore : c'est l'ame & le cœur d'un mari que j'aime en lui ; & je crois n'avoir plus perdu que certains traits de visage indiférens pour une ame délicate.

STRATON *lui présentant à boire.*

C'est, morbleu, bien dit, Madame ! il faut boire là-dessus.

SOSTRATE.

Je suis délicat aussi, belle Euphemie ; & je sens que j'exigerai bien-tôt de vous un amour qui ne se rapporte qu'à moi : je ne veux point nourrir en vous la pensée d'aucun autre ; & ce sera peu pour moi de vous avoir consolée, si je ne parviens à vous faire oublier que vous aïez jamais eu besoin de l'être.

STRATON *donnant à boire à Sostrate.*

Mon Maître est délicat, voïez-vous ? ce n'est pas assez que le vin soit bon ; il y a encore une maniere de le verser, tenez, qu'il préfere au vin même.

FROSINE *s'étranglant en mangeant.*

Hem, hem, hem, hem !

STRATON.

Tu joues à t'étrangler, Frosine; ne va pas si vîte: boi un coup.

FROSINE *un verre à la main.*

A nôtre Libérateur.

STRATON *en prenant un aussi.*

Oh parbleu, je te ferai raison; mon Maître excusera mon zele.

SOSTRATE.

Va, je te le pardonne; mange aussi: tu iras ensuite voir ce qui se passe à mon poste, pour m'en donner des nouvelles.

STRATON *se mettant à table.*

Volontiers, Monsieur.

SOSTRATE *du côté de Straton.*

Ah, que je suis charmé, Straton! & que ma premiere passion est violente!

STRATON *lui répond la bouche pleine.*

Bon.

SOSTRATE.

As-tu jamais vû plus de graces ensemble; & conçois-tu qu'on puisse être plus aimable?

COMÉDIE.

STRATON *mangeant toujours.*

Non.

SOSTRATE.

Di donc, ne la trouves-tu pas la plus touchante, la plus belle personne du monde ?

STRATON.

Oüi.

SOSTRATE.

Ah, je sens que je l'aimerai éternellement !

STRATON.

Soit.

SOSTRATE.

Que tu me réponds mal !

STRATON.

Je mange bien, Monsieur.

SOSRATE.

Verse à boire.

STRATON *beuvant le vin qu'il verse.*

A vos inclinations, Madame !

SOSTRATE.

Eh, maraut ! est-ce là ce que je te dis ? verse-nous à boire.

STRATON.

Eh là là, Monsieur ! il n'y a qu'à s'expliquer.

SCENE XV.

EUPHEMIE, SOSTRATE, FROSINE, STRATON, LICAS.

LICAS *trouvant Euphemie à table.*

AH, ah, ah, ah ! teſtidienne, que ſtila eſt drôle !

EUPHEMIE.

Qu'eſt-ce donc ?

SOSTRATE.

Pourquoi ces éclats ?

LICAS.

Eh morgué qui ne riroit pas ? mon Maître eſt comme un fou dans ſon lit ; il prononce à tout bout de champ le nom de Madame, avec des hélas ſi douloureux que ça vous feroit pitié à vous-même : ah, ah, ah, ah !

EUPHEMIE.

Hé bien ?

LICAS.

Hé bian, l'impatience l'a pris de ſçavoir de vos nouvelles ; & il ſe feroit levé pour en venir appren-

COMÉDIE. 367

dre, si je ne l'en eussions empêché : mais il a voulu à toute force que je vinsse voir si vous étiez morte... ah, ah, ah ! je ne m'attendois morgué pas de vous trouver si en vie que ç'a.

FROSINE.

En es-tu fâché, Licas ?

LICAS.

Courage, Madame Froseine ! vous faites donc vos deux repas par nuit ?

FROSINE.

C'est à Monsieur que nous devons le miracle que tu vois.

LICAS.

J'entens, j'entens ; vela de ce que vous me disiez tantôt, qui mettoit Madame à la raison.

FROSINE.

Il s'en faut bien ma foi, que ton Maître n'ait l'air aussi persuasif !

LICAS.

Il s'en faut morgué près de cinquante ans ; mais que disent à tout cela les manes du mari ?

STRATON.

Pas le mot, comme tu vois.

LICAS.

Vela palsangué un bon défunt !

SOSTRATE.

Oh ça, Monsieur Licas! prétendez-vous encore long-tems troubler nos plaisirs?

LICAS.

Non, morguenne; si le mari est un bon défunt, je suis un bon vivant, moi: me vela prêt de boire à vos santez pour marquer que j'ons bonne intention.

FROSINE.

Volontiers, je t'en veux verser moi-même.

SOSTRATE.

C'en est assez, Straton; va faire un tour où je t'ai dit?

STRATON *se levant de table.*

J'y cours.

SCENE

SCENE XVI.

EUPHEMIE, SOSTRATE, FROSINE, LICAS, CHRISANTE.

CHRISANTE.

Licas l'aura sans doute trouvée morte.... mais Ciel ! que vois-je ?

LICAS.

C'est mon Maître ; l'impatience l'a pris.

SOSTRATE *se levant de table.*

O Dieu ! c'est mon pere !

CHRISANTE.

Euphemie à table avec mon fils !

FROSINE & LICAS.

Son fils !

CHRISANTE.

Je ne puis revenir de ma surprise ; & je crois presqu'encore que tout ceci n'est qu'un vain fantôme !

LICAS *prenant une cuisse de poulet.*

Il n'y a morgué rian de plus réel ; il n'y a qu'à tâter.

CHRISANTE.

Quoi, perfide Euphemie ! ne vous feriez-vous renfermée dans le tombeau de vôtre mary, que pour le faire servir de rendez-vous à un amant qui le deshonore ?

SOSTRATE.

Mon pere !

EUPHEMIE.

Mon cher Monfieur Chrifante !

CHRISANTE.

Non, non, point de Monfieur Chrifante. L'amour que j'avois pour vous fe tourne en rage ; & je fçaurai bien vous faire payer les pleurs que vôtre fauffe vertu m'a coûtées.

LICAS.

Eh là là, Monfieur ne vous émouvez point tant, ç'a vous feroit mal.

CHRISANTE.

Eh que m'importe, Licas ? je ne veux plus vivre après ce que j'ai vû ! toutes les femmes font deformais pour moi autant de monftres que j'abhorre ! ce n'eft que legereté, qu'inconftance, que diffimulation, que perfidie, & tous les vices du monde enfemble !

LICAS.

Morgué : c'eft pourtant quelque chofe de drôle que tous ces vices du monde enfemble !

COMÉDIE.

FROSINE.

Mais, mais, Monsieur, qu'avez-vous donc tant à nous reprocher ? il y a trois jours que vous nous persecutez pour nous resoudre à vivre : nôtre constance ne tenoit plus qu'à un filet ; Monsieur vient de le rompre : qu'y a-t-il là de si étonnant ?

LICAS.

Alle a morgué raison ; vous aviez sapé l'arbre ; il étoit bien aisié de le faire choir.

EUPHEMIE.

Ah, Sostrate, que vous m'allez rendre malheureuse !

CHRISANTE.

Oüi, oüi, vous la ferez, Madame : je vais crier vos foiblesses dans tout Ephese ; & il ne tiendra pas à moi que vous ne deveniez la fable de tout l'avenir.

SOSTRATE.

Au nom des Dieux, mon pere, ne reduisez point au desespoir une personne adorable, & que vous trouveriez encore innocente, si vous n'aviez jamais eu pour elle que de l'estime !

CHRISANTE.

Taisez-vous, Monsieur mon fils : vous êtes un impertinent ; & je vous ferai bien acheter l'amour dont vous vous applaudissez.

SCENE DERNIERE.

EUPHEMIE, SOSTRATE, FROSINE, LICAS, CHRISANTE, STRATON.

STRATON *accourant tout essouflé.*

O Disgrace! ô malheur! ah, mon cher Maître, nous sommes perdus!

SOSTRATE.

Comment?

CHRISANTE.

Qu'est il arrivé?

STRATON.

Ah, c'est vous, Mr Chrisante? qu'allez-vous devenir?

SOSTRATE.

Quoi donc?

STRATON.

Nôtre criminel nous a joüé d'un tour! je me doutois bien que ce coquin là nous porteroit malheur; je n'ai jamais vû une si mauvaise phisionomie.

SOSTRATE.

O Ciel! je fremis, explique-toi?

STRATON.

Voila ce que vôtre absence nous coûte! la moitié

COME'DIE.

de vôtre troupe s'est endormie, le reste s'est dissipé; & ce fripon de pendu a pris ce moment là pour se faire enlever par ses amis.

SOSTRATE.

Est-il possible, justes Dieux! & faudra-t'il donc que je subisse une mort infame?

CHRISANTE.

Quoi, mon fils...

EUPHEMIE.

Quoi, Sostrate...

SOSTRATE.

Faites vos adieux, Monsieur, & fuyons en diligence; il n'y a plus de vie pour vous à Ephese: ces Magistrats sont des brutaux qui ne vous feroient pas grace d'un soupir.

SOSTRATE.

Non, non, je ne fuirai point; je craindrois trop d'être surpris: je sçais un moyen plus sûr de me dérober à la honte qui me menace.

Il tire son épée pour s'en fraper.

CHRISANTE *en la lui arrachant.*

Ah, mon fils! arrêtez...

EUPHEMIE.

O Ciel! qu'alliez-vous faire!

CHRISANTE.

Vôtre danger rapelle toute ma tendresse ; & je n'ai plus d'autre passion que de vous sauver la vie.

SOSTRATE.

Ah de grace, mon pere, sauvez-moi plûtôt l'honneur ! je ne puis songer sans horreur, à l'ignominie dont je suis menacé !

CHRISANTE.

Ah, mon cher fils, que vous m'attendrissez !

EUPHEMIE *tombant entre les bras de Frosine.*

Ah, ma chere Frosine !

FROSINE.

Mais quoi ! n'y a-t'il donc pas de remede à tout cela ?

STRATON.

Helas pour sauver la vie à mon Maître, je me mettrois volontiers à la place vuide ; mais on reconnoîtroit la fraude : celui qui l'occupoit étoit de deux pieds plus grand que moi. Si Licas vouloit ?

LICAS.

Serviteur, je sis trop gros.

FROSINE.

Si Madame vouloit plûtôt, sans faire tort à personne, nôtre défunt...

COMÉDIE.

EUPHEMIE.

Ah, Frosine ! qu'osez-vous penser ?

CHRISANTE.

Ah de grace, Madame, ne vous effrayez point de ce qu'elle pense ! vous me voyez à vos genoux, pour vous demander la vie d'un fils qui vous a sçû plaire.

EUPHEMIE.

Ah Chrisante, que me demandez vous ! trahir mon devoir avec tant d'indignité !

CHRISANTE.

Eh quoi, Madame, quel vain scrupule vous arrête?

STRATON *à genoux*.

Ce n'est qu'une bagatelle, Madame ; laissez-vous fléchir.

FROSINE *à genoux*.

Ma chere Maîtresse !

LICAS *à genoux*.

Madame !

EUPHEMIE.

Helas, Sostrate ! à quelle extremité suis-je reduite !

CHRISANTE.

N'hesitez plus, Madame ; je consens que Sostrate s'unisse avec vous pour jamais ; son interêt devient vôtre premier devoir : confervez un époux ; & rendez-moi mon fils, de grace.

FROSINE.

De grace, de grace ! eh mort de ma vie, ne fçauriez-vous entendre Madame, fans qu'elle parle ? C'eſt à elle à pleurer, & à nous d'agir ; laiſſez-moi faire, je prens la vie de Soſtrate ſur mon compte ; & j'en réponds corps pour corps.

STRATON.

Vivat ! ah mon cher Maître, que je vous embraſſe ! vous voila, morbleu, revenu de bien loin !

LICAS.

Avec tout çà, morgué, c'eſt encore là l'exemple des veuves.

Fin de la derniere Scene.

ODE
EN FAVEUR DES VERS,

Par Monsieur DE LA FAILLE.

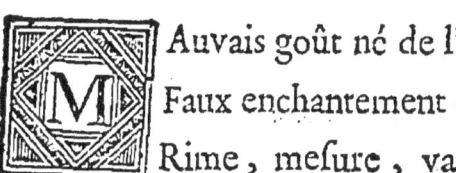auvais goût né de l'habitude,
Faux enchantement du lecteur,
Rime, mesure, vaine étude,
Le peuple Goth fut ton auteur.
Non tu n'es point la Poësie :
D'un plus beau feu l'ame saisie
En Prose s'enonce bien mieux ;
Les Vers dans des siécles barbares
Ont eu de nos Aïeux ignares
Le nom de langage des Dieux.

Tel est l'audacieux blasphême
Qu'on profere contre Apollon.
He qui ? c'est la Motte lui-même
Deserteur du sacré vallon.
Mais cette erreur qu'il nous propose
En vain de sa subtile prose
Emprunte un éclat specieux ;
Suivant la rime & la cadence
Sur le Parnasse il a d'avance
Expié son tort à nos yeux.

※

Censeur de nôtre Tragedie,
Il ose en ses réflexions
Croire qu'une Prose hardie
Peut nous peindre les passions ;
Que c'est violer la nature
Que d'asservir à la mesure
Et de rimer un sentiment ;
Oubliant que c'est par ce charme
Qu'Inés communique l'allarme
Qu'elle éprouve pour son amant.

※

Quoi ! de l'Ode dont Polimnie
A ses amans nota les airs
Il veut abjurer l'harmonie
Qu'elle doit au charme des Vers !
Pindare, Anacreon, Horace
Ont donc abusé le Parnasse
Par leurs immortelles chansons !
J'entens Malherbe qui soupire
De voir qu'on ose de sa Lyre
Dédaigner les aimables sons.

❧

La sagesse des premiers âges
En Vers voulut dicter ses loix :
Digne prix des plus grands courages,
Les Vers chanterent les exploits.
Qu'on lise au temple de memoire
Les noms consacrez à la gloire,
Calliope les a tracez ;
Tous ceux que son burin aimable
N'a pas gravez d'un trait durable
Sont peu lus ou sont effacez.

❧

Art des Vers par quelle magie,
Au gré de tes sons enchanteurs,
L'emportes-tu sur l'energie
Dont se vantent les Orateurs!
Dans Rome, bravant la nature,
Octave insensible & parjure
La remplit de sang & d'horreurs,
Eh qui ne sait qu'à l'harmonie
Du divin chantre d'Ausonie
Il ne put refuser des pleurs?

Marcellus dont les destinées
Priverent trop-tôt l'Univers,
Moins de larmes furent données
A ton trépas, qu'à ses beaux Vers.
O Poësie! à ta puissance
Que peut opposer l'éloquence?
Quel miracle a-t-elle à citer?
Seroit-ce un fougeux Demosthene,
Suivi d'un Peuple qu'il entraîne;
Flots toujours prêts à s'agiter!

Ami né de la symetrie,
L'homme en recherche l'agrément :
Des merveilles de l'industrie,
Seule elle fait l'enchantement.
A nôtre oreille la Musique
Offre un mouvement symetrique
Des tons dont l'ordre fait les loix.
L'impression plus delicate
De cet ordre en beaux Vers nous flate,
Et sur l'esprit même a ses droits.

※

Mais cet art frivole & penible
Est, dit-on, mécanique en soi :
De plus d'un obstacle invincible
Souvent l'esprit subit la loi.
La cadence ou le sens vous gêne :
Quelquefois la recherche est vaine
D'un mot qui les serve tous deux :
La rime à cet autre s'oppose ;
D'un autre qui plairoit en prose
Le choix ne seroit pas heureux.

※

O combien le sage est loüable
Qui s'abaissant à ce détail,
Pour rendre la sagesse aimable,
N'en dédaigne pas le travail ?
Des attraits d'Helicon parée,
Il peut nous ramener Astrée,
L'homme va goûter l'équité.
Ainsi de la main de sa mere
L'enfant boit la liqueur amere
Par quelque douceur invité.

De la contrainte rigoureuse,
Où l'esprit semble resserré,
Il acquiert cette force heureuse
Qui l'éleve au plus haut degré.
Telle dans des canaux pressée,
Avec plus de force élancée
L'onde s'éleve dans les airs;
Et la regle qui semble austere,
N'est qu'un art plus certain de plaire,
Inseparable des beaux Vers.

Non le travail n'est point servile,
Quand la Raison en est l'objet :
Qu'elle plaise en ton Vers utile,
Qu'elle t'en dicte le sujet.
Medite, poli, remanie ;
Des dons du Dieu de l'harmonie
Aucun sans peine ne joüit :
C'est l'encens qu'Apollon désire,
A ce prix il prête sa lyre ;
Et l'obstacle s'évanoüit.

J'ai d'abord à remercier Monsieur De la Faille d'avoir bien voulu que j'enrichisse mon Livre de son Ode contre mon prétendu sentiment. Il semble que ce ne soit que pour me loüer sans fadeur qu'il affecte d'ailleurs de me contredire ; & j'aurois encore à le remercier, quand il auroit raison contre moi.

Je lui eus une pareille obligation, lorsque je donnai pour la premiere fois le recueil de mes Odes. Il y en joignit une à ma loüange qui flatant mon amour propre d'un côté, l'auroit mortifié de l'autre, si l'on craignoit d'être surpassé par un ami.

Il prend aujourd'hui contre moi le parti des Vers que je n'abjure pourtant qu'en Philosophe, & qui, malgré mes réflexions, me font encore autant de plaisir qu'à lui. Il lui convenoit bien de les défendre : il est lui-même l'exemple de leurs charmes & de l'illusion qu'ils peuvent faire ; & il l'a si bien senti qu'il ne s'est pas mis en peine d'emploïer contre moi des raisons solides : il a cru avoir assez, pour me vaincre, des graces seules de sa versification. C'est donc à moi de raisonner. Heureux, si je puis réussir à éclairer, comme il réussit à seduire !

J'ai avancé que la Prose pouvoit dire tout ce que disent les Vers, & que les Vers ne sauroient dire tout ce que dit la Prose. Pour le prouver, je commence par mettre en Prose l'Ode de M. De la Faille, sans lui faire rien perdre que la rime & la mesure ; & si j'y ajoûte quelques expressions, quelques circonstances qu'il puisse juger dignes d'entrer dans ses Vers, je le défie (en lui je crois défier l'art même) je le défie d'en faire usage, sans qu'il lui en coute quelque autre beauté : au lieu que quelque changement qu'il fasse à ses Vers, je suis en état de suffire à toutes ses corrections, sans rien déranger du reste.

L'ODE
DE M. DE LA FAILLE
MISE EN PROSE.

Mauvais goût, méprisable enfant de l'habitude, puerile enchantement du lecteur, rime, mesure, étude frivole, c'est sans doute le peuple Goth qui vous inventa. Non: vous n'êtes point la Poësie: l'ame saisie d'un plus beau feu, s'énonce mieux en Prose; & c'est dans des siécles grossiers que nos Aïeux ignorans, ne vous reconnoissant pas pour le langage des hommes, vous ont appellé le langage des Dieux.

Tel est le blasphême qu'on ose proferer contre Apollon. Eh qui l'ose? C'est la Motte lui-même, ingrat deserteur du Parnasse: mais en vain son erreur emprunte de sa subtile Prose un éclat specieux, il a expié son tort, ou plûtôt il s'est confondu d'avance, en se devoüant si long-tems, pour sa gloire, à la rime & à la mesure.

Aujourd'hui il ose croire qu'une Prose hardie suffit à peindre les passions ; que c'est violer la nature que d'asservir un sentiment à la mesure & à la rime, comme s'il oublioit que c'est par leur secours qu'Inès a communiqué ses allarmes à tous ses Spectateurs.

☙

Quoi ! de l'Ode même dont Polimnie nota les airs à ses amans, il veut abjurer l'harmonie qu'elle ne doit qu'au charme des Vers ? Anacreon, Horace, Pindare ont donc abusé le Parnasse par leurs chansons immortelles ! j'entens gemir la lyre de Malherbe du mépris qu'on fait de ses sons.

☙

Dès les premiers âges la sagesse dicta ses loix en Vers. Digne prix des plus grands Héros, les Vers célébrerent leurs exploits. Qu'on lise les noms consacrez dans le temple de memoire, ils y sont tracez de la main de Calliope ; & ceux que son céleste burin n'y a pas gravez d'un trait durable ne sont lus qu'à peine, s'ils ne sont même effacez.

☙

Art des Vers par quelle magie es-tu donc plus energique que tout l'art des Orateurs ! Octave, le cruel Octave qui sans fremir, remplit sa patrie de carnage & d'horreur, s'attendrit pourtant aux accords du divin chantre d'Ausonie.

☙

Oüi, Marcellus, Héros trop-tôt enlevé à l'univers, ton trepas même couta moins de larmes que des Vers qui n'en rapeloient que le souvenir. O Poësie qu'opposera donc l'éloquence à ton pouvoir? quel miracle citera-t-elle? sera-ce un fougeux Demosthene, entraînant à son gré un Peuple plus inconstant que les flots & plus prêt encore à s'emouvoir?

※

L'homme ami né de la symetrie, en recherche partout l'agrément. Seule elle fait tout le charme de l'industrie humaine. La Musique n'offre à nôtre oreille que le mouvement & l'ordre simetrique des tons; & c'est ce même ordre des Vers dont le double charme, en flatant l'oreille & le cœur, étend encore ses droits jusques sur l'esprit.

※

Mais, dit-on, cet art pénible & frivole n'est qu'un exercice mécanique: l'esprit y éprouve souvent plus d'un obstacle invincible. La rime ou la mesure nous gêne; quelquefois on recherche long-tems, mais en vain, un mot qui les accorde ensemble. Ici la raison s'oppose à un terme; là le langage poëtique reprouve le mot propre dont la Prose plus sensée se feroit honneur.

※

Mais combien est digne de loüange le sage qui s'abaisse à ce travail, pour mieux servir la raison ! il peut ramener Astrée dans le monde ; & les hommes la trouveront aimable dès qu'elle sera parée de la main des Muses : ainsi l'enfant prend de la main de sa mere le salutaire breuvage dont quelque douceur lui a deguisé l'amertume.

☙

L'esprit par cette contrainte même qui semble le resserrer, acquiert cette force heureuse qui lui fait prendre un plus grand essor. Telle pressée par d'étroits canaux, l'onde ne s'en éleve qu'avec plus de force, au milieu des airs. Ainsi la severité des regles ne sert qu'à embellir les Vers, & y devient, pour ainsi dire, la mere des graces.

☙

Non ; le travail n'est point servile, dès qu'on ne l'entreprend que pour la raison. Qu'elle seule vous dicte, & vôtre sujet & vôtre stile : meditez, polissez, remaniez; aucun ne joüit sans peine des dons d'Apollon : le travail est l'encens que ce Dieu demande: mais à ce prix il prête sa lyre ; & par elle tout obstacle s'évanoüit.

☙

Entrons maintenant dans le fond des choses ; & voïons ce que deviennent les raisons de l'Ode dès qu'on s'avise de les peser.

> Mauvais goût, né de l'habitude,
> Faux enchantement du lecteur,
> Rime, mesure, vaine étude,
> Le peuple Goth fut ton auteur.
> Non tu n'es point la Poësie :
> &c.

J'ai donc dit que la rime & la mesure n'étoient point la Poësie ; & voilà le blasphême que j'ai proferé contre Apollon. Qu'on me pardonne, si j'y persevere au point de dire, que l'opinion contraire m'en paroît un contre la raison.

La rime & la mesure peuvent subsister avec les idées les plus triviales & le langage le plus populaire ; & la Poësie qui n'est autre chose que la hardiesse des pensées, la vivacité des images & l'énergie de l'expression, demeurera toujours ce qu'elle est, indépendamment de toute mesure. Le Cocu imaginaire est versification sans Poësie, & le Thelemaque est Poësie sans versification. Je n'ai garde de m'apesantir sur les preuves d'une verité qui se demontre d'elle-même. A l'égard de la rime & de la mesure qu'on m'accuse de ne regarder que comme un faux enchantement du lecteur, on m'impute plus que je n'ai dit : car je conviens que le charme est réel pour bien des gens ; & j'y suis si sensible moi-même qu'il m'arrive souvent d'admirer en Vers ce que je ne ferois qu'aprouver en Prose. Il ne s'agit que de la vraïe cause de cette illusion. Je l'attribuë, pour la plus grande partie, à la surprise agreable qui naît de la difficulté vaincuë ; & qu'on ne dise pas que cela ne regarde que les gens de l'art qui savent ce que les obstacles coutent à surmonter! Ceux qui n'ont là-dessus aucune experience, sont encore plus surpris que les autres ; & ils se sentent si loin de commander ainsi au discours, qu'ils regardent les Poëtes comme une espece à part que la nature a faite exprès pour le prestige.

Je ne nie pas absolument qu'il n'y ait dans les Vers quelqu'autre cause de plaisir : mais la question ne vaut pas la peine qu'on entre là-dessus dans une profonde Metaphisique. Ce qui me fait croire surtout que la rime n'est pas si naturelle qu'on le pense, c'est que les hommes s'en sont avisez bien tard. Les Grecs ni les Latins ne l'ont connuë ; & depuis qu'elle est découverte, quelques peuples s'en sont désabusez en partie. Les Italiens font des Vers sans rime ; les Anglois en font aussi ; Milton, leur Homere, n'en a pas emploïé d'autres ; & on dit qu'ils regardent une Comedie rimée comme un vrai monstre. Si nous ne sommes pas encore si avancez, ne desesperons de rien ; laissons faire au tems & à la raison.

> Censeur de nôtre Tragedie,
> Il ose en ses réflexions
> Croire qu'une Prose hardie
> Peut nous peindre les passions :
> &c.

Non seulement j'ose croire qu'une Prose, je ne dis pas hardie, mais proportionée aux personages & au sujet suffiroit à nous peindre les passions, mais j'ose encore m'étoner qu'on le conteste. Les passions feront toujours d'autant plus d'effet qu'elles feront mieux imitées ; & elles feroient toujours d'autant mieux imitées qu'on leur feroit parler leur vraïe langue: or les paſſions originales n'ont jamais parlé en Vers. Cela implique contradiction : elles font naïves, impatientes de s'énoncer, incompatibles avec toute recherche de tours & d'expreſſions ; & dès qu'on eſt vivement ému, on a auſſi-tôt parlé que ſenti. Tranſportons-nous aux tems des Monimes, des Phœdres & des Arianes : voïons-les ſouffrir; entendons-les ſe plaindre : n'emploïeroient-elles pas, pour nous toucher, le diſcours le plus naturel ; & ſi elles s'aviſoient de ſe plaindre en Vers, pouroit-on ajoûter foi à leur douleur ? non ſans doute ; & il n'eſt pas moins évident que pour les bien imiter, en les mettant au Théatre, il faudroit ne leur prêter de ſentimens que ceux qu'elles auroient du avoir, & ne les exprimer que comme elles l'auroient dû faire. Prenons-y-garde, dès qu'une Scene eſt pathetique à un certain point, le Spectateur ne ſçait plus ſi l'on parle en Proſe ou en Vers ; il eſt tout occupé du ſentiment qui le penetre ; & ſi, pendant qu'il pleure, quelqu'un lui venoit dire : remarquez-vous la beauté de cette rime, l'emiſtiche regulier & la cadence de tout ce Vers, n'auroit-il pas pitié de l'admirateur ? le bon Comedien même en ces occaſions deguiſe, tant qu'il peut, la rime & la meſure, pour en paroître plus vrai ; & nous lui applaudiſſons de nous dérober l'art même, dont cependant on fait tant de cas. Regulus eut un grand ſuccès. Tout le monde pleuroit à la Scene des adieux de Regulus à ſon fils. Croit-on que Pradon ne dût ce grand effet qu'à l'enchantement de ſes Vers ? & niera-t-on que la

Profe de Racine n'en eût remplacé avantageufement tout le charme ?

>   Quoi ! de l'Ode dont Polimnie
>   A fes amans nota les airs
>   Il veut abjurer l'harmonie
>   Qu'elle doit au charme des Vers ?
>   &c.

Je n'ai point abjuré l'harmonie de l'Ode ; j'ai prétendu feulement qu'on en pouvoit faire en Profe. L'effai que j'en ai fait, en traitant cette matiere même, a paru, j'ofe le dire, ingenieux & raifonable à tous mes confreres, lorfque je le lus à une feance publique de l'Academie.

Je fuis d'avis cependant que de tous les Ouvrages c'eft l'Ode qui la derniere doit abandonner la verfification : l'Auteur y fait une profeffion expreffe d'audace & d'énergie ; il prend, pour ainfi dire, fon vol au milieu des airs ; & dans fon deffein, une efpece de langage à part ne lui fied pas mal. De plus l'arrangement artificieux des rimes, les repos ménagez également dans chaque ftrophe forment un air plus varié, plus harmonieux que nos Vers Alexandrins, & cet air ne fe repete ordinairement que dix ou douze fois : l'agrément de la fimetrie peut bien fe foutenir jufques-là.

Il ne faut donc pas confondre l'Ode avec les Poëmes étendus où le Poëte ne parle pas en fon nom, mais pour des perfonages qu'il entreprend de rendre au naturel. Si je ne fais plus d'Odes, ce n'eft pas, fi je ne me flate, que les idées hardies me manquent encore : mais je fens que je n'aurois plus la patience de l'arrangement qui, après le genie, eſt le plus grand talent que l'Ode exige : car (qui le croiroit) l'Ode qui feint l'entouſiaſme eſt préciſément l'ouvrage qui y reſiſte le plus. L'entouſiaſme ſuppoſe l'abondance, la chaleur des idées & la rapidité de l'expreſſion, puiſque l'inſpiration n'a pas beſoin de recherche, au lieu que la gêne de l'Ode reduit le Poëte à manier & remanier ſa penſée de cent façons differentes, pour l'accorder heureuſement à la cadence reglée qu'il ſe preſcrit.

L'Ode de M. Deſpreaux ſur la priſe de Namur eſt apparemment le travail de quelques mois. L'Academie Françoiſe donne un long terme aux Auteurs, en propoſant ſon prix de Poëſie : or, j'en atteſte ceux qui l'ont remporté, quelle patience leur a-t-il fallu, avec quel travail ont-ils attrapé cet air d'entouſiaſme qui peut bien échaufer le lecteur, mais qui n'eſt en eux que le fruit tardif d'une recherche opiniâtre & très-ſouvent ſterile, en comparaiſon des momens heureux? Qu'eſt-ce en effet que cent Vers qu'il a fallu changer, refondre & repolir tant de fois ? on voit le Poëte tout élevé: mais on ne voit pas d'où il eſt parti ni avec quelle lenteur, & par quelles machines il s'eſt guindé ſi haut.

> Qu'on liſe au temple de mémoire
> Les noms conſacrez à la gloire,
> Calliope les a tracez ;
> Tous ceux que ſon burin aimable
> N'a pas gravez d'un trait durable
> Sont peu lus ou ſont effacez.

Ne diroit-on pas à ce discours que les Vers sont pour les hommes l'unique sceau de l'immortalité, & qu'il ne peut y avoir de Héros célebres que sous le bon plaisir des Poëtes. La fausseté sied si bien dans les Vers qu'on est d'abord ébloüi de l'éclat de cette pensée : mais un moment d'attention fait disparoître le phantôme ; & l'on est tout honteux d'avoir cru voir quelque chose.

Il a manqué des Poëtes à Cirus & à Alexandre, leurs noms en sont-ils moins célébres ? ne se passent-ils pas à merveille du burin de Calliope ? & si je voulois citer tous les grands noms qui n'ont auprès de la posterité d'autre recommandation que la Prose, ne faudroit-il pas dépoüiller presque toute l'Histoire ? l'équivoque vient de ce qu'on a dit souvent que les Muses seules pouvoient éterniser la memoire des hommes : mais on ne songe pas qu'entre ces Muses on compte l'éloquence & l'Histoire. De simples annales, si elles contenoient des efforts héroïques de vertu, suffiroient pour en perpetuer le souvenir. Que l'on perde Horace & Virgile, en connoîtra-t-on moins cette foule de grands Personages que Rome a produits ? en lira-t-on moins Plutarque, Titelive & les Commentaires de Cesar ? j'admire la fierté lyrique; il nous semble à nous autres Poëtes que les Héros ont un besoin indispensable de nôtre protection ; que c'est à nous de regler leur rang dans l'avenir, & qu'après quelques années d'une courte vie, ils seroient perdus pour l'univers, si nous ne nous-en mêlions. Nôtre folie seroit impardonable, si nous ne sçavions qu'il y a des gens assez fous, pour nous en croire, & pour tourner nôtre orgueil même en merite. Un peu plus de modeſtie ; & reconnoiſſons de bonne foi nôtre inutilité. Que les hommes ſongent ſeulement à faire des actions dignes de memoire. Quand tous les verſificateurs s'accorderoient à n'en point parler, il y aura toujours des témoins pour les écrire & des monumens pour les honorer. L'admiration n'attendra pas pour eux le langage des Vers : mais les Vers s'embelliront dans la ſuite d'une admiration établie ſans leur ſecours. En un mot les grands hommes n'ont pas beſoin des Poëtes, ce ſont bien plûtôt les Poëtes qui ont beſoin des grands hommes.

> Dans Rome, bravant la nature,
> Octave inſenſible & parjure
> La remplit de ſang & d'horreurs :
> Eh ! qui ne ſçait qu'à l'harmonie
> Du divin chantre d'Auſonie
> Il ne put refuſer des pleurs ?

C'eſt une grande ſource de Sophiſmes & de mépriſes que le deſſein formé de loüer quelqu'un ou quelque choſe à quelque prix que ce puiſſe être. On ne ſe tient plus comptable à la verité ; mais ſeulement à l'honneur de ce qu'on célébre : de là les hyperboles & les vains raiſonnemens : de là l'effort à faire valoir les moindres avantages de ſon ſujet, au-delà de ce qu'ils valent, & le ſoin d'éluder ce qui, pour en donner une idée juſte, ne la donneroit pas aſſez éclatante. C'eſt ainſi que chacun, en défendant ſon opinion particuliere, tombe dans les défauts ordinaires du Panegirique : on la vante & on ne la prouve pas.

On cite ici, par exemple, en faveur des Vers, les larmes que ceux de Virgile firent répandre à Auguste sur la mort de Marcellus ; & on défie l'éloquence de produire de sa façon un pareil miracle. Premierement l'Histoire ne dit point, ce me semble, qu'au récit de Virgile, Auguste ait pleuré la mort de Marcellus, ce qui ne seroit pourtant pas surprenant, puisque Marcellus étoit son neveu & son héritier naturel : elle dit seulement qu'Octavie sa mere en fut sensiblement touchée : mais cela vaut-il la peine d'en faire honneur aux Vers ? & où en est-on réduit de donner sur le pied de prodige l'attendrissement d'une mere, au recit de la mort de son fils ! combien de faits l'éloquence opposeroit-elle à ce prétendu miracle?

Cesar entre au Senat, determiné à condamner Ligarius : il tient à la main les memoires qui doivent entraîner sa perte : Ciceron parle ; Cesar oublie sa vengeance : les papiers lui tombent des mains, & il fait grace. Si Ciceron eût parlé en Vers, Ligarius étoit perdu. Les Vers par eux-mêmes annoncent l'art ; les passions n'y ont point un air sérieux, & on ne les y regarde que comme une imitation qui peut faire plaisir par la ressemblance, qui peut bien émouvoir à un certain point, mais non pas jusqu'à faire agir, malgré des penchans & des resolutions contraires.

Il en est tout autrement de l'Orateur ; il présente les passions mêmes en sa personne ; & à proportion de ce qu'il paroît les sentir, il les communique aux autres. Ainſi Demoſthene triomphoit de l'indolence des Atheniens; & malgré tout l'or de Philipe, il les arrachoit du ſein des plaiſirs, pour aller défendre, au péril de leur vie, leur liberté menacée. L'hiſtoire offre partout de pareils triomphes de l'éloquence: mais ce ſeroit en abuſer que de s'en armer ici contre le petit prodige des Vers de Virgile, à qui peut-être il eût ſuffi de nommer ſoulement Marcellus, pour faire pleurer ſa mere.

> Ami né de la ſymetrie,
> L'homme en recherche l'agrément:
> Des merveilles de l'induſtrie,
> Seule elle fait l'enchantement.
> A nôtre oreille la Muſique
> &c.

L'homme eſt ami de la ſymetrie: mais il l'eſt encore plus de la varieté. Il faut donc, pour le ſatisfaire, lui préſenter des proportions exactes, mais lui en offrir toujours de differentes. Les Vers ne ſatisfont qu'au premier goût. La libre éloquence ſatisfait à l'un & à l'autre. Les Vers, ſur tout dans les longs Ouvrages, degenerent en une monotomie inſuportable. L'oreille en eſt d'abord flatée par le goût de la ſymetrie; mais elle en eſt bien-tôt fatiguée par le défaut de varieté; & il s'en faut bien que le Partiſan le plus échaufé de la verſification en puiſſe ſoutenir une ſuite auſſi longue qu'il le feroit d'un Ouvrage en Proſe.

Que penſeroit-on d'un vaſte Palais qui ne ſeroit

qu'une répétition des mêmes portiques & des mêmes colonades avec les mêmes proportions ? en vain les marbres & les métaux en seroient-ils differents ; les ornemens & la richesse y perdroient leur prix par l'uniformité. Je ne doute pas qu'on n'y entrât avec plaisir ; mais je ne doute pas non plus qu'on ne fût impatient d'en sortir.

Si la symetrie est d'un grand charme dans les objets qu'on embrasse d'une seule vûë, il n'en est pas de même pour les objets successifs, & il y faut alors de la diversité : or les Vers ne se presentent que successivement. Eh quel ennui de les voir défiler deux à deux, toujours avec leur même nombre de sillabes, leurs émistiches superstitieusement observez, & se répondant toujours comme une espece d'écho !

En verité plus j'y pense & plus je crois que c'est l'admiration seule de la difficulté surmontée qui tourne tout cela en agrément. En vain s'apuïe-t-on, en faveur de la symetrie des Vers, des mouvemens symetriques de la Musique. Les disparitez sont frapantes, dès qu'on y pense ; & il est étonnant qu'on n'y pense pas. La Musique flate l'oreille par la précision de ses mouvemens, par l'intervale de ses sons & par la justesse de ses accords. Quel raport y a-t-il de tout cela avec un certain nombre de sillabes qui n'exigent par elles-mêmes aucune inflexion differente ; car ce sont les idées seules qui en Vers comme en Prose demandent ces inflexions variées selon que l'ame en est differemment affectée. L'Orateur a autant de droit que le Poëte à cette prononciation raisonnée ou pathétique qui doit attacher ou émouvoir l'auditeur.

Mais j'admets la comparaison pour un moment : elle decide absolument contre les Vers. La Musique se garde bien de fatiguer l'oreille par la continuation des mêmes mouvemens ; elle passe sans cesse de l'un à l'autre. Eh qui pourroit soutenir un Opera dont les simphonies, & les chants ne seroient qu'une chaconne continuë ! Voilà pourtant ce que c'est qu'un Poëme épique, ou une Tragedie, en prenant nos Vers Alexandrins pour une Musique.

> De la contrainte rigoureuse,
> Où l'esprit semble resserré,
> Il acquiert cette force heureuse,
> Qui l'éleve au plus haut degré.
> Telle dans des canaux pressée,
> &c.

Les comparaisons pechent toujours par quelqu'endroit : mais on peut dire qu'en Vers elles pechent par plus d'endroits & plus impunément qu'en Prose. L'agrément de la rime & de la mesure joint à la beauté de l'image, distrait l'esprit de l'attention qu'il feroit sans cela à la justesse des raports. Il supose aisement que les ressemblances y sont, dès que les graces s'y trouvent ; & il fait, pour ainsi dire, en cette matiere, ce raisonnement du Medecin de la Comedie : quand Monsieur ne feroit pas malade, il faudroit qu'il le devînt, pour la beauté du raisonnement que vous venez de faire.

Telle est la comparaison du jet d'eau avec les Vers.

> Telle, dans des canaux preſſée,
> Avec plus de force élancée ;
> L'onde s'éleve dans les airs ;

L'image eſt gracieuſe & préciſe : mais elle eſt dépourvûë de toute ſimilitude avec l'objet auquel on la compare. Ce ne ſont pas les canaux ſeuls qui font que l'eau s'éleve, c'eſt la hauteur du lieu d'où elle tombe qui fait la meſure de ſon élevation, au ſortir des canaux qui la reſſerent : or où trouvera-t-on dans les Vers plûtôt que dans la Proſe cette premiere hauteur des penſées qui doit faire leur ſublimité, quand elles ſeront exprimées ! Si les canaux étroits y faiſoient quelque choſe, avec quelle force les penſées jailliroient-elles des Vers de trois ſillabes où on n'a encore pû dire que des riens ? je dirai même, ſans vouloir faire le ſçavant, que les canaux entant qu'étroits, nuiſent plus qu'ils ne ſervent, puiſque les frotemens ralentiſſent d'autant la viteſſe de l'eau.

De plus les canaux & l'eau qu'ils renferment ſont deux choſes toutes differentes : l'eau demeure cachée, tant qu'elle coule dans les canaux ; & ce n'eſt que quand elle en ſort qu'elle s'éleve ; au lieu que dans les Vers le canal & la penſée c'eſt la même choſe, puiſque les mots ſont des ſignes qui preſentent les penſées & non pas des canaux qui les cachent, de maniere que dans le Vers le plus exact la penſée demeure préciſément ce qu'elle eſt, ou rempante ou ſublime, ſans rien emprunter comme penſée de la meſure qui la renferme.

Mais quand on voudroit bien faire grace à l'image

de toutes ces differences ; qu'en réfulteroit-il pour la préference des Vers ? ne puis-je pas comparer à mon tour la libre éloquence à un fleuve majeftueux qui, defcendant du haut des montagnes, s'ouvre un chemin à travers les plaines, & qui, fe groffiffant des torrens & des ruiffeaux qu'il trouve fur fa route, fertilife les campagnes qu'il traverfe, & devient entre les hommes le lien du commerce & de la focieté. A qui alors du jet d'eau ou du fleuve donnera-t-on l'avantage ? & qui ofera préferer ce badinage, ou fi l'on veut cette petite merveille de l'art, à la fage magnificence de la nature dont le fleuve donne une fi belle idée ?

Non le travail n'eft point fervile,
Quand la Raifon en eft l'objet.
&c.

Ce font ici des généralitez qui conviennent à la Profe comme aux Vers. Ce n'eft affurément que par le travail qu'on devient un grand Orateur ou un grand Poëte. Combien en a-t-il couté d'efforts & d'étude à Demofthêne, pour parvenir à fe rendre maître des efprits ? mais quoique le travail foit neceffaire pour porter les chofes à leur perfection, & qu'il foit raifonable de s'y affujetir, à caufe du fruit qu'on s'en promet, il faut bien fe garder d'eftimer plus les Ouvrages par leurs difficultez, que par l'utilité qui en réfulte. Faire paffer de loin des grains de millet par le trou d'une aiguille, étoit fans doute le fruit d'un exercice opiniâtre ; & cependant la merveille, à caufe de

Tome II.   C c

sa puerilité, ne mérita à son Auteur d'autre récompense qu'un boisseau de millet, pour pouvoir continuer son badinage. C'est cette estime folle de la difficulté qui inventa les bouts-rimez & les acrostiches. On a senti bien-tôt que ce n'étoit pas là l'occupation de gens raisonables; & l'on s'est mocqué de ces assujetissemens qui coûtent trop & qui ne laissent pas un champ libre à la raison.

Qu'on y prenne garde, nos Vers retiennent beaucoup de ce défaut. La rime & la mesure sont toujours des entraves pour la justesse; & le meilleur succès qu'on puisse attendre, en s'y assujetissant, c'est de paroître n'avoir pas été gêné. Ne vaudroit-il pas autant ne pas l'être en effet & dire aussi-bien avec moins de peine ? nous ressemblons en cela aux enfans qui aiment à courir auprès des précipices, & qui n'en attendent d'autre gloire que de ne s'être pas blessez.

Voici en un mot ce qui décide. Le travail est loüable, quand il nous met en état de dire toujours les choses de la meilleure maniere qu'elles puissent être dites : il est condamnable au contraire, quand il nous ôte la liberté de ce choix ; & voilà ce que font la Prose & les Vers. Rien n'empêche la Prose d'atteindre à la perfection, au lieu que les plus grands Poëtes ne sentent que trop combien leur art s'y refuse. C'est ce qui fait dire à M. Pelisson que les Vers ne sont jamais achevez. Si l'on me dit que la Prose ne l'est jamais non plus, je répons qu'alors c'est aux bornes de l'esprit humain qu'il s'en faut prendre & non pas à l'impuissance du stile.

Car ne retranchons rien des droits de la Profe. Toutes les mefures du difcours fans exception font, pour ainfi dire, de fon domaine qu'elle n'a jamais aliené ; c'eft une ufurpation des Vers de s'en être aproprié certaine mefure ; & c'eft une tiranie de vouloir les interdire à la Profe dont elles font empruntées.

Le jour n'eft pas plus pur que le fond de mon cœur,

eft originairement de la Profe : ce n'eft que la continuité de cette mefure qui conftituë les Vers Alexandrins ; & il y a de la petiteffe aux Orateurs à refufer les penfées, quand elles fe préfentent fous cette forme. Avant qu'il y eût des Vers, s'apercevoit-on que cette mefure apartînt moins à l'éloquence qu'aucune autre ; & puifque les Vers l'ont choifie comme une des plus agreables, par quelle bifarrerie choqueroit-elle dans la Profe ? l'oreille par le même ordre des fons peut-elle avoir deux fenfations oppofées ? auffi ces mefures ne choquent-elles point réellement : mais quelques gens ne laiffent pas de les condamner, parce qu'ils ne veulent pas que l'Orateur réveille le moins du monde l'idée de Poëte, comme s'il perdoit par-là de fa gravité.

Que conclure de tout ce que j'ai dit ? n'allons pas jufqu'où une raifon févere voudroit nous mener.

Nôtre habitude mérite indulgence. Encourageons les Verfificateurs ; attachons la gloire à la peine qu'ils fe donnent, pour leur en cacher la puerilité. Enfin aïons des Vers, puis qu'ils font plaifir à bien des gens: mais comme il y en a d'autres à qui ce plaifir n'eft pas si necessaire ; & qui au contraire sont blessez de la contrainte & de la monotonie de la versification, laissons à la Prose la liberté de tous les genres, afin de multiplier les bons Ouvrages & de contenter tous les goûts.

Au reste M. de la Faye connoît au moins aussi-bien que moi la valeur des raisons qu'il m'opose ; il sçait bien qu'il ne m'allegue que les préjugez ordinaires, & que j'ai moi-même emploïez dans l'occasion : mais il sçait aussi que cela sied bien en Vers ; qu'un demi vrai y a bonne grace ; pourvû que l'agrément de l'expression & la vivacité des images suplée suffisamment à l'exactitude.

Quand on veut excuser quelque licence dans les Vers, on dit ordinairement cela est bon en Poësie ; c'est comme si l'on disoit : cela n'est pas bon en effet, mais songez que ce sont des Vers ; & voilà justement de quoi se plaint le Philosophe de mauvaise humeur, qu'il y ait un stile où il soit permis de ne pas parler juste.

M. de la Faye fait à merveille son devoir de Poëte ; il lui convenoit d'être vif & gracieux ; il me convenoit d'être exact ; & j'aurois lieu de m'aplaudir, si j'avois raisonné comme il a peint, & comme il raisonneroit lui-même, s'il le falloit. Je connois d'ailleurs ses malices ingenieuses : il se plaît par une contradiction enjoüée à tirer des gens ce qu'ils ont de bon à dire sur une matiere ; & il a voulu voir si malgré l'intérêt que je puis avoir à la versification, j'aurois le courage de la réduire à son juste prix.

Fin du second Volume.

APPROBATION.

J'AY lû par Ordre de Monseigneur le Garde des Sceaux, *les Oeuvres de Théatre de M. de la Motte*, & j'ai cru que ce qu'il y avoit de nouveau dans ce Recueil, ne méritoit pas moins l'estime du Public, que ce qui en étoit déja assuré pour avoir paru à ses yeux. Fait à Paris ce 2. Decembre 1729.

FONTENELLE.

PRIVILEGE DU ROY.

LOUIS PAR LA GRACE DE DIEU ROY DE FRANCE ET DE NAVARRE : A nos amez & feaux Conseillers les Gens tenans nos Cours de Parlement, Maîtres des Requêtes Ordinaires de notre Hôtel, grand Conseil, Prevôt de Paris, Baillifs, Sénéchaux, leurs Lieutenans Civils, & autres nos Justiciers qu'il appartiendra ; SALUT. Notre cher & bien amé le Sieur HOUDART DE LA MOTTE, l'un des quarante de notre Académie Françoise, Nous ayant fait exposer qu'il souhaiteroit faire imprimer & donner au Public des Ouvrages de sa composition ; *ses Oeuvres, tant en Prose qu'en Vers* ; s'il Nous plaisoit lui accorder nos Lettres de Privilege sur ce nécessaires, offrant pour cet effet de les faire imprimer en bon papier & beaux caracteres, suivant la feüille imprimée & attachée pour modele sous le contre-scel des Préfentes ; à ces caufes voulant traiter favorablement ledit fieur Expofant, & reconnoître en fa perfonne la diftinction que mérite fon travail & fes talens, & procurer au Public l'utilité qu'on peut retirer de fes Ouvrages, qui ont été toujours reçûs avec applaudiffement ; Nous lui avons permis & permettons par ces Préfentes de faire imprimer lefdites Oeuvres diverfes ci-deffus fpécifiées, en un ou plufieurs volumes, conjointement ou féparement, & autant de fois que bon lui femblera, fur papier & caracteres conformes à ladite feüille imprimée & attachée fous notredit contrefcel, & de les faire vendre & débiter par tout notre Royaume, pendant le tems de dix années confécutives, à compter du jour de la datte defdites préfentes ; Faifons défenfes à toutes fortes de perfonnes de quelque qualité & condition qu'elles foient, d'en introduire d'impreffion étrangere dans aucun lieu de notre obéïffance, comme auffi à tous Libraires Imprimeurs, & autres, d'imprimer, faire imprimer, vendre, faire vendre, débiter ni contrefaire lefdites Oeuvres diverfes ci-deffus expofées, en tout ni en partie, ni d'en faire aucuns extraits fous quelque prétexte que ce foit, d'augmentation, correction, changement de titre, même de traduction en langue Latine, ou en quelque autre forte de langue que ce puiffe être ou autrement, fans la permiffion expreffe & par écrit dudit fieur Expofant, ou de ceux qui auront droit de lui ; à peine de confifcation des Exemplaires contrefaits, de fix mille livres d'amende contre chacun des contrevenans, dont un tiers à nous, un tiers à l'Hôtel-Dieu de Paris, l'autre tiers audit fieur Expofant, & de tous dépens, dommages & interêts ; à la charge que ces Préfentes feront enregiftrées tout au long fur le Regiftre de la Communauté des Libraires & Imprimeurs de Paris, dans trois mois de la date d'icelles ; que l'impreffion de ces Ouvrages fera faite dans notre Royaume & non ailleurs, & que l'Impétrant fe conformera en tout aux Reglemens de la Librairie, & notamment à celui du 10. Avril 1725. & qu'avant que de les expofer en vente, les manufcrits ou imprimez qui auront fervi de copie à l'impreffion defdits Ouvrages, feront remis dans le même état où les Approbations y auront été données, ès mains de notre trés-cher & féal Chevalier Garde des Sceaux de France, le Sieur CHAUVELIN ; & qu'il en fera enfuite remis deux Exemplaires de chacun dans notre Bibliotheque publique, un dans celle de notre Chateau du Louvre, & un dans celle de notredit trés-cher & féal Chevalier Garde des Sceaux de France, le Sieur CHAUVELIN ; le tout à peine de nullité des Préfentes, du contenu defquelles vous mandons & enjoignons de faire joüir ledit fieur Expofant, ou fes ayans caufes, pleinement & paifiblement, fans fouffrir qu'il leur foit fait aucun trouble ou empêchement. Voulons que la copie defdites Préfentes, qui fera imprimée tout au long, au commencement ou à la fin defdits Ouvrages, foit tenuë pour duëment fignifiée, & qu'aux copies collationnées par l'un de nos amez & feaux Confeillers & Secretaires, foi foit ajoutée comme à l'original. Commandons au premier notre Huiffier ou Sergent, de faire pour l'exécution d'icelles tous Actes requis & néceffaires, fans demander autre permiffion & nonobftant clameur de Haro, Charte Normande & Lettres à ce contraires. CAR tel est notre plaisir. DONNE' à Paris le troisiéme jour du mois de Juin, l'an de grace 1729. & de notre Regne le quatorziéme. Par le Roy en son Conseil.

SAINSON.

J'ai cédé le présent Privilege au Sieur DUPUIS, pour en jouir en mon lieu & place, suivant les conventions faites entre nous. Fait à Paris, ce 11. Juin 1729.

HOUDART DE LA MOTTE.

Registré ensemble la Cession de l'autre part sur le Registre VII. de la Chambre Royale des Libraires & Imprimeurs de Paris, N. 368. Fol. 312. conformément aux anciens Reglemens confirmez par celui du 28. Février 1723. A Paris le 17. Juin 1729.
Signé, P. A. LE MERCIER, *Syndic.*

ERRATA,

TOME PREMIER.

Page 45, ligne 20, est, *lisez* &.
Page 63, ligne 27, quel, *lisez* quelle, *même pag. lig. derniere, & ailleurs*, Entitheses, *lisez par tout* Antitheses.
Page 136, ligne 22, surmontées, *lisez* surmontez.
Page 149, ligne 12, de, *lisez* des.
Page 302, Ah ! rassurez-vous, &c. *c'est Oedipe qui dit tout cela, & non Palémon.*
Page 309, *ligne derniere*, trouvâtez-vous, *lisez*, trouvâtes-vous.
Page 330, ligne 7, moisonner, *lisez* moissonner.

TOME SECOND.

Page 377, *& suivantes*, de la Faille, *lisez par tout*, de la Faye.

www.ingramcontent.com/pod-product-compliance
Lightning Source LLC
Chambersburg PA
CBHW071903230426
43671CB00010B/1458